몰락의 대가

몰락의 대가
_기후위기와 물가 그리고 명제국의 붕괴

2024년 11월 19일 제1판 1쇄 인쇄
2024년 11월 27일 제1판 1쇄 발행

지은이   티모시 브룩
옮긴이   박찬근
펴낸이   이재민, 김상미

기획   이지완
편집   정진라
디자인   김회량, 정희정

펴낸곳   (주)너머_너머북스
주소   서울시 서대문구 증가로20길 3-12
전화   02) 335-3366, 336-5131 팩스 02) 335-5848
홈페이지 www.nermerbooks.com
등록번호 제313-2007-232호

ISBN 978-89-94606-95-8 03910

blog.naver.com/nermerschool
너머북스 | 현재를 보는 역사, 너머학교 | 책으로 만드는 학교

몰락의 대가

기후위기와 물가 그리고 명제국의 붕괴

티모시 브룩 지음
박찬근 옮김

THE PRICE OF COLLAPSE

너머북스

차례

표와 그래프

이 책은 17세기 중국에서 기후 변화가 미친 영향을 탐구합니다. 이 시기에 명나라는 강대국의 위치에서 완전한 붕괴에 이르는 하락세를 겪었습니다. 지금까지 소빙하기의 심화된 위기와 명나라의 몰락 사이의 연관성은 독자들의 관심을 끌지 못했습니다. 중국인들이 환경 조건에 대해 이렇게 무관심한 문화적 이유는 왕조의 교체와 흥망성쇠에 관한 이야기에 도덕주의를 덧칠하는 그들의 경향 때문입니다.

순전히 운이 좋게도, 명나라의 상품 가격을 수집하던 중 저는 지방지에서 기근 시기의 곡물 가격 정보를 발견했습니다. 기근 가격에 대한 언급이 너무 많아 방대한 양의 자료를 수집하게 되었습니다. 시간이 지나고 나서야 이러한 가격들이 실제 곡물 구매 가격이라기보다는 곡물 가격이 상승하여 아무도 구매할 수 없을 정도로 높아진 수준을 나타낸다는 것을 깨달았습니다. 수세기 동안 이러한 가격들이 명백히 드러나 있었음에도, 그동안 누구도 이를 왕조의 쇠퇴라고 부르는 것 외에 그것을 다른 증거로 읽으려 하지 않았습니다. 제 관점에서 이러한 극단적인 가격을 설명할 수 있는 유일한 요인은 기후였습니다. 수백 개의 가격 데이터를 수집한 후, 그 시점들이 소빙하기 동안의 기후 변화 시기와 일치한다는 것을 확인할 수 있었습니다. 소빙하기는 유럽을 황폐화시킨 것만큼이나 아시아에도 강력하게 영향을 미쳤습니다. 유럽과 아시아 모두 대부분 북반구에 위치하고, 해당 시기 한랭화의 영향은 거의 보편적이었습니다.

이 책에서 이야기하는 내용은 한국 독자들에게는 놀랍거나 당혹스럽지 않을 것입니다. 태평양의 격동적인 환경에 둘러싸여 있고 광활한 시베리아 대지 아래에 위치하여 기후 영향에 취약한 반도에 거주한다는 것은 기후 재난이 항상 가까이에 도사리고 있음을 의미합니다. 한국이 기후 변화에 취약하기 때문에 저는 대부분의 한국인들이 기후 문제에 민감하다고 알고 있습니다. 또한 한국의 역사학자들이 동아시아에서 역사적 변화를 분석함에 있어 기후를 고려한 최초의 학자들 중 하나라는 점도 알고 있습니다. 이러한 이유로, 한국 독자들은 이 책이 다루는 내용을 잘 이해할 수 있을 것이라 믿습니다. 특히 곡물 가격과 기후 변화 사이의 연관성을 어떻게 보았는지에 대한 한국 독자들의 의견을 들을 수 있기를 고대하고 있습니다. 조선 역시도 명나라가 겪은 것과 비슷한 어려움을 겪었고, 그것은 정치에도 거대한 영향을 미쳤습니다.

저는 기후를 연구하는 과학자가 아니라는 점을 밝혀야 할 것 같습니다. 오히려 저는 과거의 텍스트에서 보통 사람들이 겪은 고난의 증거를 찾아내는 사회사 연구자입니다. 감당할 수 없는 곡물 가격, 기근, 그리고 대규모 기아는 기후가 인간 사회에 미칠 수 있는 최악의 영향들 중 일부이며,

만약 우리가 이를 왕조 교체의 역사에서 배제한다면, 과거 사람들이 견뎌야 했던 고난의 삶을 간과하게 됩니다. 역사는 단순히 위대한 통치자나 강력한 군대에 관한 것만이 아닙니다. 사람들이 생존해야 했던 조건에 관한 것입니다. 그리고 그 이야기 전반에 걸쳐, 우리가 현재 알게 된 바로는 기후만큼 강력하게 작용하는 요인은 없습니다. 기후가 모든 질문에 답을 제공하지는 않지만, 기후를 고려하지 않으면 우리는 종종 어떤 질문을 제기해야 할지조차 모르게 됩니다.

여러분에게 흥미로운 이야기가 되기를 기대합니다. 마지막으로, 제 책을 또 한 번 한국어로 출간하여 여러분과 같은 독자들에게 다가갈 수 있도록 해 준 너머북스에 감사의 말씀을 전합니다.

2024년 10월
티모시 브룩

물가사 연구자로서 나의 이력

우리는 급격하고 잦은 변화에 사로잡힌 듯한 세계에 살고 있습니다. 우리는 변화가 불러일으키는 고통과 당혹감에서 벗어나기 위해 변화가 곧 현대 생활의 특징이라고 말합니다. 변화야말로 더욱 단순했던 앞선 시대와 현대를 구분하는 특징이라는 것이지요. 지난 십 년 동안 기후 변동, 인플레이션, 정치적 탐욕이 일으킨 급격한 변화와 그 규모는 오랜 삶을 살아온 이들도 경험해 본 바 없는 매우 큰 혼란을 불러왔습니다. 그러나 현재의 변화가 과거를 능가한다고 자신 있게 말할 근거는 거의 없습니다. 왜냐하면 생존의 기본 조건뿐만 아니라 인간의 존엄성마저 박탈당한 채 살아가야 했던 시기도 있었기 때문입니다. 이 책은 그러한 시기 중 하나로 손꼽히는 1640년대 초의 중국을 다룹니다. 당시 중국에서는 대규모 기후 냉각, 팬데믹, 군사적 침략으로 인해 수백만 명이 사지로 내몰렸습니다.

1640년대 초반 '소빙하기Little Ice Age'라 불리는 장기간의 전 지구적 기온 하강이 중국에 큰 영향을 주었습니다. 기후사 연구자들은 처음에는 유럽 자료를 바탕으로 1580년대부터 소빙하기가 시작되었다고 추정했고, 유럽과 중국이 갑작스럽게 매우 추워졌다고 보았습니다. 그러나 이제는 이 추운 기간이 14세기부터 시작되었다는 데 대체로 합의를 보고 있습니다.[1] 1630년대 말에는 소빙하기가 더욱 심각하게 추운 단계로 빠르게 전환되었고, 이 시기는 천문학자 애니와 월터 마운더를 기리기 위해 '마운더 극소기Maunder Minimum'로 불리게 되었습니다. 이들은 지구의 기온 하락과 태양 흑점 활동의 감소 사이의 연관성을 가설로 제시했으며, 이 기간을 1645년부터 1715년으로 추정했습니다.

이 기온 하락은 대명大明(1368~1644)이라는 위대한 나라의 몰락을 초래했습니다. 대명은 주朱씨 가문이 세운 왕조로, 소빙하기의 거의 3세기 동안 상당한 안정과 지속성을 유지하며 견뎌 냈습니다.[2] 명의 붕괴를 기후 변화만으로 설명할 수는 없지만, 기후 변화와 인간의 대응에 관한 이해 없이는 그 몰락의 이유를 이해할 수 없습니다. 왕조는 대응을 시도했으나, 1630년대와 1640년대에 발생한 심각한 경제 침체 기간 동안 그 대응은 충

1 Le Roy Ladurie, *Histoire humaine et comparée du climat. Vol. 1, Canicules et glaciers (XIIIe– XVIIIe siècle)*, Paris : Fayard, 2004, pp.17–29. 소빙하기에 대한 물리적 근거에 대해서는, Mann, Michael, et al., "Global Signatures and Dynamical Origins of the Little Ice Age and Medieval Climate Anomaly," *Science* 326, November 2009, pp.1256–1260; Campbell, Bruce., *The Great Transition : Climate, Disease and Society in the Late Medieval World,* Cambridge : Cambridge University Press, 2016, pp.335–44; Degroot, Dagomar., *The Frigid Golden Age : Climate Change, the Little Ice Age, and the Dutch Republic, 1560–1720,* Cambridge : Cambridge University Press, 2018, pp.2–9, pp.31–41 참조. 이 시기의 나무 나이테 자료에 관한 최근의 요약은 Wilson, Rob, et al., "Last Millennium Northern Hemisphere Summer Temperatures from Tree Rings : Part I, The Long Term Context," *Quaternary Science Reviews*, 2016.1.9.를 보라. 나의 연구는 중국에서 소빙하기가 이른 시기에 시작했다는 것을 지지한다. Brook, Timothy., "Nine Sloughs : Profiling the Climate History of the Yuan and Ming Dynasties, 1260–1644," *Journal of Chinese History* 1, 2017, pp.30–44.

2 '위대한 국가(Great State)'라는 개념에 대해서는 Brook, Timothy., *Great State : China and the World,* New York : HarperCollins, 2020 참조.

분한 효과를 발휘하지 못했습니다. 여기서 제가 이야기하려는 것은 명대를 전공하는 학생들에게 잘 알려진 마지막 황제의 자살과 1644년 만주족의 침략 같은 정치적 혼란과 군사적 갈등이 아닙니다.[3] 저는 오히려 약 2세기에 걸쳐 연속된 생계 위기로 명의 백성들을 극심한 혼란에 빠뜨린 마지막 순간들을 다루고자 합니다. 이들은 자신들이 겪고 있는 혼란을 하늘의 징벌이라고밖에 생각할 수 없었습니다. 저는 당시의 이야기를 다르게 바라보려 합니다. 일반적으로 우리가 중요하게 여기는 정치적 사건, 파벌 갈등, 국경을 넘나드는 무장 침입 등을 뒤로하고, 우리가 매우 평범하게 여기는 자료인 물가에 초점을 맞추려고 합니다.

저는 물가사나 기후사 분야의 전문가는 아닙니다. 그러나 13세기 이후 중국의 역사적 변화를 분석하는 제 여정의 후반부에서, 중국을 더 넓은 맥락에서 이해하려는 관심이 이러한 분야들에 주목하도록 이끌었습니다. 이러한 관점은 제가 처음 연구를 시작할 당시에는 인기가 없었습니다. 물가사와 기후사 연구는 제가 대학원에 입학했던 1970년대에 막 시작되고 있었습니다.[4] 중국 물가사 연구에서 선구적인 역할을 한 것은 하버드대학 대학원의 멘토 중 한 명인 양리엔셩楊聯陞 교수였지만, 물가는 우리 대화나 연구의 중심 주제가 아니었습니다. 양 교수는 1952년에 "짧은 역사"라는 부제를 달고 있는 『중국의 화폐와 신용Money and credit in China : a short

---

3 이에 관한 풍부한 이야기는 Parsons, James., *Peasant Rebellions of the Late Ming,* Tucson : University of Arizona Press, 1970; Wakeman, Frederic., *The Great Enterprise : The Manchu Reconstruction of Imperial Order in SeventeenthCentury China,* Berkeley : University of California Press, 1985 참조.

4 유럽의 역사가들 사이에서 기후사가 부상하는 것에 대해서는 Le Roy Ladurie, Emmanuel., "The Birth of Climate History." In *Climate Change and Cultural Transformation in Europe,* ed. Claus Leggewie and Franz Mauelshagen, Leiden : Brill, 2018, pp.197 – 215 참조.

history』이라는 책을 출판했는데, 이는 중국 화폐에 관해 영어로 쓰인 최초의 중요한 작품입니다. 그는 이전 학자들처럼 화폐를 고전학古錢學과 관련하여 접근하는 대신, 경제와 공공재정의 역할 측면에서 다루었습니다. "화폐와 신용의 제한적 발전은 전통적인 중국의 특성을 반영한다"라는 그의 결론은 지금은 문화적으로는 너무 광범위하고 중국의 재정 능력에 대한 평가로는 너무 비관적으로 들릴 수 있지만, 그것은 새로운 시작이었습니다.[5] 양 교수는 중국의 금융기관에서 발견한 점들을 유럽의 경험과 비교 연구하면서 유럽의 화폐와 신용 연구에서 비롯된 이론을 우선적으로 수용했습니다. 그는 중국과 유럽을 같은 방법론으로 연구할 수 있다고 확신했고, 이는 중국과 서양의 연구자들 모두가 오랫동안 중국을 예외적인 사례로 여겨 온 경향에 대한 긍정적인 도전이었습니다. 그런데 양 교수는 책에서 물가 문제를 거의 다루지 않았습니다. 그 이유는 화폐를 실제 교환 수단보다 회계 수단으로 더 중요하게 여겼기 때문입니다. 그는 화폐로 무엇을 샀는지가 아닌, 제도적 의미에서 화폐가 무엇인지에 초점을 맞추었습니다.

양 교수가 영어권 독자들을 위해 그의 역사서를 집필하는 동안, 그보다 아홉 살 연상인 상하이의 은행가 펑신웨이彭信威는 자신의 대표 저작인『중국 화폐사中國貨幣史』를 쓰고 있었습니다. 펑신웨이의 철저한 연구는 1954년에 출판되어 중국 화폐사를 연구하는 학생들에게 필독서가 되었으며, 1958년에 나온 개정판과 1994년 에드워드 카플란Edward Kaplan이 영어

---

5   Yang Lien-sheng, *Money and Credit in China : A Short History,* Cambridge, MA : Harvard University Press, 1952, p.103.

로 번역한 판본은 오늘날까지도 계속 인용되고 있습니다. 양리엔성이 공공재정에 초점을 맞춘 것과는 달리, 펑신웨이는 고전학 연구를 바탕으로 물가 문제에 접근했습니다. 그는 물가를 경제 영역에서 사람들이 어떻게 경험하는지를 나타내는 지표로 보기보다, 화폐의 변화하는 가치를 재구성하고 분석하는 자료로 바라보았습니다.[6] 펑신웨이의 시각에서 볼 때 물가는 화폐 가치에 의존하며, 그 자체로는 독립적인 가치가 없습니다. 반면, 저의 관심사는 물가가 값을 지불해야 하는 사람들의 계산과 전략에 어떠한 의미를 가지고 있는지 이해하는 데 있습니다. 화폐와 물가의 역사는 각각 다른 방식으로 통찰력을 제공하지만, 이 두 분야는 서로 상호보완적인 관계에 있습니다.

당시에는 깨닫지 못했지만, 저는 1979년 박사과정 연구를 위해 방문했던 도쿄대학에서 처음으로 물가사를 접했습니다. 그곳에 체류한 두 해 동안의 즐거움 중 하나는, 나카야마 미오中山美緒(그녀가 결혼하여 기시모토岸本라는 성을 취하기 전)라는 젊은 연구자와 우정을 나눈 것이었습니다. 우리가 만난 그해에 나카야마는 17세기 물가사에 대한 두 편의 훌륭한 에세이를 발표했습니다. 하나는 양쯔강 하류 지역의 상품 가격에 관한 연구로 일본어로 출간되었고, 다른 하나는 같은 지역과 시기의 곡물 가격에 대한 연구로 영어로 출간되었습니다.[7] 저는 당시 제 자신의 연구 주제에 몰두하고 있어

---

6 彭信威, 『中國貨幣史』, 上海 : 群聯出版社, 1954, pp.442-469; Kaplan, Edward, trans., *A Monetary History of China. 2 vols.* Bellingham : Center for East Asian Studies, Western Washington University, 1994, pp.597-616.

7 Nakayama Mio(中山美緒, 또한 Kishimoto Mio 岸本美緒), "On the Fluctuation of the Price of Rice in the Chiang-nan Region during the First Half of the Ch'ing Period (1644-1795)." Memoirs of the Research Department of the Toyo Bunko 37, 1979, pp.55-90; 中山美緒(또한 岸本美緒), 「清

서 이 중요한 작업들을 읽지 못했고, 수십 년 후에 그녀의 연구 경로를 따라갈 것이라고는 상상조차 하지 못했습니다.

1990년대까지 물가는 제 관심사에서 크게 벗어나 있었습니다. 그러나 데니스 트위쳇Denis Twitchett이 명대 상업에 대한 논문을 『케임브리지 중국사The Cambridge History of China』에 기고하라고 요청했을 때 물가에 대한 관심이 생겼습니다. 그 논문에 물가 정보를 포함하려 했지만 참고할 만한 자료가 부족했습니다. 그럼에도 1990년대는 중국사 연구자들이 세계사와의 비교와 연결 맥락에서 자신의 연구를 위치시키기 시작한 때로, 물가에 대한 고민을 시작하기 좋은 시기였습니다. 1998년에는 저발전 이론가인 안드레 군더 프랑크Andre Gunder Frank가 그의 열정적인 저작 『리오리엔트ReOrient』를 통해 중국 중심적 사고를 유럽 학계에 제시하며, 유럽 중심주의의 기존 모델을 폐기하고 아시아 관점에서 생각할 것을 역사가들에게 도전적으로 제안했습니다. 토론토대학에서 제가 진행한 대학원 세미나에 참여한 군더는 제가 그러한 도전을 즉각 실행할 수 있도록 북돋웠습니다. 그가 주장하는 바의 핵심은 은이 지역 무역 시스템을 물가에 의해 조절되는 글로벌 상품 교환 네트워크로 연결하도록 한다는 것이었습니다.[8] 스페

代前期江南の物價動向」, 『東洋史硏究』 37-34, 1979, pp.77-106. 비슷한 시기, 청나라 물가사에 기여한 다른 연구로는 王業鍵, "The Secular Trend of Prices during the Ch'ing Period(1644-1911)." 『香港中文大學學中國文化硏究所學報』, 제5권 제2기, 1972, pp.348-371; Marks, Robert. "Rice Prices, Food Supply, and Market Structures in Eighteenth-Century South China." Late Imperial China 12, no.2, 1991.12, 64-116; Will, Pierre-Étienne, and R. Bin Wong, eds., *Nourish the People : The State Civilian Granary System in China, 1650–1850.* Ann Arbor : Center for Chinese Studies, University of Michigan, 1991 등이 있다.

8 Frank, Andre Gunder., *ReOrient : Global Economy in the Asian Age,* Berkeley : University of California Press, 1998의 2장.

인은 아메리카에서 은을 채굴했고, 중국은 질 좋고 값싼 직물과 도자기를 생산했으며, 전 세계 상인들은 이러한 교환을 촉진하는 사업에 뛰어들었습니다. 이 모델은 단순하면서도 참신하고 설득력이 있었습니다. 비록 훨씬 복잡한 관계망을 단순화했다는 비판을 받기도 했지만, 중국을 더 전 지구적으로 연결된 역사 속에서 바라보고자 하는 우리의 노력에 무기를 제공했습니다.[9]

밀레니엄이 끝나갈 무렵 리처드 폰 글란Richard von Glahn의 『행운의 분수Fountain of Fortune』, 로이 빈 웡Roy Bin Wong의 『변화하는 중국China Transformed』, 저의 『쾌락의 혼돈The Confusions of Pleasure』, 그리고 케네스 포메란츠Kenneth Pomeranz의 『대분기The Great Divergence』라는 네 권의 책이 이러한 방향 전환에 기여했습니다. 1996년부터 2000년 사이에 출판된 이 책들은 유럽 중심의 고정관념에서 벗어나 중국을 전 지구사의 일부로 끌어들이는 데 일조했습니다. 우리는 물가에 대해 면밀히 조사하지는 못했지만, 물가와 관련된 질문들을 제기했습니다. 물가에 대한 이해를 바탕으로 중국과 유럽 경제를 비교할 수 있는가? 중국의 물가 자료를 통해 중국 경제가 글로벌 경제의 물가에 미친 영향을 파악할 수 있는가? 이들 물가가 일본인과 유럽인이 무역 네트워크에 진입하는 데 어떠한 역할을 했는가? 이 질문을 더 단도직입적으로 표현하면, 명대 상인들이 제조품을 귀금속과 교환한 것은 스페인 정복자와 일본 영주들의 노획물을 '세탁'해 준 것이나 다름없는가? 우리는 답은 가지고 있지 않았지만, 적어도 질문은 가지고 있

---

9 프랑크의 가정에 대해 자료에 입각하여 열정적으로 비판을 한 서평은 Deng, Kent., "Miracle or Mirage? Foreign Silver, China's Economy and Globalization from the Sixteenth to the Nineteenth Centuries." *Pacific Economic Review* 13, no. 3, 2008, pp.320 - 358.

었습니다.

명대 중국의 소비문화와 사회적 투자에 집중하면서, 저는 물가에 관심을 갖게 되었습니다. 물가 자료를 찾아보던 중, 저는 읽고 있던 텍스트에서 고개를 들 때마다 소비의 역사가 저를 물가사뿐 아니라 기후사로도 이끌고 있음을 깨달았습니다. 물가가 상승하여 기록가들이 기록할 필요성을 느꼈던 시기가 바로 기후 변화가 일어났던 시기였기 때문입니다. 저는 이 책에서 제가 발견한 내용을 종합해 제시하고자 합니다. 이 내용은 단순한 명대 물가사를 넘어, 명나라 사람들과 그들에게 불리하게 변한 기후 사이의 관계, 그리고 그 관계가 물가를 매개로 어떻게 형성되는지 설명합니다. 참고한 문서들은 대부분 명대의 엘리트들이 작성하고 출판했지만, 제 목표는 일반 사람들의 삶을 이해하는 것에 있습니다. 특히 중국이 번영의 시대에서 재난의 시대로 급변하는 시기에, 이들이 어떻게 상품과 서비스를 구매하고 판매하는 결정을 내렸는지 더 깊게 이해하고자 합니다.

명대 물가를 연구하는 동안, 저는 이 작업을 지원해 준 학생들과 동료들에게 감사의 빚을 쌓았습니다. 명대 자료에서 물가를 끄집어내는 지루함을 분담해 준 저의 이전 학생들인 데일 벤더Dale Bender, 데스몬드 청Desmond Cheung, 리안빈 다이Lianbin Dai, 시옌 페이Si-yen Fei, 용링 루Yongling Lu, 팀 세도Tim Sedo, 프레데릭 베르모트Frederik Vermote, 니핑 얀Niping Yan에게 감사의 말씀을 전합니다. 이 책의 자료를 보내 주거나 문제 해결에 실마리를 준 동료들인 그레고리 블루Gregory Blue, 신시아 브로코Cynthia

Brokaw, 제리 브로튼Jerry Brotton, 피터Peter와 로즈마리 그랜트Rosemary Grant, 로버트 헤겔Robert Hegel, 제프리 파커Geoffrey Parker, 브루스 러스크Bruce Rusk, 리처드 웅거Richard Unger, 피에르 에티엔 빌Pierre-Étienne Will, 빈 웡Bin Wong에게 감사드립니다. 최종 원고를 꼼꼼하게 읽어 준 리처드 폰 글란에게 특별한 감사를 표합니다.

이 프로젝트의 초기 단계에서 재정적 지원은 존 사이먼 구겐하임 기념 재단John Simon Guggenheim Memorial Foundation에서 받았습니다. 이 책의 일부 내용은 2010년 하버드대학교에서 열린 에드윈 오 라이샤워 강연Edwin O. Reischauer Lectures에서 처음 발표되었으며, 그 뒤 피에르-에티엔 빌의 초대로 콜레주드프랑스Collège de France에서 두 번째 강연 시리즈가 이어졌습니다. 2016년에 저를 할레의 막스 플랑크 사회인류학 연구소Max Planck Institute for Social Anthropology에 초대해 글로벌 무역 가격 연구를 지속할 수 있도록 해 준 부르크하르트 슈네펠Burkhard Schnepel에게도 감사합니다. 3년 후에 저를 베를린의 막스 플랑크 과학사 연구소Max Planck Institute for the History of Science의 방문 학자로 초대한 다그마 샤퍼Dagmar Schäfer에게도 감사를 표합니다. 그곳에서 시페이 천Shih-Pei Chen과 캘빈 예Calvin Yeh의 도움과 베를린 주립도서관Staatsbibliothek zu Berlin의 크로스 아시아CrossAsia 디지털 도서관에서 LoGaRT Local Gazetteers Research Tools 프로젝트를 활용함으로써 저 혼자서는 해낼 수 없었던 특정 기술 분석을 수행했습니다.

제 글쓰기 경력에 영향을 준 세 편집자에게 깊은 감사를 표합니다. 소피 바자드Sophie Bajard는 저의 집필 방향이 그녀가 생각한 것과 다소 달랐을

지라도, 저에게 명대 환경사에 관한 책을 쓰라고 제안했고, 캐슬린 맥더모트Kathleen McDermott는 이전 초안에 대한 솔직한 반응으로 아무도 읽고 싶어 하지 않을 책을 출판하는 일을 막아 주고, 제가 정말로 쓰고 싶었던 책을 쓰도록 이끌어 주었습니다. 프리야 넬슨Priya Nelson은 열정적인 지원으로 저에게 프린스턴 대학교 출판부에서 새롭게 출판할 기회를 마련해 주었습니다. 마지막으로, 이 책이 잘 읽힌다면 그것은 페이 심스Fay Sims가 흥미와 인내심을 갖고 저의 시끄러운 원고 낭송을 들어 주며 문체가 흔들릴 때 저를 멈춰 세워 준 덕분입니다.

1장

천치더의 이야기

> 나는 너무 늦게 태어나서 건국 황제인 홍무와 영락(1368~1424)의 영광을 직
> 접 보지 못했고, 성화와 홍치(1465~1505) 시대의 찬란함을 보지 못했다. (8a)[1]

천치더陳其德는 노년에 자주 실망감 속에서 과거를 돌아보았다. 그는
명대 유명한 황제들의 치세에 살지 못한 것을 아쉬워했는데, 이러한 감정
은 그가 숭정 14년 7월 15일(양력 1641년 8월 21일) 백중절에 작성한 회고록의
서두에서 표현되었다. 이 회고록은 그가 그해와 다음 해에 그의 세계가 붕
괴하는 것을 기록하려고 쓴 두 편의 글 중 첫 번째 글이다.

그가 붕괴를 목격한 세계는 양쯔강 삼각주에 있는 그의 고향 퉁샹桐鄉
으로, 이곳은 상하이에서 남서쪽으로 약 100킬로미터 떨어져 있다. 교사
로 일하던 천치더는 별다른 업적이 없었기 때문에, 명대 최악의 재난이 닥
친 시기를 묘사한 두 편의 회고록을 남기지 않았다면 오늘날 그를 기억하
는 이는 없었을 것이다. 이 회고록이 남아 있는 것 자체가 놀라운 일이다.

---

1 陳其德, 「災荒記事」(재난으로 인한 기근의 사건 기록). 그의 저서 모음집인 『垂訓樸語』의
  pp.16a-20a와 지방지인 『桐鄉縣志』(1887) 권20, 상이(祥異), pp.8a-10a에 수록되었다. 이 장에
  서 괄호 안의 페이지는 『桐鄉縣志』를 기준으로 한다.

이 회고록은 1813년에야 출판되었는데, 당시 지역 역사가가 윤리적인 삶에 대한 천치더의 조언을 담은 『수훈박어垂訓樸語』(소박한 교훈)라는 얇은 책자에 포함시켰다. 현재 『수훈박어』의 유일한 복사본이 난징도서관에 보관되어 있다. 천치더의 회고록 두 편이 역사가들에게 알려진 것은 1877년 통샹현 지방지의 편찬자가 명말의 지역 사건 연대기에 그것들을 추가한 덕분이다. 이렇게 1640년대 초에 기록된 천치더의 글이 운 좋게 4세기에 걸쳐 살아남아, 이 책에 실리게 되었다. 이어지는 본문에서는 천치더의 글과 내 해설을 번갈아 제시하고자 한다.

천치더는 명 황제들의 위대함에 대한 전통적인 찬양으로 회고록을 시작한 후, 성세를 경험하지 못한 것에 대한 아쉬움에서 자신의 개인적인 그리움으로 이야기를 이어 간다.

> 나의 기억은 만력 연간(1573~1620) 초기로 거슬러 올라가는데, 그때 나는 소년이었고 사람들은 항상 풍요로운 수확으로 번영을 누렸다. (8a)

천치더에 관해 알려진 것은 그가 자신의 글에서 밝힌 것뿐이며, 이 글들로부터 그가 1570년경에 태어났음을 알 수 있다. 그는 『수훈박어』에 실린 「행복한 내 삶의 열 가지 기초」라는 짧은 글에서 자신의 가족생활에 대해 언급했다. 그는 자신이 전통적인 사회 계층인 '사농공상士農工商'의 구분 중 가장 높은 계층의 가정에서 태어났으며, "경작하고 독서하는 가정", 즉 향촌의 교육받은 중산층 가정에서 자랐다는 것에 감사했다. 이러한 특권은 그가 "세상은 제한 없이 넓은 곳"이라고 믿게 만들었다.[2] 다른 신사紳士층 청년들처럼 천치더도 과거시험에 합격해 국가에 봉사하는 영광을 쟁취하기를 희망하며 열심히 공부했다. 그러나 그는 20대 동안 3년에 한 번씩 시험을 치렀음에도 합격하지 못했다. 서른 살이 되었을 때 그는 과거 합격이라는 꿈을 포기하고 남은 삶을 이어 가기로 결심했으며, 그 후 25년 동안 지속될 교육자의 길로 진로를 바꾸었다. 천치더는 향촌의 하위 엘리트로서 안정적으로 자리를 잡았고 교육받은 보통 가정의 책임감 있는 일원이었다.

천치더는 만력 연간이 풍요의 시기였음을 증명하고자 가장 확실한 증거를 제시했다.

> 곡물 1두의 가격은 결코 3~4푼을 넘지 않았다. (8a)

천치더가 곡물이라고 일반적으로 표현한 것은 '미米'이다. '미'라는 글자는 알갱이나 씨앗을 의미한다. 양쯔강 삼각주에서 '미'는 보통 중국 북부인이 선호하는 좁쌀이나 밀보다 남부인이 더 선호하는 쌀을 가리킨다. 그는 '두斗'라는 단위로 쌀의 가격을 매겼는데, 이는 문자 그대로 '국자'나 '통'을 의미한다. 서양 단위로 환산하면, '두'는 1.2펙peck, 2.8 미국 갤런US gallons, 또는 10.7리터이다. '펙'이 엄밀한 단위는 아니지만, 이 책에서는 '두'를 번역하기 위해 '펙'을 사용한다. 천치더가 언급한 화폐 단위는 은의 표준적인 작은 단위인 '푼分', 즉 '100분의 1'을 의미하는데, 이 경우 중국 화폐의 주요

---

2 陳其德, 『垂訓樸語』, pp.14b - 15a.

계산 단위인 '냥兩'의 100분의 1을 뜻한다.[3] 중국어로는 '냥'이지만, 16세기에 포르투갈인이 말레이어 '타힐tahil'을 빌려 '냥'을 '테일tael'이라고 하게 되었다. '타힐'은 단순히 '무게'를 의미한다. 은 1테일의 무게는 1.3온스ounce 또는 37.3그램으로, 연필 한 자루의 무게와 비슷하다. '푼'을 번역하려고 '센트cent'를 선택했는데, 이는 문자 그대로 100분의 1을 의미하며, 현재 미국의 화폐 단위로는 달러의 100분의 1이다. 이러한 번역은 표준적이지 않으므로, 명대 은 1푼이 비록 3분의 1그램 정도에 불과하지만 사소한 금액이 아니었다는 것을 독자들에게 상기시킬 필요가 있겠다. 천치더의 어린 시절에는 이 정도면 1갤런의 쌀을 사기에 충분한 금액이었다(무게와 화폐에 대한 개요는 부록 A의 〈표 1.1 측정 단위〉 참고).[*]

천치더는 물가가 이처럼 낮을 때 모든 사람들이 번영을 누릴 수 있다고 생각했다. 먹을 것이 부족할까 봐 걱정할 필요가 없었다.

누군가가 곡물을 사용하여 물건을 사려고 했다면 상인은 코웃음을 쳤을 것이다. 사람들은 콩과 밀 따위를 소와 돼지에게나 먹일 것으로 여기고는 내던졌다. 신선한 생선과 최고급 고기는 모든 가정에 충분했다. 사람들은 이러한 번영이 영원히 지속될 것이라고 생각했다. (8a)

---

[*] 이후 이 책에서는 혼란을 줄이기 위해 원서의 서양식 무게 및 부피들을 한국어 사용자에게 익숙한 한자식 계산 단위로 변환하여 제시할 것이다. 또한 이 책에서 *표로 표시한 하단 주석은 모두 옮긴이가 작성한 것임을 밝혀 둔다.

[3] 명 후기 교환 수단으로서 은에 대한 유용한 설명은 黑田明伸, 「What Can Prices Tell Us about 16th–18th Century China?」, 『中國史學』 13, 2003, pp.101–117 참고.

미래에 닥칠 일을 알면서 과거의 일을 기록하고 있는 천치더는 당시의 편안한 삶의 이미지에 경고의 색채를 더했다. 그는 번영이 단지 안락함만을 가져다주는 것이 아니라 도덕적인 해이를 초래할 수도 있다고 지적했다.

사람들의 마음이 방종으로 기울고 하늘이 그 풍요를 싫어하리라고 어떻게 알 수 있었겠는가? 눈 깜짝할 사이에 무자년(1588)이 도래했다. 폭우가 내려 우리를 적셨고 멀고 가깝고를 막론하고 사방을 거대한 진창으로 만들었다. 이듬해인 기축년(1589)에는 천리에 이르는 땅이 메말랐다. 두 달 동안 강이 바 짝 말랐고 강바닥에는 잡초만 무성했다. (8a)

천치더의 기억은 정확했다. 1588년과 1589년은 폭우와 심한 가뭄이 이 어진 대규모 자연재해의 시기였다. 유학자인 그에게 이러한 이중 재해를 설명할 유일한 방법은 그것을 불러온 인간의 잘못을 찾는 것이었다. 그의 관점으로 볼 때 만력 초기의 풍요로움이 사람들의 도덕적 판단을 흐리게 만들었다. 폭우와 가뭄은 단순한 자연재해가 아니라 하늘의 경고였다. 천 치더는 이 경고의 심각성을 정량화하고자 쌀 가격으로 돌아온다.

당시에 쌀 1석石(10두)을 모으면 은 1.6냥을 얻을 수 있었다. 쌀값이 치솟아 몇 달 동안 높은 수준을 유지했다. 들에서는 풀 한 포기 볼 수 없었고 나무에는 껍질조차 없었다. 난민들이 도로를 메웠고, 시체들이 거리에 흩어져 있었다. (8a)

쌀 가격이 1두당 은 1.6냥으로 치솟아 원래 가격의 네 배에서 다섯 배까지 올랐다. 이렇게 가격이 급등하자 가난한 이들은 자연에서 얻을 수 있는 모든 대체품, 즉 풀과 나무껍질 등으로 눈을 돌렸다. 사회적 혼란이 뒤따랐다.

1589년의 재앙 이후 천치더는 이야기를 1620년대로 옮겨 놓는다. 이 시기는 지도력이 부족했던 천계제(재위 1621~1627) 밑에서 환관파宦黨가 활개를 치던 시기이다. 천계제는 명 정권을 정치적 위기로 몰아넣어 정치 엘리트와 유학자 들에게 큰 실망감을 안겨 주었다. 천치더는 이 시기의 혼란을 간략히 묘사하고 이를 하늘의 경고라 제시한 뒤, 이야기를 목적지인 숭정제(재위 1628~1644) 말년으로 전환한다(명나라 황제들의 칭호와 재위 기간에 대해서는 부록 B의 〈표 1.2 명대 연호, 1368~1644〉 참고).

숭정 13년(1640)에 수개월 동안 폭우가 내렸다. 홍수로 만력 연간의 무자년(1588) 때보다 물이 적어도 2척 이상 높이 차올랐다. 사방의 모든 경관이 거대한 늪으로 변했다. 배를 타는 사람들은 평상과 탁자 사이를 저어 다녔고, 물고기와 새우 들이 우물과 화덕에서 헤엄쳤다. 누각이 있는 사람들은 그곳을 피난처로 삼았고, 누각이 없는 사람들은 지붕이나 대臺 위로 기어 올라갔다. 아침에는 저녁까지 살아남을 수 있을지만 생각했다. (8b)

다시 한 번, 천치더는 재난을 정량화하고 그 경로를 추적하기 위해 쌀 가격에 주목한다.

쌀값은 1석당 1냥이 넘기 시작하여 점차 2냥을 넘어섰다. 홍수가 물러간 후, 서북쪽 우싱吳興의 농민들이 (통상이 속해 있는 지역인) 자싱부嘉興府의 농장들을 돌아다니며 이삭을 찾아 헤맸고, 이들은 마치 진미인 양 서로 이 이삭들을 두고 다투었다. 그들은 7월 말(양력 9월 초)이 되어서야 끊임없이 이어지는 배의 행렬을 이루며 떠났다. (8b)

여기서 천치더는 쌀의 단위를 두斗에서 '석石'(10두에 해당)으로 올린다. 1두의 가격을 계산하기 위해 10으로 나누어 보면, 1640년에는 처음에 1두당 은 1돈으로 올랐고, 이후 2돈으로 상승했다.

1588~1589년처럼, 홍수가 지나간 다음 해에는 가뭄이 찾아왔다. 1641년의 가뭄은 매우 심해서 강바닥은 말랐고 가격은 또 전과는 다른 수준으로 높이 치솟았다.

쌀 1석의 가격은 2냥에서 3냥으로 치솟았다. 시골 사람들은 겨우 1두에 은 4돈을 지불해야 했다. 밀 수확량이 이전 연도의 두 배에 달했음에도 모두에게 충분한 양을 제공하기엔 부족했다. 일부는 왕겨를 먹었고, 일부는 밀기울을 씹었으며, 심지어 일부는 잡초와 나무껍질을 마치 주식처럼 먹으며 왕겨를 전채로 삼기도 했다. (8b)

이러한 물가 상승의 경제적 결과는 시장이 문을 닫는 것이었다. 사회적 영향은 참혹했다.

부유한 가정도 하루에 두 끼의 밀가루 죽만 먹고도 충분히 배부르다 했고, 대다수는 하루에 한 끼로 버텨야 했다. 남편은 아내를 버리고, 아버지는 자식을 버렸으며, 각자 생존을 위해 흩어졌다. 쓸 만한 물건들이 시장에 쌓여 있었지만, 그것들을 사용할 수 있었던 사람들 중 절반은 가격을 물어본 후 그냥 지나쳤다. 아름다운 장식품에 대해서는 아무도 멈춰서 가격을 물어보지 않았다. 아, 사람들의 빈곤함이 얼마나 심했는지! (8b)

담보로 삼을 것이 없어져서 전당포마저 문을 닫았다. 아직 튼튼해서 일할 수 있는 농민들은 농작물을 심으러 나갔지만, 그들이 심자마자 메뚜기 떼가 나타나 모든 싹을 갉아먹었다. 개울은 말라서 밭에 뿌릴 물을 퍼 올릴 수도 없었다. 그 후 전염병이 발생했는데, 아마도 페스트였고 인구의 50~60퍼센트가 감염되었다. 자살이 이어졌고, 천치더는 이를 '관棺에 들었다就木'고 표현했다. 그리고 "나무가 없었던 자들은 파리들이 애도해 주었다"고 했다.

이어서 천치더는 이야기를 다시 물가로 돌렸다. 쌀 가격에서 다른 식품 가격으로 서술을 옮겨 가면서 가격이 점점 더 감당하기 어려운 수준으로 치솟았던 점을 강조했다.

일상적인 물품 중에 이전보다 몇 배나 비싸지 않은 것은 단 하나도 없었다. 알을 낳는 암탉과 거위는 이전보다 네다섯 배 더 가치가 있었다. 심지어 콩조차도 몇십 개의 동전과 교환할 만큼 비쌌다. (9a)

은으로 가격을 매길 수 없을 만큼 저렴한 유일한 식품은 두부를 만드는 콩이었다. 천치더는 이 콩의 가격을 중앙에 구멍이 뚫린 얇은 동전으로 매겼는데, 이 동전은 소액 거래에 사용되었다. 이 동전은 '글자'라는 뜻의 '문文'으로 불렸는데, 이는 동전 앞면에 새겨진 황제의 연호를 의미했다.*

포르투갈 상인들은 이 동전을 말레이어를 따라 '카이샤caixa' 또는 스페인어로 '카사caxa'라고 불렀는데, 여기서 영어 단어 '캐시cash'가 유래했다.[4] '캐시'가 영어에서 다른 의미를 가지고 있으므로, 이 책에서는 저가의 동전을 의미하는 옛 영어 표현인 '구리copper'를 동전을 세는 단위인 '문文'의 번역어로 사용한다. 1,000문은 명초에 은 1냥과 명목상 동등 가치로 설정되었으나, 동전은 곧 은에 비해 가치가 상승하여 은 1냥당 동전 700문 정도의 환율로 안정되었다. 따라서 동전 7문은 은 1푼과 동등한 가치가 있었다. 동전 1문은 큰 가치가 없었다. 두부 한 모, 흔한 종이 한 장, 젓가락 두 쌍, 또는 목탄 1파운드를 살 수 있었다.[5] 동전 2문으로는 저렴한 붓, 향나무로 만든 향, 또는 쌀떡을 살 수 있었다. 가장 가난한 사람들은 동전을 귀중하게 여겼고, 부유한 사람들은 동전 하나를 줍기 위해 허리를 굽히지 않

---

* 동아시아 각지에서 발행된 주화, 즉 가운데 사각형의 구멍이 있는 둥근 모양(形圓孔方)의 '통보(通寶)'를 묘사한 것이다.

4 Finlay, Robert., *The Pilgrim Art : Cultures of Porcelain in World History*, Berkeley : University of California Press, 2010, p.33에서는 말레이어 단어가 작은 주석 동전을 의미하는 타밀어인 카르샤파나(karshápana)에서 유래했으며, 이것이 다시 중국어에서 '가치'나 '가격'을 의미하는 '가치(價值)'라는 단어를 만들어 냈다고 보았다. 그러나 '가치'라는 단어가 이미 한대(漢代)에 등장하기 때문에 신빙성은 없다.

5 종이에 대해서는 彭信威, 『中國貨幣史』, 上海 : 群聯出版社, 1954, p.477 참고. 목탄과 젓가락에 대해서는 海瑞, 『海瑞集』北京 : 中華書局, 1981, p.88, p.130 참고.

앗다.[6] 동전 하나를 신경 쓰는 것은 돈에 집착하는 사람을 가리키는 경멸적인 관용구가 되었다.[7] 자존심이 있는 불교 탁발승은 동전 한 개는 거부했고 수십 개가 아니면 받지 않았다.[8] 1641년에 두부 한 모를 구입하는 데 동전이 여러 개 필요했다는 사실은 기근 중에도 동전 1문이 거의 가치가 없었음을 보여 준다.

이러한 물가 상황에서는 살아있는 모든 것이 식량으로 소비되었다.

스스로를 먹여 살릴 수 없는 일반 가정은 돼지 먹이도 귀하게 여겼다. 중간 수준의 가정도 돼지 한 마리를 기르는 것조차 감당할 수 없었고, 새끼를 낳는 어미 돼지는 이미 오래전에 생계를 위해 팔았다. 이전에는 삶은 돼지 한 마리가 은 1냥과 교환될 수 있었지만, 이제는 돼지 머리 하나만도 은 8~9돈에 상당한 비용이 든다. 그래서 과거에는 어디서든 닭과 개의 시끄러운 소리를 들을 수 있었지만, 이제는 시장에서만 그 소리를 들을 수 있고, 그것도 주의 깊

---

6 리팡(李芳)은 자신의 집 대문 밖 흙 속에 놓인 동전 하나를 발견하고 그냥 지나쳤다. 잠시 후 그는 그 동전에 뭔가 이상한 점이 있었다는 것을 깨달았다. 돌아가서 그것을 집으려고 했을 때는 이미 누군가 주워 가고 없었다. 리팡은 그것이 '나쁜 푼돈', 즉 저질의 합금으로 만든 위조 동전이라고 의심하며 그 남자를 찾으라고 하인을 보냈다. 하인이 그 남자를 찾아오자 리팡은 그것을 자신의 좋은 동전으로 바꿔 주겠다고 제안했다(談遷,『棗林雜俎』, 北京 : 中華書局, 2007, p.593).

7 명대의 일반 중국인들이 동전을 일일이 세는 데 관심이 많았다는 사실은 외국 관찰자들에 의해 자주 언급되었다. 예를 들어, 최부(崔溥)의 『漂海錄』에도 언급되었다(Ch'oe Pu., *A Record of Drifting across the Sea*, trans. John Meskill, Tucson : University of Arizona Press, 1965, p.157). 명대 후기 문학 속에 등장하는 동전에 대해서는 Shan Kunqing., "Copper Cash in Chinese Short Stories Compiled by Feng Menglong (1574 – 1646)," In *Money in Asia* (1200 – 900) : *Small Currencies in Social and Political Contexts*, ed. Jane Kate Leonard and Ulrich Theobald, 224 – 6, Leiden : Brill, 2015, pp.230–235를 참고할 수 있다.

8 Girard, Pascale., trans. *Le voyage en Chine d'Adriano de las Cortes S.J.* (1625). Paris : Chandeigne, 2001, p.125.

게 들어야만 한다. (9a)

천치더는 자신의 회고록을 "노인의 정신없는 잡담" 정도로 여기지 말라고 독자들에게 경고하며 마무리한다. 이 글을 읽을 당시의 독자들은 끔찍한 시기를 살아남은 것에 감사해야 하지만, 대부분의 사람들이 그렇게 하고 싶어 하듯, 마치 아무 일도 일어나지 않은 것처럼 손실과 고통을 잊어서는 안 되었다.

재난은 여전히 끝나지 않았다. 1641년 백중절에 대한 기록을 마쳤을 때, 천치더는 상황이 더 악화될 것이라고는 상상조차 못했다. 1년 하고도 한 달 뒤인 양력 1642년 9월 19일 중추절에, 천치더는 다시 붓을 들고 전년도에 멈춘 이야기를 이어 갔다. 그는 겨울이 다가오면서 발생한 심각한 쌀 부족 사태로 이야기를 시작한다. 문제는 높은 가격이 아니라, 가격을 매길 쌀 자체가 없어서 가격 자체가 존재하지 않았다는 점이다.

이 시기에는 시장에도 구매할 수 있는 쌀이 없었다. 곡물을 가진 상인이 있어도, 사람들은 가격을 묻지 않고 지나쳤다. 부유한 자들은 콩이나 밀을 찾아 헤맸고, 가난한 사람들은 왕겨나 썩은 음식물을 찾아 헤맸다. 몇 두의 왕겨나 나무껍질을 얻을 수 있는 것만도 기쁜 일이었다. 숭정 15년(1642) 봄이 되자, 시골은 막 싹트기 시작하는 첫 새싹들을 파내는 사람들로 붐볐다. 이전에는 먹을 식물을 골라냈지만, 이때쯤에는 먹지 않는 식물이 없었다. 향촌 사람들은 바구니를 가득 채워 지게에 실어 가져왔고, 가져온 것은 순식간에 사라졌

다. 이처럼 빠르게 들판의 식물이 소비된 적은 결코 없었다. (9b)

굶주린 사람들은 자녀들을 버리거나 도살했다. 전염병의 감염률은 90 퍼센트까지 치솟았다. 전염병이 다시 창궐한 후, 악순환을 막고자 하는 절박한 사람들이 신의 개입을 바라며 조금이라도 구할 수 있는 음식을 제물로 바쳤다. 천치더는 이러한 유감스러운 관행이 가격 상승에 기여했다고 지적한다.

감염된 사람들이 신들에게 풍성한 음식을 바쳤기 때문에, 음식 가격은 전년 대비 두 배나 비싸졌다. 두 다리를 가진 큰 닭은 동전 1,000문이었고, 겨우 울기 시작한 어린 수탉도 500문에서 600문에 달했다. 삶아 먹을 수 있는 돼지는 은 5냥에서 6~7냥에 달했고, 새끼 돼지는 1.5~1.6냥, 때로는 1.7~1.8냥까지 올랐다. 반면, 여종은 단지 1,000문에서 2,000문의 가치밖에 없었다. 사람이 귀중하고 가축은 천한 것이어야 하지 않은가! (10a)

여기에서 천치더는 동전으로 닭의 가격을, 은으로 돼지의 가격을, 그리고 다시 동전으로 사람의 가격을 제시했다. 이처럼 당시에 동전은 저렴한 것들에, 은은 더 중요한 거래에 사용된다는 사회적 구분이 널리 통용되고 있었다. 천치더가 여종의 값을 동전으로 매긴 것은 닭은 구리로 가격을 매겨야하지만 사람은 그렇게 해서는 안 된다는 것을 시사한다. 이 붕괴된 경제에서 돼지의 가격이 사람보다 높게 책정되었다.

1642년 여름이 끝날 무렵, 쌀 수확이 시작되어 재난이 완화되기 시작했다.

곡물 가격은 점차 내려갔다. 아픈 사람들은 회복하기 시작했고, 사람들은 다시 생기를 되찾았다. 하지만 사람들은 죽은 이들이 살아 돌아오지 못하고 흩어진 이들이 되돌아올 수 없다는 사실 때문에 슬퍼했다. (10a)

천치더는 첫 번째 회고록에서와 마찬가지로 두 번째 회고록을 마치며, 독자들에게 일어난 일들을 하늘의 경고로 여기고 잊지 말라고 촉구한다. 그것은 하늘의 벌이었고, 하늘은 다시 벌할 수 있었다. 그는 다음과 같이 결론을 내렸다.

아, 이렇게 연이은 불행이 닥치는 시기에 굶주림이나 질병으로 죽지 않은 것은 한량없는 행운으로 여겨야 한다. 그러나 이러한 경고를 무시하거나 하늘과 땅, 그리고 우리 조상들에게 감사를 표하지 않고 기근에서 살아남은 것을 자축하며 삶의 관심을 무언가를 얻고 즐기는 데만 둔다면, 어떻게 인간성을 회복할 수 있겠는가? 일어난 일이 잊히지 않게 하기 위해 나는 재차 이를 기록한다. (10a)

재난 속에서 도덕적 교훈을 찾는 것은 어려운 시기에 흔히 보이는 반응이다. 특히 천치더와 같은 도덕주의자인 경우 더욱 그러했다. 그는 자신이 향촌의 하위 엘리트로서 누리는 약간의 특권을 지키며, 자신의 행운을 잃지 않으려고 노력했다. 부모가 그에게 지어 준 '치더其德'라는 이름은 이러한 상황에 대한 준비였을지도 모른다. 이 이름은 "덕망이 있는 사람"으로 해석할 수 있다. 제한된 부를 지녔고 과거에 합격하지 못한 천치더는 자신의 사회적 지위를 유지하기 위한 수단으로 오직 덕망만을 가지고 있었고, 이를 사용할 때는 항상 조심했다. 그는 『수훈박어』에서 "자신을 100분의 1 더 똑똑하게 만드는 것보다 일상의 일에 대한 관심을 100분의 1 줄이는 것이 낫다"고 썼다. 그는 마치 지능을 계산할 수 있는 것처럼 여기서 은 1냥의 100분의 1인 '1푼'이라는 용어를 사용했다. 그의 글을 다르게 표현하자면, "능력을 한 단계 향상시키는 것보다 자신의 어리석음을 한 단계 없애는 것이 더 낫다"가 될 것이다. 이는 다음과 같은 그의 결론으로 이어진다. "세속적인 일에 몰두하는 것은 저속한 성격을 드러내는 것이며, 자신의 어리석음을 용인하는 것은 천박하다."[9]

유교는 윤리와 우주론을 밀접하게 연결시켰고 그 사이의 경계는 거의 존재하지 않았다. 비는 하늘에서 오는데, 만약 비가 오지 않는다면 하늘이 경고나 처벌을 하기 위해 비를 내리지 않기로 선택했기 때문이라고 여겼다. 현재 우리는 다른 우주론 속에 살고 있지만, 우리도 날씨 변화와 질병이 일으키는 생태계 교란을 환경과 기후 파괴에 대한 중요한 도덕적 경고로 받아들인다. 비록 현재 우리의 도덕적 관점이 명대와는 매우 다른 기반을 갖고 있다 하더라도, 우리는 명대 사람들과 그렇게 멀지 않은 곳에 서 있는 것이다. 이 책의 목적은 명대 사람들과 중간에서 만나 그들의 세계를 복원해 보는 것이다. 우리는 세계를 변화하는 조건들에 쉽게 영향을 받는

---

9 陳其德, 『垂訓樸語』, p.6a.

물리적 생태계로 개념화하지만, 그들은 세계를 하늘이 진두지휘하는 형이상학적 보드게임으로 여겼다. 우리와 그들의 사고 구조는 같지 않으며, 우리가 유교적 사고방식을 받아들여야 할 합당한 근거는 없다. 그러나 그 시대를 경험하고 그들에게 의미 있는 방식으로 해석했던 사람들의 체험과 이해에 가까이 다가가는 것은 의미가 있다. 생존 위기가 그들에게 무엇을 의미했는지 주목하지 않으면, 우리는 과거를 공허하게 만든다.

사실, 우리와 그들 모두 인간의 어리석음으로 인해 하늘의 축복이 차단된 상황이든 인간이 만든 탄소와 에어로졸이 태양 에너지를 차단하는 상황이든, 교란에 취약한 글로벌 생태계에 살았거나 살고 있다. 우리는 또한 우리의 운명을 물가를 통해 추적하는 습관을 공유한다. 이 책은 천치더의 방식을 따라 곡물 가격을 추적하지만, 이는 하늘의 불만이 어느 정도였는지를 나타내기 위함이 아니라 기후 변화의 척도로 사용될 것이다. 이 작업은 천치더가 기록한 1640~1642년의 재난 상황에 대해 더욱 상세하게 각주를 다는 일이기도 하다.

명대의 물가 이해

이 각주를 시작하기 전에, 천치더와 그의 동시대인들이 물가를 어떻게 이해했는지 고려하는 것이 중요하다. 그들은 세상이 변하지 않는 것이 가장 좋다고 믿었고, 물가도 마찬가지로 변하지 않기를 바랐다. 사람들은 물가가 공급과 수요에 따라 계절적으로 변동하지만, 일반적인 상황에서는 물가가 원래의 수준으로 돌아가야 하고, 새롭고 더 높은 수준으로 오르지 않아야 한다는 것을 알고 있었다. 이 물가 안정을 위한 열망은 가격이 "공평해야平" 한다거나 안정되어야 한다는 언어로 표현되었다. 물가는 생활에 필요한 비용을 관리하는 데 영향을 주고, 물가가 불안정하면 누군가에게 불공정하게 적용되기 때문에 중요했다. 불공정한 물가는 그들이 말하는 '공평公平'이라는 기준에 어긋났다.[10] 공평한 물가는 구매자와 판매자 모두가 받아들일 수 있는 것이며, 공유된 기대를 충족시켰다. 한쪽에만 유리한 비정상적인 물가는 공정하지 않았다. 왜냐하면 이러한 상황에서 교환은 한 사람이 다른 사람에게 손해를 끼치는 관계를 만들기 때문이다.

가장 이상적인 세상은 번영하고 자급자족하는 마을들 사이에 "곡물이 풍부하고 가격이 공정하여, 수탉의 울음소리와 개 짖는 소리가 서로 울려 퍼지는" 곳이었다. 이 모델에 따르면, "사람들은 적절한 이익을 얻기 위해 물건을 멀리까지 운송하는 번거로움에 직면해서는 안 된다."[11] 이는 상하이 출신인 쉬광치徐光啓의 말이다. 쉬광치는 17세기 초에 가톨릭으로 개종한 소수의 교육받은 중국인 중 한 명이었으며(그의 세례명은 바오로이다), 그의 유럽 기독교에 대한 지식은 그가 기독교와 유교의 책무를 모두 활용하면서 황제를 섬기고 1633년 사망하기 직전까지 주요 대신직에 오르는 데 도움을 주었다. 쉬광치는 장거리 무역에 의존하지 않아도 되는 경제에 대

---

10 예를 들어, 장마오(章懋, 1437~1522)는 가격의 공정성을 공공의 정의와 연결 지었다. 그는 관리들이 기근 시 가격을 낮추기 위해 인접 지역에서 곡물을 들여오는 것을 허용하지 않으면서 "사소한 자기 이익"을 지키고 "모두에게 공정한 공공의 이익(公平)"을 추구하지 않는 행동을 비판했다(陳子龍, 『皇明經世文編』(北京 : 中華書局, 1987), 권95, p.14a).

11 徐光啓, 『農政全書校注』(石聲漢 편), 上海 : 上海古籍出版社, 1979, p.194.

한 자신의 의견을 1620년대 중반에 썼다. 이때는 왕조의 정치가 비록 혼란스러웠지만 기후에 의한 재난이 충분히 잠잠해져 사람들이 다시 세상이 어떻게 잘 정돈될 수 있는지 상상하기 시작했을 시기였다. 쉬광치의 의도는 상업 교환의 필요성을 부정하는 것이 아니었다. 몇몇 유교 근본주의자들이 했을 수도 있듯이, 상업 교환이 모두가 공유할 수 있는 혜택을 가져다주고 공정한 가격을 유지하는 시스템을 상상하는 것이었다.

당시의 상인들은 '무역이 물가를 평준화한다' 같은 논리를 제시하여 자신들의 업무를 정당화했다. 1638년에 상하이 서쪽의 마을 광장에 게시된 고시告示에 따르면, 직물 장사를 하는 사람들은 "생계를 위해 교환했다." 그들은 어떤 가격에 산 것을 다른 가격에 팔았으며, "항상 공정한 가격에 구매하고 공정한 가격에 판매하여, 아이조차 속이지 않았다." 이렇게 해서 사람들이 평소에 쉽게 접근할 수 없는 물건을 구할 수 있도록 했다. 그들은 생산자나 소비자를 착취하는 기생충이 아니라 필수적인 경제적 기능을 수행하는 덕 있는 사람들로 인식되기를 원했다. 고시에 따르면, 그들은 "사람들이 가진 것을 부족한 것과 교환할 수 있도록 물품의 품질에 따라 가격을 책정했다."[12] 특히 그해에 중국이 천년 만에 최악의 기후 붕괴에 맞닥뜨리면서 대중이 항상 상인들을 그렇게 인식한 것은 아니지만 이 논리는 어느 정도 신용을 얻었다.

중국인뿐만 아니라 유럽인도 물가가 안정되어야 하며 무역이 이러한

---

12 上海博物館圖書資料室,『上海碑刻資料選輯』, 上海 : 人民出版社, 1980, pp.82-83. 상인들이 가격을 공평하게 이끌어야 한다는 인식에 대해서는 張瀚,『松窗夢語』(1593), 北京 : 中華書局, 1985, p.80 참고. 관련 내용은 Brook, Timothy., "The Merchant Network in 16th CenturyChina : A Discussion and Translation of Zhang Han's 'On Merchants.'" *Journal of the Economic and Social History of the Orient* 24, no. 2, 1981, p.187에 번역되어 있다.

공정성을 달성하는 수단이 될 수 있다고 믿었다. 유럽인은 물가가 안정되어야 한다는 확신을 바탕으로 정당한 물가에 대한 유사한 논의를 개발했으며, 모든 가격 중에서도 보통 곡물가가 가장 변동성이 크다는 것을 인식했다.[13] 물가를 안정적이고 공정하게 유지하는 것이 단순하게 긍정적인 혜택이 아니라 정의의 행위라는 관점은 17세기 영국의 무역 옹호자들 사이에서 인기가 있었다. 제라드 드 말린스Gerard de Malynes가 1622년에 쓴 상업 관행에 관한 편람에서 "하나의 것이 다른 것을 초과하는 불평등"을 선호하기보다는, 가격 책정은 "둘 모두를 평등하게 만들려는 노력"을 해야 한다고 언급했다. 이는 쉬광치가 같은 10년간에 제시한 농업 경제에 대한 관점과도 일맥상통하며, 그 관점은 상업이 공동의 이익을 위해 봉사한다는 것이었다. "평등은 다름 아닌, 잘 짜인 질서와 진실 속에서 상호 자발적으로 이루어진 물건들의 평가에 불과하다"와 같은 맥락에서, 1635년에 포목상인 윌리엄 스콧William Scott은 가격이야말로 공정한 시스템에서 물건들의 진정한 척도라고 선언했다. "시간이 사업의 척도인 것처럼, 가격은 상품의 척도다. 만약 가격이 물건의 가치를 초과하거나, 물건의 가치가 가격을 초과한다면, 정의의 평등은 상실된다." 경제사학자 크레이그 멀드류Craig Muldrew는 이 저자들이 "공정하고 정의로운 가격은 가장 저렴한 가격이기도 하다"고 믿었다고 설명한다. 공정한 가격은 "모든 이에게 자유롭게 상품이 공급되도록 보장함으로써, 가난한 이들뿐 아니라 부자들도 상품을 구입할 수 있도록" 하는 역할을 했다. 가격이 공정하기 위해서는 모

---

13 De Vries, Jan., *The Price of Bread: Regulating the Market in the Dutch Republic*, New York : Cambridge University Press, 2019, pp.9-10.

두가 감당할 수 있을 만큼 저렴해야 하면서도, "이윤을 낼 수 있을 만큼 충분히 높아야만 했는데, 그렇지 않으면 아무도 다른 것을 구입할 여유가 없었을 것이다."[14]

명나라 사람들은 공급과 수요가 공정한 가격을 결정하는 논리를 이해했지만, 그들은 이 메커니즘을 추상적인 정의의 작동보다는 개인적 덕의 행사 측면에서 더 생각했을 것이다. 시장을 정의의 자율적 생성자로서 인정하는 것은 명나라 관찰자들이 쉽게 받아들일 수 있는 논리는 아니었다. 공공의 선에 대한 개인적 이익을 비난하는 것 이외에 '이윤'이라는 단어를 사용하는 것에 대한 유교적 알레르기는 명나라 작가들이 이윤이 정의를 달성하기 위한 메커니즘이 될 수 있다는 생각에서 벗어나게 했다. 가격은 교환의 양측이 모두 혜택을 받고 어느 한쪽도 상대에게 손해를 끼치지 않는 한도 내에서만 공정했다. 그러한 맥락에서 사람들은 개방된 시장이 공정함에 유리하다는 것을 인정했다. 따라서 공정한 가격에 대해 이야기할 때, 그들이 자주 사용한 용어는 "시장 가격" 또는 "현재 가격"이었다. 거래가 시장 가격을 기반으로 이루어졌다고 기록하는 것은 그 거래가 공정하다고 인정하는 것이었다.[15]

공정성은 시장의 힘을 합리적으로 사용하여 생산자가 자신의 제품에

---

14 Muldrew, Craig., *The Economy of Obligation : The Culture of Credit and Social Relations in Early Modern England*, London : Macmillan, 1998, pp.44-46에서 말린스(Malynes)와 스콧(Scott)의 글을 인용했다.

15 예를 들어, 지방지에서 학교에 기증된 농지에서 수확한 곡물의 판매 승인은 "현재 시장 가격에 따라 은화로 바꾸었다"는 표현으로 이루어졌다. 『玉山縣志』(1873) 권4a, p.37b, 명초 판본 인용 부분. 마찬가지로, 1524년에 대운하 조운선에서 일하는 병사들의 곡물 배급을 은으로 전환할 것을 제안했을 때, 호부상서는 이를 합법화하기 위해 '시장 가격'에 따라 수행할 것을 요구했다. 謝彬, 『南京戶部志』(1550) 권10, p.18a.

대해 충분히 보상받을 수 있도록 하는 것을 배제하지 않았다. 수확물을 팔려는 농부가 "적정 가격에 이를 때까지 기다리는" 행위는 비난받지 않았으며, 단순히 시장 교환의 조건 내에서 자신의 이익을 합리적으로 추구하며 자신에게 공정한 가격을 얻으려는 행동으로 이해되었다.[16] 상인이 어떠한 상품의 가격이 저렴한 시장에서 비싼 시장으로 상품을 옮길 때도, 그가 두 시장 모두에서 현재의 시세를 준수하는 한, 공공의 선을 이행하면서도 자신에게 일정 비율의 이익을 취하는 것으로 이해되었다. 기근 구호에 노력한 위썬俞森은 "국가의 곡물이든 개인의 곡물이든, 물가는 항상 현재 가격과 함께 상승하고 하락해야 하며, 강제로 올리거나 내려서는 안 된다"고 주장했다. 이렇게 하면 "물가가 높을 때 멀리서 오는 상인들이 자연스럽게 많아질 것이고, 곡물이 풍부하면 물가는 저절로 안정될 것"이다. 이것이 사적 상업이 공공 이익에 봉사할 수 있는 방법이었다. 위썬은 영국인들이 하듯 시장의 마법에 호소하는 대신, 극단을 피하고 중용을 찾는다는 유학의 개념을 참고함으로써 상행위가 물가를 그렇게 조절할 수 있다고 설명한다. 그는 명쾌하게 이렇게 결론을 내린다. 이 움직임은 "사물의 본성적 경향이 필연적으로 만드는 것이다."[17]

---

16 徐光啓, 『徐光啓集』, 上海 : 上海古籍出版社, 1963, p.459. 명초의 한 신사가 자신의 아들들에게 조언했듯이, 가정의 번영은 "곡물 가격의 변동을 스스로 파악하는 능력"에 달려 있었다(Ebrey, Patricia., *Chinese Civilization and Society: A Sourcebook*. New York : Free Press, 1981, p.198의 번역 참고).

17 俞森, 『荒政叢書』 권1, pp.5b－6a. 청대 시장의 가격 개념에 대해서는 Will, Pierre-Etienne., "Discussions about the Market-Place and the Market Principle in Eighteenth-Century Guangdong," 『中國海洋發展史論文集』 7, 1999, pp.323－329 참고.

국가의 존재

천치더와 같은 유학자들은 향촌 사회 엘리트의 하층에 속하면서, 위기의 시기에 사람들이 감당할 수 있는 한계와 불공정한 가격에 대해 관심을 가졌다. 그러나 시장이 합리적인 가격으로 상품을 제공할 것이라는 데 확신을 갖지 못한 사람들은, 가격이 불공정해질 때 정부가 개입하여 그것을 평준화해야 한다고 보았다. 즉, 사람들이 기대하고 지불할 수 있는 금액으로 '평준화'해야 한다는 것이다. 명조는 몇 가지 방식으로 그와 같은 일을 수행했다.

곡물 구입을 보장하는 가장 기본적인 방식은 상부에 보고하는 일이었다. 주현관들은 자신의 주현에서 곡물의 물가를 감시하기 위해 매 10일마다 지역 시장에 사람을 보내 물가를 기록하고 물가 상승의 징후를 찾는 임무를 부여했다. 주현관들은 이 정보를 매월 경사京師(베이징)로 보내 중앙 조정에서 전국의 식량 공급 상태를 파악할 수 있도록 했다.[18] 베이징에서는 하급 관리들이 두려워하는 대상이었던 동창東廠, 즉 황실 정보기관의 요원들이 이 업무에 배정되었다. 이들은 매월 마지막 날 수도의 시장에 나타나 쌀과 다른 곡물, 그리고 콩과 식용유의 가격을 확인했다. 명 조정은 그들이 수집한 자료를 통해 농업의 번성 정도를 알 수 있었다. 또한 상인들이 가격을 올리기 위해 곡물의 상업적 유통을 방해하고 있는지 여부를

---

18 謝彬, 『南京戶部志』(1550), 권17, p.4b, 공식 행정 매뉴얼인 『諸司職掌』(모든 행정 직책의 직무)에서 인용. 유럽의 군주들 역시 지방 관리들에게 지역 곡물 가격에 대한 보고서를 보내도록 요구했다. De Vries, Jan., *The Price of Bread: Regulating the Market in the Dutch Republic*, New York : Cambridge University Press, 2019, p.22 참고.

파악하는 데도 사용될 수 있었다.[19] 상인들은 자신들을 공정한 거래자로 표현하기를 열망했지만, 거리의 상인이 부르는 가격 이상의 투명성은 없는 경제에서 그들을 완전히 신뢰하는 사람은 없었다. 이러한 불신과 함께, 시간이 지남에 따라 가격에 대한 국가의 감시가 느슨해지는 것은 불가피했다. 제도가 점차 느슨해지면서 1552년에는 매월 가격 점검을 하던 것이 2월과 8월에 두 번만 실시하도록 줄어들었다.[20] 적어도 1630년대까지 경사의 물가 안정성에 대한 위협을 예측하기 위해 시장 가격 감시가 계속되었던 베이징을 제외하면, 1570년대에 이 방식은 대부분의 지역에서 실질적으로 폐지되었다.

위기 상황에서 명 조정은 자료 수집보다 더 공격적인 방법으로 개입할 수 있었다.[21] 때때로 조정에서 상품 가격을 강제로 정했다. 예를 들어, 1444년 기근 동안 반포된 황제의 칙령은 시장 가격보다 낮은 공식 가격을 정하고 상인들이 이 낮춰진 가격에 곡물을 판매하도록 요구했다.[22] 그러나 20년 후 베이징 지역에 기근이 닥쳤을 때, 조정에서는 다른 접근 방식을 채택했다. 가격을 설정하는 대신, 경사의 감찰관은 가격 폭리에 대해 강력한 경고를 발표했다. "많은 지역의 마을에서 강자나 중개인 들이 사업과 시장을 독점하고, 저렴해야 할 때 비싸게, 비싸야 할 때 저렴하게 곡물과

---

19 劉若愚, 『酌中志』, 北京 : 北京出版社, 2000, p.101.

20 1570년에, 음력 1월과 7월에 실시되었던 가격 검사는 상인들의 불만에 따라 음력 5월과 8월(양력 6월과 9월)로 옮겨졌다. 음력 1월과 7월의 가격이 실제 반년 평균 가격보다 낮다는 것이 상인들의 불만 이유였다. 李劍農, 「明代的一個官定物價表與不換紙幣」, 『明代經濟』(『明史論叢』 8, 臺北 : 學生書局, 1968), pp.247-267.

21 관리들이 현재 시장 가격을 존중하도록 요구하는 황제의 명령들은 『大明會典』(北京, 1587), 권37, pp.31a-33b 참고.

22 謝彬, 『南京戶部志』(1550), 권17, p.5b.

기타 상품의 가격을 책정하여 큰 이익을 얻고 자신을 부유하게 하려고 한다"고 경고했다.[23] 지방관들은 이러한 방식의 가격 조작을 발견하면 조치를 취해야 했다. 1523년의 칙령은 이 경고를 좀 더 부드럽게 반복하여, "부당한 가격을 요구하는 상점 주인들"에게 처벌이 내려질 것임을 상기시켰다.[24] 지방 수준에서는 주현관이 사기성 가격 책정을 하는 상인들을 재판할 수 있는 권한을 가졌다.[25] 원칙적으로 상인들은 건전한 시장의 대리인으로 인정되었지만, 한 지방관은 냉소적으로 다음과 같이 지적했다. "시장에서 중개인이 상품 가격을 정하는 것은 학교에서 학생들이 자신의 잘못을 스스로 감시하는 것과 같다."[26]

곡물 가격을 설정하는 것보다 더 자주, 국가는 시장 물가를 낮추도록 압박을 줄 만한 가격으로 정부 비축 곡물을 시장에 풀어 물가에 영향을 미치는 방식으로 개입했다. 관리들은 또한 가격 차익을 더 크게 챙길 수 있는 곳으로 곡물을 운반하는 상인들을 막기 위해 봉쇄 조치를 취할 수도 있었다. 1540년대 난징 주변 대도시 중 하나인 남직예南直隸의 한 관리는 부하에게 "적절한 시기에 금지령을 내림으로써, 쌀 가격이 공정하게 유지되고 사람들은 충분한 음식을 갖게 될 것이다"라고 언급했다.[27] 한 세기 뒤, 천치더가 설명한 위기 동안, 천치더의 현이 위치한 남직예의 순무巡撫는

---

23 구범진, 『吏文譯註』, 서울 : 세창출판사, 2012, p.151.

24 李劍農, 앞의 글, p.257에서 재인용.

25 장컨탕(張肯堂)은 자신의 판단으로, 50무의 토지를 판매하면서 원래 지불한 가격보다 훨씬 높은 가격을 청구한 판매자에게 1무당 은 0.3냥 가격을 낮추도록 명령했다(張肯堂, 『䜱辭』(1634) (台北 : 學生書局, 1970) 권6, p.27b).

26 葉春及, 『惠安政書』(1573)(『石洞文集』(1672)에서 참고), 권11, p.11b.

27 張瀚, 『松窗夢語』(1593), 北京 : 中華書局, 1985, p.143.

쑤저우蘇州에서 이러한 금지령을 내렸다. "이곳에서 재배되는 쌀은 현지 수요를 충족시키기에 충분하지 않다. 뿐만 아니라 저장의 일부 지역이 강서 및 호광성에서 쌀을 운송해 오는 것에 의존하고 있고 쑤저우도 이 쌀을 생존을 위한 자원으로 여긴다."면서 순무는 곡물 상인들에게 이전의 금지령을 상기시켰다. "외지에서 온 상인들이 쑤저우에 저장된 곡물을 가져가 다른 곳에서 높은 가격에 판매하는 바람에 쑤저우에서 곡물이 텅 비게 되는 것을 금지한다." 그는 또한 양쯔강 상류의 상인들에게 곡물 공급을 유지하도록 명령했다.[28] 따라서 명대 가격의 역사는 명조의 관리들을 제쳐두고는 기술될 수 없다.[29]

명조는 물가에 영향을 미칠 수 있는 개입 능력과 더불어 주요 구매자로서도 현재의 가격 체계에 중요한 역할을 했다. 명조 초기에는 물품과 서비스에 대한 요구를 충족시키기 위해 물가에 의존하지 않고 일부 징발과 부역에 의존했다. 그럼에도 정부는 물품을 구매해야 했고, 태조 홍무제는 관리들이 물품의 대가를 시장 가격으로 지불하도록 못 박았다. 이는 상인들이 파산하거나 민간의 물가에 영향을 끼치지 않기 위함이었다. 그는 심지어 1397년에 경사에서 '현재 가치' 이상으로 물품을 판매하는 자를 사형에 처하는 법을 시행하고자 했다. 그의 아들인 영락제는 1403년 왕위에 오른

---

28 川勝守, 『明清江南農業經濟史研究』, 東京 : 東京大學出版會, 1992, p.209에서 재인용.

29 공정한 가격을 유지하는 것은 국가가 백성의 안정적인 생계를 위해 개입해야 한다는 유교 원칙과 일치하지만, 이와 같은 가격에 대한 관심은 결코 특별한 것은 아니었다. 매우 다른 철학, 교회법, 그리고 행정 관행의 기반 위에서, 비슷한 시기에 영국의 지방 당국은 상품 가격을 규제하고자 적극적으로 개입했으며, 시장을 자유롭게 방임하는 것은 더 훗날의 일이었다. Britnell, Richard., "Price—Setting in English Borough Markets." *Canadian Journal of History* 31, no.1, 1996. 3, p.15 참고.

첫해에 이 조치를 재확인했으며, 이 규칙을 경사뿐 아니라 영토 전체의 촌락에까지 적용했다.[30] 이러한 법률들과 다른 법률들이 명의 법전, 즉 『대명률大明律』에 포함되었으며, 판매자가 부과한 가격이 공정 시장 가격에서 벗어난 정도에 따라 처벌 강도를 산정했다.[31]

16세기에 징발과 부역에서 벗어나 세금을 통해 조달한 은으로 시장에서 상품과 서비스를 구매하는 방식으로 변화하면서 국가의 시장 개입이 크게 증가했다. 그리고 항상, 적어도 원칙적으로는 시장 가격으로 구매가 이루어졌다.[32] 이 모든 규칙의 기초에는 조정의 대리인인 관리가 백성의 안정적인 생계를 해치거나 약화시켜서는 안 된다는 유교의 근본적인 합의가 있었다. 물론 실제로 가격 교환의 장은 관리들 또한 다른 사람들처럼 스스로의 이익을 위해 활동하는 거친 경쟁의 영역이었다. 이것이 유교 도덕가들에게는 동시대의 기독교인들에게도 그랬던 것처럼 지속적인 걱정거리였다. 당시의 돈과 가격에 관한 연구에서 역사학자 자크 르 고프Jacques Le Goff는 돈 앞에서 진정한 가치의 상실에 대한 도덕가들의 불안

---

30 黃彰健, 「明洪武永樂朝的榜文峻令」, 『明清史研究叢稿』, 台北 : 台灣商務印書館, 1977, p.282.

31 명대 공정 가격에 관한 규칙은 대부분 원대의 법에서 유래했다. 원조는 1310년 한 어사(御史)가 "거리와 시장의 실제 가격"이라고 칭한 가격에 따라 관리들이 지불하도록 명령했다. 이는 이미 1283년의 명령으로 시행되고 있었는데, 이에 따라 관리들은 매달 시장에 사람을 보내 "거리와 시장의 상품" 가격을 확인하고 상부로 보고했다(『大元聖政國朝典章』(1322)(台北 : 國立故宮博物院, 1976) 권26, pp.3a‐4a, p.6a). 1341년 황제의 칙령에 따르면, 관리가 가격을 강제로 낮추면 그는 뇌물 규정에 따라 처벌받아야 했으며, 가격 차이가 클수록 처벌이 무거워졌다(韓國學中央研究院 편, 『至正條格』, p.97). 명조는 지방 관리와 상인들이 관의 공식적 구매의 가격을 협상하기 위해 만나도록 허용함으로써 관리들이 구입해야 하는 상품이 적절한 가격 유인의 부족으로 시장에서 사라지지 않도록 조치했으나, 1437년까지 공정한 구매에 관한 기록은 명 문서에서 그다지 눈에 띄지 않는다(蘇更生, 「明初的商政與商稅」, 『明史研論叢』, 1985‐2, p.436).

32 세금 부과 목적으로 토지의 가치를 평가할 때 관리들은 지역 가격을 존중해야 했다(顧炎武, 『天下郡國利病書』(京都 : 中文出版社, 1975) 권8, p.77b). 1572년의 문헌에서 발췌됨.

에 주목했다. 만약 모든 것을 가격으로 환원하는 것을 제한하는 데 도움이
된 것이 있다면, 그것은 기독교의 덕목인 '카리타스caritas', 즉 타인과 자신
을 포함한 영혼을 돌보는 것으로 충분한 덕을 쌓아 천국에 입성하려는 태
도였다. 카리타스가 작동하는 한, 돈의 추상성은 자본주의가 정의의 의무
를 무시하는 길을 열어 줄 만큼 강력하지는 않았다.[33] 명나라 사람들은 이
러한 제약의 덕을 인식했을 것이지만, 영혼의 구원보다는 상호 의무라는
유교적 용어로 이해했을 것이다. 그러나 돈이 하나님의 은총에 복종하는
구조의 일부라는 개념은 그들에게는 혼란스럽고, 심지어는 비논리적으로
여겨졌을 것이다. 명나라 사람들이 유럽의 동시대인들과 공유한 특정한
불안은 탐욕이 의무를 압도하고 돈과 가격이 호혜를 몰아내며 가난한 사
람들을 부자들로부터 소외시키는 위험에 대한 것이었다. 1609년에 한 불
만 가득한 유교 관리는 "은의 주인이 천국을 지배하고 구리 동전의 신이
세상을 다스린다"며 분노했다. 그는 계속해서 "탐욕은 한계가 없고, 육체
는 뼈를 상하게 하며, 모든 것은 개인적인 즐거움을 위한 것인데, 이들 중
아무것도 놓치지 않고, 다른 사람과의 거래에서는 마지막 머리카락 한 올
까지 모두 보상된다."[34] 경제 행위를 제한해야 할 도덕적 한계는 가격을 책
정하는 거래자들에게 전혀 존재하지 않았다.

유라시아 양쪽 끝에서 이른바 초기 근대라고 불리는 경제 성장의 단계
를 경험한 사람들은 가격 산정과 부의 추구가 덕과 배려의 가치를 가리고

---

33 Le Goff, Jacques., *Money and the Middle Ages: An Essay in Historical Anthropology*, trans. Jean Birrell, Cambridge : Polity, 2012, pp.144~145.

34 『歙縣志』(1609), 권6, p.12a(Brook, Timothy., *The Confusions of Pleasure : Commerce and Culture in Ming China*, Berkeley : University of California Press, 1998, p.238에서 인용/ 『쾌락의 혼돈: 중국 명대의 상업과 문화』, 이정 역, 이산, 2005).

있다고 걱정했다. 천치더는 그의 두 번째 회고록을 마무리하며 독자들에게 경고했다. "우리가 단지 기근에서 살아남았다고 스스로를 축하하고 그 후에 모든 관심을 물질적 획득과 쾌락에만 집중한다면, 우리는 어떻게 인간성을 회복할 수 있겠는가?" 불안정한 물가는 경고의 신호였다.

자료로서의 가격

이 책의 목표는 천치더가 퉁샹현에서 2년 동안 기록한 물가 자료를 왕조의 역사를 이해하는 도구로 확장하는 것이다. 이 과정은 쉽지 않을 것이다. 우리가 우리 세계의 가격 체계에 익숙하듯이, 천치더는 자신이 잘 알고 있는 가격 체계 내에서 살았다. 그는 단순히 가격을 언급했지만, 이것만으로 독자들이 그 가격이 공정한 가격과 얼마나 다른지, 그리고 그 차이가 무엇을 의미하는지 알 것으로 기대했다. 따라서 우리는 천치더의 세계에 대한 우리의 무지를 보완하기 위해 그가 살았던 시대의 가격 체계를 재구성해야 한다. 명대에 물건들이 얼마였는지 확인하는 작업은 단순하고 소박한 목표처럼 보인다. 하지만 실제로는 그렇지 않다. 자본주의가 자리 잡기 이전의 경제에서 가격 기록을 찾는 일은 어렵고, 어쩌다 우연히 발견되더라도 그것은 늘 불완전하다.

이러한 어려움에도 불구하고 명대 물가사의 재구성이 가능한 것은 당시 사람들이 물가에 주목했기 때문이다. 그들은 콩, 쌀, 암탉, 여종, 직업,

생존 등 모든 것에 가격표가 붙어 있는 세상에서 살고 있다는 것을 잘 알고 있었다. 1570년에 한 환관이 어떤 영웅적인 군인의 검을 사겠다고 제안했을 때, 그 군인은 이런 것이 "어떻게 상품이 될 수 있는지"를 의문시했지만, 제시된 가격은 매우 매력적이었다. 군인은 자신의 의문을 거두고 검을 팔았다.[35] 도덕주의자들은 판매하거나 가격을 매길 수 없는 것들이 있다고 주장할 수 있지만, 대부분의 사람들은 이러한 관점을 최선의 경우에는 고풍스럽고 감상적인 것으로, 최악의 경우에는 자기기만적인 것으로 여겼다.

사람들은 언제 어디서 무엇을 사고팔아야 할지, 때때로 지출한 내역을 보존하기 위해 무엇을 얼마나 해야 하는지 항상 알고 있었다. 몇몇 사람들은 이러한 가격을 일기, 편지, 보고서에 기록하기도 했는데, 이를 통해 역사가들이 정보를 찾을 수 있다. 한 가지 사례는 1612년에 퉁상현 밀인사 密印寺에서 새로운 청동 종을 설치한 일에 대한 기념문(「靑鎭密印寺鐘成碑記」)이다. 이 기문記文은 항저우의 은퇴한 관리인 리러李樂가 그의 책『견문잡기見聞雜記』(보고 들은 것들에 관한 노트)에 수록함으로써 남겨지게 되었다.[36] 리러는 그와 몇몇 사람이 1544년에 해적의 위협으로 인해 지방 정부가 압수하여 총기 제작을 위해 녹여 버린 밀인사 종을 복원하기 위한 프로젝트를 시작했다고 기술한다. 그는 이 기문에 많은 숫자를 남겼다.

• 기부 명부에 이름을 올리는 최소 기부액 3냥.

---

35 張怡,『玉光劍氣集』, 北京:中華書局, 2006, p.502. 이 일은 가오궁(高拱)이 다시 대학사로 임명된 시기에 발생했다.

36 李樂,『見聞雜記』(1610, 1612)(上海:上海古籍出版社, 1986) 권11, pp.42b‒44b.

- 그와 그의 친구들이 처음 두 달 동안 모금한 은 200냥.

- 그다음 세 번째 달에 모금한 은 200냥.

- 그들 중 한 명이 난징의 공부工部에 1,600킬로그램 이상의 구리와 주석을 구매하기 위해 가지고 간 은 270냥(이때 난징 공부상서가 상인들에게 금속을 "공정한 가격"으로 제공할 것을 요구했다).

- 통상으로 금속을 운송할 때 통행료 면제를 위한 공부의 허가증(리러는 이 허가증이 "적어도 60냥 가치가 있다"고 썼다).

- 종루의 벽돌 작업 복원 비용 16냥.

- 밀인사의 승려들이 부담한 비용 환급 30냥.

- 청동 종 주조 인부 임금 35냥.

- 이 문서를 새길 석비를 구매하고 새기는 비용 10냥.

- 프로젝트의 성공을 기원하며 학문의 신 문창제군文昌帝君에게 바친 공물 40냥.

리러는 전체 규모를 파악하기에 충분한 숫자를 나열하지 않았지만, 그것이 그의 목적은 아니었다. 금액을 공개적으로 게시하는 것은 나중에 발생할 수 있는 침해나 도난으로부터 투자를 보호하기 위한 조치였다.

덕분에 실제 비용과 가격에 대한 정확한 기록으로 인해 명대 가격에 대한 방대한 자료가 남겨지기는 했지만, 그것들은 흩어져 있고 일관성이 없으며 통계로 간단히 정리되지 않는다. 이는 가격 정보가 겉보기에는 확실하고 신뢰할 수 있는 것처럼 보이지만 실제는 그 첫인상과 다소 맞지 않다는 뜻이다. 경제사 연구자 얼 해밀턴Earl Hamilton은 1944년에 유럽에 남아 있는 상당한 양의 가격 기록을 바탕으로 가격은 "존재하는 가장 오래된 연속적인 객관적 경제 데이터"라고 평가했다.[37] 해밀턴은 유럽 문서에서 발견한 가격을 단순히 물가 변화를 추적하는 데만 사용하는 것이 아니라 초기 근대 세계의 역사적 변화를 다시 서술하는 데 사용할 수 있다고 확신했다. 어느 정도까지는 그의 확신이 역사적 변화에 대한 통찰을 얻는 데 부합하는 것으로 입증되었지만, 그렇다고 모든 가격 정보가 모호함이 없는 것은 아니다. 일부 가격 정보는 해밀턴의 기준을 충족할 수 있지만, 독자들은 가격 정보가 겉으로 보이는 것만큼 확고한 일이 드물다는 것을 알게 될 것이다.

예를 들어, 명대의 양동이 가격을 살펴보자. 1577년 베이징의 한 관리는 그의 관청에서 양동이들을 각각 은 3푼에 구매했다고 기록했다.[38] 이 가격이 곧 명대 양동이의 가격일까? 그럴 가능성도 있지만, 모든 양동이의 가격이 같은 것은 아니다. 양동이가 거래된 시간과 장소에 따라 가격은 다를 수 있다. 가격 자체에 대해서도 마찬가지이다. 은 3푼은 그 관청에서 지불한 가격일 텐데, 여기에는 웃돈이나 할인이 포함되었을까? 실제로 은으로 지불되었을까, 아니면 동전으로 지불되었다면 환율은 얼마였을까? 이러한 질문을 제기하는 것은 물가사의 실현 가능성을 약화시키려는 것이 아니다. 특정 장소와 시간에 누군가가 지불했다고 말한 구체적인 가격이 실제로 지불된 물건의 비용이 아닐 수도 있다는 점을 지적하는 것이다. 이

---

37 Hamilton, Earl., "Use and Misuse of Price History." *Journal of Economic History 4*, Supplement, 1944. 12, p.47.

38 沈榜, 『宛署雜記』(1593), 北京 : 北京古籍出版社, 1980, p.141.

보다 15년 전 저장 지역의 한 관리의 기록을 살펴보면, 그가 구입한 양동이 가격은 은 4푼이었다.[39] 15년 사이에 양동이의 가격이 떨어졌을까? 그럴 가능성은 낮다. 농촌의 가격이 도시보다 높았을까? 역시 그럴 가능성도 낮다. 베이징 관청에서 농촌 관청보다 훨씬 더 많은 양동이를 구매하여 대량 구매 할인을 받았을까? 이는 가능한 이야기다. 베이징의 관청은 농촌의 한 관청보다 훨씬 더 많은 기관에 양동이를 공급해야 했다. 아니면 더 간단하게, 베이징의 양동이가 저장의 양동이에 비해 작고, 값싸고, 품질이 떨어졌을까? 우리는 알 수 없다. 결론적으로, 16세기 명나라 시대의 양동이는 은 3푼에서 4푼 사이의 비용이 들었다고 할 수 있다.

만약 은을 기준으로 매긴 물건의 가격이 물건의 다양성으로 인해 복잡하다면, 은 자체의 변화 또한 정확한 가격을 파악하기 어렵게 만든다. 역사학자 브루스 러스크Bruce Rusk는 명·청대 은 문화에 대한 매력적인 논문에서, 주조되지 않은 은괴를 주화 대신 사용하는 것이 교환 경험을 매우 복잡하게 만든다는 점을 상기시킨다. 양동이와 마찬가지로, 은도 단순히 화폐로서의 추상적 기능만 수행한 것은 아니다. 금속은 다양한 순도로 존재했으며, 일부는 지불 수단으로 받아들여졌고 일부는 그렇지 않았다. 숙련된 사람들에 의해 부정하게 조작되거나 가짜로 만들어질 수도 있었다. 구매자와 판매자가 특정 무게의 은을 지불 수단으로 받아들이는지 여부는 교환의 사회적 성격을 형성하는 많은 비경제적 요인들, 특히 신뢰와 체면에 의존했다. 러스크는 이렇게 말했다. "은덩어리의 시장 가치가 그 무게와 순도의 단순한 산술적 곱셈으로 보일 수 있지만, 이 두 입력값(무게,

---

39 海瑞, 『海瑞集』, 北京 : 中華書局, 1981, p.130.

순도)은 회계 기록의 목적으로 활용될 때 자유롭게 변동할 수 있는 변수가 아니었다. 은은 양도할 수 없는 물리적 특성을 유지했기 때문에, 추상적으로 기능하려면 은 한 덩어리의 순도에 대한 합의가 필요했다.[40] 은의 물리적 변질은 분명 가격을 왜곡시켰거나 적어도 영향을 미쳤지만, 우리는 4세기 전 특정 거래에서 사용된 은의 품질을 알 수 없다. 따라서 기록된 모든 가격은 구매된 상품이나 서비스 품질만큼이나 교환을 위해 손에 넘겨진 금속에 의해 잠재적으로 문제가 될 수 있다.

얼 해밀턴의 말을 다시 인용하자면, "최고의 물가사"는 "정치적 또는 종교적 강압으로부터 자유로운 대리인들이 개방된 시장에서 실제로 지불한 가격과 임금만을 다루어야 한다."[41] 나는 해밀턴이 말하는 "구매한 양의 차이, 계절, 판매 조건, 운송 비용, 제공된 서비스, 숨겨진 요금, 현물로 된 추가 임금 등에 의한 왜곡을 피"하는 "주의 깊은 물가사 연구자"가 되고 싶지만, 문서 기록은 그 기준을 충족시키기에 충분하지 않다. 대부분의 명대 물가 자료는 '개방된 시장'이 아니라 정부 관리들이 예산 편성과 회계 작성을 위해 지방 수준에서 보관된 기록이다. 그들은 시장 가격을 따르도록 되어 있었지만, 그들이 양동이를 사러 간 날에 그런 일이 일어났는지 우리는 알 수 없다. 명대의 경우, 우리가 사용할 수 있는 대부분의 물가 자료는 국가와 경제가 만나는 지점에서 기록되었다.

40년 전, 역사학자 미셸 카르티에Michel Cartier는 시장 가격을 사용하여

---

40 Rusk, Bruce., "Value and Validity: Seeing through Silver in Late Imperial China," *Powerful Arguments : Standards of Validity in Late Imperial China*, ed. Martin Hofmann et al., Leiden : Brill, 2020, p.471.

41 Hamilton, Earl., "Use and Misuse of Price History," *Journal of Economic History* 4, Supplement, 1944.12, p.48.

물가사를 쓰는 것이 필요하다는 것을 인식하면서, 동료들에게 행정 문서에 기반을 두고 물가사를 쓰는 위험에 대해 경고했다. 실제로 그는 18세기 이전의 중국 물가사를 쓰는 것이 가능한지 의심했다.[42] 중국 기록에 남아 있는 것 중 많은 부분이 실제로는 재정상의 가격, 즉 세금 부과의 맥락에서 결정된 가격들이다. 재정상의 가격과 시장 가격은 서로 비슷할 수 있지만 반드시 그런 것은 아니다. 재정상의 가격은 카르티에가 말하는 '화석화된 가격'으로, 이전 시장 가치와 관련하여 설정되고 이후에 조정되지 않은 것들이 종종 있다. 때때로 이러한 화석화된 가격들은 16세기에 걸쳐 지방 행정부가 재정 운영을 현물에서 은으로 전환할 때 인위적인 가격 기록들로 대체되었는데, 그 전환 과정에서 시장 가격을 얼마나 따랐는지 평가하기는 어렵다.

내가 복원한 대부분의 가격들이 경제적 목적이 아닌 다른 목적을 위해 수집되었다는 것은 사실이다. 시장 가격을 문서화하기보다는 물품의 할당 가격을 조작하는 재정적 목적, 부정부패를 통제하기 위한 관리적 목적, 가격을 더 공정한 등급으로 강제하기 위한 도덕적 목적, 번영과 쇠퇴를 서술하기 위한 수사적 목적 등을 위해서 수집된 것들이 대부분이다. 그러나 중국 물가사 연구자들만이 이런 도전에 직면한 것은 아니다. 해밀턴이 가격 역사의 객관성에 대한 그의 낙관적인 제안을 하기 5년 전, 근대 초기 영국의 물가사를 쓴 윌리엄 베버리지William Beveridge는 "물가사는 고립된 사실들의 연구가 아니라 관계의 연구"라고 지적했다.[43] 물가는 많은 비경제적

---

42 Cartier, Michel., "Note sur l'histoire des prix en Chine du XIVe au XVIIe siecle," *Annales* 24, no.4, 1969, p.876.

43 Beveridge, William., *Wages and Prices in England from the Twelfth to the Nineteenth Century*(1939),

요인의 맥락에서 발생하는 거래의 결과이다.[44] 실제로 과거의 사람들이 가격을 기록한 이유는 가격이 가진 자료로서의 순수함보다는 가격의 관계성 때문이었다. 명나라 경제보다 명나라 사회를 이해하는 데 더 초점을 맞추고 있는 이 책에서 보다 가치를 가지는 것은 바로 이 관계성이다.

가 능 한 것 의 한 계

스코틀랜드의 두 물가사 연구자들은 현명하게도 "물가와 임금은 사람들이 지불하고 받은 실제적인 것들이며, 그 사람들의 존재 가치와 때로는 그들의 생명에까지 영향을 미쳤다. 자료의 내부적 의미와 해석은 미묘하고 어려울 수 있다. 그러나 그것들은 역사학자들을 즐겁게 하거나 혼란스럽게 하기 위해 수집된 단순한 숫자 유물이 아니다"라고 언급했다.[45] 물가의 변덕스러움과 혼란은 적지 않은 명대 저자들을 매혹시켜 기이하고 충격적인 물가 이야기들을 수집하고 전달하도록 유도했다. 부자와 가난한 사람들 사이의 충격적인 격차에 놀라며, 그들의 삶을 압도하는 변화들에 당황하며, 그들은 누구나 이해할 수 있는 물가 이야기로써 그들의 당혹감과 분노를 표현했다.

London : Cass, 1965, xxvi.

44 Klein, Herbert S., and Stanley J. Engerman., "Methods and Meanings in Price History." In *Essays on the Price History of Eighteenth-Century Latin America*, ed. Lyman L. Johnson and Enrique Tandeter, 9 - 20, Albuquerque : University of New Mexico Press, 1990, p.9.

45 Gibson, A.J.S., and T. C. Smout., *Prices, Food and Wages in Scotland*, 1550 - 1780, Cambridge : Cambridge University Press, 1995, p.14.

나는 가끔 그들의 방식에 따라 훌륭한 이야기에 빠져들면서 이를 통해 명나라 작가들이 단순히 물건의 비용을 표시하는 것이 아니라, 그 비용이 그들이 알고 있는 모든 것과 어떻게 관련되어 의미를 갖거나 갖지 않는지, 그리고 물가가 사람들을 묶는 사회적 관계를 어떻게 형성했는지를 강조하고자 한다. 내가 들려줄 수 있는 모든 물가 이야기 중 최고는 이미 소개한 명조 마지막 해의 혼란에 관한 천치더의 이야기이다. 이 책의 중심으로 천치더의 극적인 재난 이야기를 선택하는 것이 일상생활을 포착하는 것을 어렵게 한다고 반박할 수 있다. 실제로 천치더의 이야기는 생존이라는 핵심 문제에 집중하고 있다. 가격이 정말로 중요했던 것은 바로 생존의 순간이다. 명대가 소빙하기의 중간 단계와 겹친다는 사실은 1640년대의 재난을 중심으로 명대의 가격 체계 속에서 살아가는 것이 무엇을 의미하는지 상상하도록 나를 독려한다. 게다가 인간 생존의 핵심인 곡물의 가격보다 더 주목할 만한 가격이 있는가?

40년 전, 역사학자 페르낭 브로델Fernand Braudel은 근대 초기 세계의 완전한 역사를 쓰는 첫 번째 작업으로 '가능한 것의 한계'를 평가하는 것을 제안했다.[46] 그는 이를 수행하기 위해 사회가 그 한계를 관리하는 능력을 결정하는 두 가지 기본 요소인 인구 규모와 식량 공급을 『일상생활의 구조: 가능한 것의 한계The Structures of Everyday Life: The Limits of the Possible』라는 책의 처음 두 장에서 다루었다. 주로 태양 에너지에 의존하여 식량을 생산하는 농업 경제에서 먹일 입과 먹는 곡물 사이의 균형은 섬세한 것이 될 수 있다.

---

46 Braudel, Fernand., *The Structures of Everyday Life : The Limits of the Possible*, trans. Sian Reynolds, *Civilization and Capitalism, 15th–8th Century 1*, London : Collins, 1981, p.27.

유럽의 역사 기록을 바탕으로 작업한 브로델은 우리와 같이 세계의 다른 지역에서 작업하는 사람들에 비해 특정 장점을 누렸다. 인구사, 기후사, 물가사 등을 연구하는 그와 그의 동료들은 지역 교구와 시장 기록에 접근할 수 있었으며, 이를 통해 많은 상품들의 가격 정보를 구성할 수 있었다. 이러한 문서들을 활용함으로써 그들은 장기적인 변화를 감지하고 경제적, 사회적, 심지어 정치적 변화를 장기간에 걸쳐 모델링할 수 있었다. 브로델의 분석은 물가사 없이는 상상할 수 없었을 것이다.

유럽의 물가 기록은 대부분 수기로 보존된 원시적인 숫자인 반면, 중국의 물가 기록은 거의가 인쇄된 결과물로, 행정적 처리 과정을 거친 것이다. 이 차이는 우리가 다른 역사를 쓴다는 것을 의미한다.[47] 그러나 이러한 차이 때문에 역사적 비교의 가능성을 배제할 필요는 없다. 역사상의 중국도 브로델이 제시한 '가능한 것의 한계'를 이해하는 데 중요한 연구 대상이다. 모든 전근대 사회는 사람들에게 충분한 식량을 제공할 수 있는 물리적 한계 안에서 운영되었고, 더 추상적으로 말하자면, 인구가 스스로를 재생산하고 때로는 적절한 시기에 증가할 수 있는 것은 태양 에너지를 포착하고 변환하는 능력 내에서 작동했다.[48] 사람들이 이 과업을 어떻게 수행하고 때로는 실패했는지에 대한 기록을 남긴 한, 가격 역사는 가능하다. 4장

---

47 인쇄본과 필사본이라는 출처의 차이가 중국과 유럽의 역사 기술에 미치는 영향에 대해서는 Brook, Timothy., "Native Identity under Alien Rule: Local Gazetteers of the Yuan Dynasty." In *Pragmatic Literacy, East and West, 1200–330*, ed. Richard Britnell, 235 – 45, Woodbridge : Boydell and Brewer, 1997, pp.237–239 참고.

48 산업화 이전 경제에서 농업에 식량 에너지를 적용하는 것에 대해서는 Muldrew, Craig., *Food, Energy and the Creation of Industriousness : Work and Material Culture in Agrarian England, 1550–780*, Cambridge: Cambridge University Press, 2011, chs 1 – 2 참고.

에서 볼 수 있듯이, 중국의 기록에서 태양의 에너지 출력 변화나 대기 중 에어로졸 축적으로 인해 태양 에너지가 차단될 때, 곡물 가격이 얼마나 상승했는가는 이러한 변화를 이해하는 데 가장 중요한 증거이다. 천치더의 기록은 이를 파악하는 데 작지만 중요한 기여를 한 것이다.

명대 사람들은 가격 체제 안에서 살았으며 가격이 안정되어야 한다는 신념을 가졌지만, 이러한 신념이 "법적으로 동등한 사람들 사이의 공정한 교환으로 구성된 경제"라는 생각으로 환원되는 것은 아니었다. 역사학자 윌리엄 레디William Reddy가 근대 초기 유럽의 맥락에서 말한 바와 같이, 상업 경제에서의 가격은 개념적으로 추상적이지도 않고 사회적으로 무관심의 대상도 아니다.[49] 가격이 공평한 등가 시스템 속에서 무해한 톱니바퀴로 기능한다는 생각은 17세기 후반 영국의 경제 이론가들이 자본주의 성장을 촉진시키는 화폐 교환의 비대칭성을 숨기기 위해 개발한 개념이었다. 부유한 구매자와 가난한 구매자는 같은 물건을 동일한 가격으로 구입할 수 있지만, 그 물건의 값을 지불하는 행위는 서로 다른 능력과 상황을 배경에 두고 이루어진다.

근대 초기 유럽에서 태동한 경제 이론에서는 법적으로 동등한 당사자들이 상품과 서비스를 거래하는 중립적인 매개체로서 돈을 설정하고, 공정하게 지불해야 할 것을 결정하는 객관적 수단으로서 가격을 묘사했다. 이로써 가격은 자본주의 경제에서 구매자와 판매자가 공정한 교환을 얻는 데 사용되는 수학적 추상으로 축소되었다. 그러나 제한된 수단을 가진 사

---

49 Reddy, William., *Money and Liberty in Modern Europe : A Critique of Historical Understanding*, Cambridge : Cambridge University Press, 1987, pp.63-73.

람들에게는 가격이 최선의 경우 족쇄였고, 최악의 경우 변덕스러운 분노의 대상이었다. 부자들은 자신들의 회계장부에 가격을 입맛대로 기입하면서 가난한 자들의 수요를 이용하고 그들을 불안정에 노출시켜 이익을 취했다. 가격은 곧 화폐가 사회 구조를 창조할 수 있게 만드는 수단이 되어, 부자들이 더욱 부유해지고 가난한 자들이 통제받도록 하는 데 사용되었다. 그러나 이들은 불공평한 경기장이 얼마나 경사졌는지를 깨닫거나 인정하지 않았다. 가격은 다른 가격과 관련해서 '평등'할 수 있지만, 가격을 통해 수행된 교환의 장은 결코 평등하지 않았다. 명대 사람들은 독점적인 상인과 결탁한 관리들이 없는 개방적인 시장이 공정한 가격을 달성하는 최상의 조건이라는 데는 동의할 수 있었지만, 자본이 가치중립적이며 보편적인 혜택을 창출한다는 자본주의 이데올로기에는 따르지 않았다. 또한 부자와 가난한 사람들이 상호 의존하는 체계로서의 유교 이념도 마찬가지로 따르지 않았다. 실제 세계에서 가격은 부자와 가난한 자들을 대립시켰고, 가격 기반의 교환은 지속적으로 불평등한 사회적 관계를 재확립했다. 가격을 '공정하게' 유지한다는 것은 경제를 사회로부터 해방시키는 시도가 아니었다. 이는 경제와 사회를 연결시킴으로써 재정적으로 유리하고 상업적으로 능숙한 사람들이 기후 위기로 인해 그들 농장의 작물이 파괴될 때, 특히 가난한 사람들이 생존 수단을 박탈당하지 않도록 하는 것이었다.

기후 변화의 지표인 재난 물가

산업화 이전의 농업 경제에서 '가능한 것의 한계'를 만드는 가장 큰 요인은 기후였다. 작물은 발아하고 성장하려면 따뜻함과 물이 필요하다. 이 둘 중 하나라도 공급에 문제가 생기면 식량 생산이 위협받고, 생산이 감소하면 물가가 상승한다. 곡물은 비교적 강인한 작물로 일정 수준의 환경 스트레스를 견딜 수 있다. 하지만, 곡물이 발아하고 이삭이 패고 성숙하기 위해서는 수분과 온도가 일정한 범위 내로 유지되어야 한다. 온도와 강수량을 결정하는 것은 태양 에너지의 양이다. 이 에너지의 양에서부터 기온과 물 그리고 그 곡물을 구매하는 데 필요한 가격에 이르기까지, 산업화 이전 경제에서 기후와 곡물 물가 사이의 관계성은 상당히 직접적이다. 산업화 시기 대규모의 탄화수소가 연소되기 이전에는 태양과 지구 사이의 단기 에너지 관계를 좌우하는 요인으로는 두 가지가 있었다. 하나는 태양 흑점으로 인한 태양 복사의 감소 또는 태양 물질 분출이다. 다른 하나는, 화산 폭발이나 대규모 산불로 인해 대기 중에 에어로졸이 분출되어 태양 복사가 지구 표면에 도달하는 것을 차단하는 것과 같은 대기 변화로 인한 '기후강제력climate forcing'이다. 이 두 경우는 메커니즘이 다르지만, 어느 쪽이든 지구는 평소의 에너지 양을 박탈당한다. 이 에너지 감소는 지구의 온도를 떨어뜨리고 바람과 해류의 움직임에 변화를 일으켜 강수 패턴을 바꾼다.

기후는 육지와 수역의 분포에 따른 지역적 차이로 인해 지구의 에너지에 불균등한 영향을 미친다. 그러나 지구는 지구상의 조건을 결정하는 더 큰 에너지 시스템에 의해 형성된다. 기후는 그 현상으로는 지역적이지만, 전반적인 능력과 추세로는 전 세계적이며, 한쪽으로 다른 한쪽을 일반화할 수 없다. 한 지역의 기후는 다른 곳의 기후로부터 자동적으로 추론될 수 없다. 또한 모든 지역적 현상에 대한 상세한 지식 없이는 전체의 패턴을 구성하고 이해할 수 없다. 이것이 중국처럼 넓은 지역에 대한 기후 재구성이 기후 변화에 대한 우리의 지식을 개선하고 향상시키는 데 필수적인 이유이다.

1930년대에 중국 학자들은 왕조 역사, 즉 정권이 몰락한 후 그 후계자에 의해 서술된 공식 기록에서 자연 재해에 대한 참고문헌을 추출하여 중국의 기후사를 쓰는 작업에 착수했다. 1990년대부터 중국의 기후 과학자들은 문서적 지표에서 벗어나 구체적으로 측정할 수 있는 물리적 지표를 선호하게 되었다. 그들의 작업은 대체로 중국의 기후사가 북반구 다른 지역에서 수집된 물리적 지표로부터 파생된 전 지구적 패턴을 공유하고 있음을 확인했다. 이 작업의 결과는 10세기 중반부터 13세기 중반까지의 중세 온난기 이후 14세기에 시작된 소빙하기가 15세기에 격화되고 16세기 후반부터 19세기까지 더욱 심화되었음을 보여 준다. 가장 가치 있는 물리적 지표는 나이테 자료(온도와 강수량 변화를 나타내는 나무 세포 성장의 무늬)와 빙하 얼음(동위원소의 무게나 화산 황의 존재를 파악하기 위한 물 분자)의 핵 분석이었다. 이 두 가지 물리적 지표에 대한 기록은 시간에 따른 기후 변동의 폭을 높은 정밀도로 감지하는 데 큰 가치가 있었으며 지역 차이를 탐지하는 데에도 유용했다.[50] 그러나 최근 수십 년 동안 일부 기후 과학자들은 역사학자들과 협력하여 문서 자료에 수록된 기후 정보에 접근하기 시작했다. 이들 문서 자료에는 당시 사람들이 경험한 독특한 날씨를 기록한 역사 연대기, 일기, 편지 등이 포함되었다. 문서적 지표들은 나이테와 물 동위원소가 가진 일관성은 부족할 수 있지만, 특정 문화권 내에서 일관성을 유지하는 경향이 있다. 뿐만 아니라 지역 조건, 갑작스러운 변화의 순간, 그리고 가장 가치 있는 것으로는 그 변화가 사람들의 삶에 미친 영향에 대해 나이테보다 더 구체적인 정보를 줄 수 있다.[51]

이 문서적 지표에 나는 곡물 물가를 추가하고자 한다. 명대 중국에서 비정상적인 곡물 물가와 기후 변화 간의 관계를 감지하기 시작하면서, 나는 환경사 분야가 물가에 거의 주목하지 않았다는 사실에 놀랐다. 주목할 만한 예외는 경제사 연구자인 발터 바우언파인트Walter Bauernfeind와 울리히 보이텍Ulrich Woitek이 1999년에 발표한 소논문으로, 소빙하기 동안 독일의 곡물 물가를 기후 불안과 관련하여 분석했다. 그들은 "최근 경제사 연구가 기후 변화가 중요한 경제 및 인구학적 요인에 끼친 영향에 대해 관심

---

50 중국 14개 지역의 장기간 온도 변화를 재구성하여 검토한 결과, 거취안성(葛全勝)과 그의 동료들은 지역적 온도 변화가 10년 단위로 해석될 때는 두드러졌으나, 30년 단위로 해석되었을 때는 사실상 사라졌다고 지적했다. Ge Quansheng, Jingyun Zheng, Yanyu Tian, Wenxiang Wu, Xiuqi Fang, and Wei-Chyung Wang,, "Coherence of Climatic Reconstruction from Historical Documents in China by Different Studies," *International Journal of Climatology* 28, no.8, 2008, pp.1007‒1024 참고.

51 기후 역사에 대한 문서 접근법의 가치와 한계에 관해서는 Alexandre, Pierre,, *Le climat en Europe au Moyen Age : Contribution a l'histoire des variations climatiques de 1000 a 1425, d'apres les sources narratives de l'Europe occidentale*, Paris : Ecole des Hautes Etudes en Sciences Sociales, 1987, pp.9‒42 참고. 알렉산드르(Alexandre)는 총 3,500개가 넘는 문서군에서 신뢰할 만한 2,390건의 기록과 더불어 회계 장부 같은 다른 문서에서 추출한 440개의 기록들을 활용했다.

을 두지 않았다"고 관찰하고, 역사가들은 16세기의 '가격 혁명'을 "인구 증가, 화폐 가치 절하 및 화폐 공급 증가"로 설명하려고 했으며, 기후 악화는 "단지 부차적인 역할"을 했을 뿐이라고 지적했다.[52] 심지어 제프리 파커Geoffrey Parker가 1640년대 전 지구적 기후 재난에 관해 쓴 대작『전 지구적 위기Global Crisis』에서도 물가 이외의 다른 지표들을 사용했다. 그의 참고문헌에 내가 눈치채지 못한 물가 연구가 있을지 그에게 물어보았을 때, 그는 실제로 물가가 그의 저서에서 아무런 역할을 하지 않았다고 말했다.

나는 명대 지방지에서 기후 불안기에 곡물가가 상승했다는 기록을 발견하기 시작하면서 기후 변화에 대한 연구에서 물가에 관한 부분이 간과된 사실을 알아차렸다. 1450년대 기근 당시 곡물 가격에 대한 지방지의 기록은 기후 변동과 물가 변동 사이의 상관관계를 짐작하기에 매우 설득력 있어 보였다. 이 시기 다른 지역에서 기후 변화가 물가에 미친 영향을 확인할 수 있는 연구를 찾아보았는데, 브루스 캠벨Bruce Campbell이『거대한 전환The Great Transition』에서 물가 변동에 대한 연구를 언급한 것을 발견했다. 여기서 그는 물가를 기후 변화를 재구성하는 데 사용하기보다는 환경 조건의 영향을 기록하는 데 사용한다.[53] 캠벨은 특히 1450년대에 주목하며, 그 시기를 "15세기 중 가장 추운 10년이자 중세기 중 가장 추운 때"로 지칭한다.[54] 이는 1420년대에 시작된 소빙하기로 알려진 스푀러 극소기Spörer

---

52 Bauernfeind, Walter, and Ulrich Woitek., "The Influence of Climatic Change on Price Fluctuations in Germany during the 16th Century Price Revolution," *Climatic Change* 43, no.1, 1999, p.304.

53 예를 들면, Campbell, Bruce., *The Great Transition: Climate, Disease and Society in the Late-Medieval World*, Cambridge : Cambridge University Press, 2016, p.45, p.57, p.341.

54 Campbell, *Great Transition*, p.345.

대진의 「풍설귀가도」
1439~1455년은 명에서 첫 번째 오래 지속된 혹한기였다. 대진은 그 혹한기의 마지막 해
(1455)를 떠올리게 하는 겨울 장면을 화폭에 담았다. 미국 뉴욕 메트로폴리탄 미술관 소장.

Minimum가 소빙하기를 처음으로 극도로 추운 단계로 끌어내린 시기였다. 1450년대가 명대 지방지에서 처음으로 기근 물가 기록이 어느 정도 일정하게 나타난 시기라는 사실은 나에게 기후 변동과 물가의 상관관계를 전 지구적 수준에서 고려할 용기를 주었다. 왕조 말까지의 추가 연구는 물가를 기후 변화의 지표로 취급하는 이 가설이 합리적이라는 것을 확인시켜 주었다. 나는 계량경제학에 정통하지 않아 16세기 독일에 대해 바우언파인트와 보이텍이 한 것처럼 명대의 기후와 물가의 상관관계를 수학적으로 모델링하지는 않았지만, 명대 기근 물가와 전 지구적 기후 불안 간의 강한 우연의 일치는 독자들이 이 연결을 단순히 직관적으로 명백한 것이 아니라 이론적으로 설득력 있는 것으로 받아들일 것이라는 확신을 주었다.[55]

이 책에서 나는 1640년대 초의 물가 재앙에 관한 천치더의 회고록을 계속 언급할 것이다. 1장을 마무리하며, 우리가 이 책이 다루는 세계에 다가가는 데 도움이 될 흥미로운 세부 사항에 대해 언급하고자 한다. 천치더의 두 번째 회고록은 음력 8월 15일, 즉 중추절에 쓰였다. 동아시아의 가장 중요한 축제 중 하나인 중추절은 가족과 친구들이 모여 그해의 수확을 축하하는 날이다. 명 말에 농민들은 이렇게 말했다. "추분이 중추절에 앞서면 1두의 쌀이 1두의 동전과 교환될 것이다. 추분이 중추절 뒤에 오면 1두의 쌀이 1두의 콩과 교환될 것이다."[56] 한 가격은 터무니없이 높았고, 다른

55 Kueh, Y. Y., *Agricultural Instability in China, 1931-991 : Weather, Technology, and Institutions*, Oxford: Clarendon, 1995, pp.286-300에서 커(Kueh, 중국어 이름은 궈이야오郭益耀)는 곡물 부족이 발생한 지역을 단기적으로 기상 이변의 대리 지표로 간주할 수 있다고 보고, 관련 프로젝트를 제안한다.

56 謝肇淛, 『五雜組』, 上海 : 上海書店出版社, 2001, p.31. 아고이(Agøy)는 「후기 제국 시대 지방지에 나타난 중국의 기상 예측」에서 청초의 농업 예측에 대해 논의했다(Agøy, Erling.,

가격은 형편없이 낮았다. 중추절은 음력 날짜인 반면 추분은 태양력이다. 정오의 태양이 적도 바로 위에 있다가 이후 태양의 위치가 기울기 시작하여 북반구를 겨울로 밀어내기 시작하는 날이다. 이 말은 수확이 가져올 물가의 수수께끼를 하늘이 태양과 달의 움직임을 배열하는 수수께끼로 가린 것이다. 사실, 추분이 중추절에 앞서는 일은 매우 드물다. 그런 일이 일어난다면 그것은 기적이며, 농부가 자신의 쌀 작물을 콩의 무게가 아닌 금전의 무게로 팔 수 있다면 그것도 기적일 것이다.

천치더가 1641년에 자신의 첫 번째 회고록에 서명했을 때, 그 두 날짜는 서로 아슬아슬하게 가까웠다. 그해에는 추분이 보름 이후 단 3일 만에 도래했다. 그러나 1642년에는 중추절이 하루 빨리 오고 추분은 하루 늦게 와서 두 날 사이의 간격은 더 벌어졌다. 1641년이나 1642년에 통상의 농부가 판매할 쌀이 있었다면, 그것을 동전의 무게로 팔 수 있었겠지만, 그것도 부자들을 대상으로만 가능했을 것이다. 대부분의 사람들은 감당할 수 없는 명목상의 가격이었을 것이다. 중국은 마운더 극소기를 향해 가라앉고 있었다. 이 가을 추분에는 축하할 수확도, 팔 작물도 없었다. 이제 우리의 목표는 당시의 상황을 이해하는 것이다.

"Weather Prognostication in Late Imperial China as Presented in Local Gazetteers(1644–722)," Unpublished).

2장

태평한 날들?
만력 연간의 가격 체제

천치더는 그가 어렸던 만력제의 재위 초기에는 음식 가격이 저렴하고 공정했다고 기억한다. 만력제는 1572년, 겨우 만 8세의 나이에 왕위에 올라 죽을 때까지 재위했다. 그는 1620년 57세에 소외되고 비참한 상태로 죽었는데 이는 아마도 환관들이 광저우에서 베이징으로 들여온 아편을 과도하게 사용한 결과일 가능성이 높다. 만력제가 청년기부터 노년기까지 명나라를 다스렸다는 것은 한 사람이 일생 동안 여러 단계를 겪는 것과 같은 과정을 거쳤다는 것을 의미한다. 그는 자신이 왕권을 잡았던 거의 반세기 동안 1억 명이 넘는 인구를 다스리며 직면했던 도전들에 다르게 반응했다. 따라서 만력제를 단편적인 인물로 상정할 수 없듯이 그의 시대를 하나의 고정된 시기로 격하할 수 없다. 그의 재위 기간 동안 너무 많은 일이 일어났기에 이 시기를 언급하는 것만으로도 다양한 반응이 나타났으며, 이는 지금도 마찬가지이다. 일부에게 이 시대는 정치적 당파주의, 사치스러운 낭비, 도덕적 쇠퇴의 시기였다. 반면, 또 다른 이들에게는 사회적 역동성, 철학적 부흥, 경제적 번영의 시대로 여겨졌다. 이러한 특징들은 상반되지만, 양쪽 모두 사실이다.

모든 황제의 통치 기간에는 그들의 지향점과 정신을 반영하는 연호가 주어졌다. 주이쥔朱翊鈞의 연호는 만력萬曆이었는데, 이는 '만 년의 계획'으로 해석될 수 있다. 그는 융경제의 친자로 태어났으나 그의 어머니가 황후가 아닌 후궁이었기 때문에 통상적으로 황위 계승자로 여겨질 운명은 아니었다. 그러나 1572년 7월 융경제가 35세의 젊은 나이로 사망하고 나이 많은 두 명의 이복형제 또한 사망하면서, 주이쥔이 9세 생일 약 6주 전에 왕위에 오를 길이 열렸다. 10대에 만력제는 섭정 장쥐정張居正의 강력한 지도 아래 왕의 역할을 열심히 배웠다. 1582년 장쥐정이 사망하고 만력제가 20대에 접어들 때부터, 그는 조정 운영의 통제권을 잡고 스스로 나라를 다스리기 시작했다.[1] 성장한 환경이 자금성의 벽 안이었기 때문에 대부분의 황제와 마찬가지로 그는 외부 세계에 대한 이해가 부족한 문제에 직면했다. 그럼에도 젊은 황제는 나라 안에서 일어나는 일들을 알려고 노력했다. 그가 양동이 하나의 값을 알고 있었는지는 별개의 문제이다. 비록 그가 얼마나 많은 정보를 알고 있었는지는 불분명하지만, 그는 적어도 기근 때의 가격 변동에 대해 인지하고 있었다. 이 사실은 그가 총애하는 자신보다 네 살 어린 황귀비 정씨鄭氏와 1594년 4월 19일에 나눈 대화에서 확인할 수 있으며, 이 대화는 다음 날 그의 주요 대신들과 공유되었다.[2]

---

1 젊은 만력제의 생애에 대해서는 Huang, Ray., 1587, *a Year of No Significance*(New Haven, CT : Yale University Press, 1981)의 첫 네 장을 참조.

2 『明神宗實錄』 권271, p.1a, 만력 22년 3월 신묘일. 이 구절은 두 군데 사소한 수정과 함께 왕시줴(王錫爵)의 『勸請賑濟疏』에 추가되었고, 천쯔룽(陳子龍)의 『皇明經世文編』 권395, p.7a-b에 재수록되었다. 이 대화의 전체 문맥에 대해서는 Brook, Timothy., "Telling Famine Stories : The Wanli Emperor and the 'Henan Famine' of 1594," *Etudes chinoises* 34, no. 2, 2015, pp.163-202 참조.

어제 『기민도설飢民圖說』을 보고 있는데 옆에 있던 황귀비가 물었다. "이 그림들은 무엇인지요? 여기에는 시체와 물에 빠져 죽은 사람들이 그려져 있어요!"

짐이 답했다. "이것은 형과급사중 양둥밍楊東明이 제출한 것으로 허난성의 기근에 시달리는 사람들의 그림이다. 현재 그 지역은 심각한 기근으로 인해 혼란을 겪고 있다. 사람들이 나무껍질을 먹고, 다른 사람을 잡아먹고 있다. 그는 이 책을 짐에게 올려 짐이 이 기근에 대해 알고 속히 백성을 구휼하여 위기에서 구해 주길 바란 것이다."[3]

이 기록은 궁궐 내에서 이루어진 사적인 대화의 성격을 엿볼 수 있는 주목할 만한 사례이다. 황제와 황귀비가 실제로 이러한 대화를 나눴는지 여부보다는, 만력제가 그렇게 주장함으로써 자신이 다가오는 기근에 대해 인식하고 있으며, 구호 활동에 적극적으로 참여할 의사가 있음을 분명히 한 점이 더 중요하다. 만력제는 결코 기근 피해자를 직접 볼 수는 없었을 것이다. 그가 궁궐을 나설 때면 병사들이 거리의 모든 비참한 광경들을 미리 치웠기 때문이다. 그는 오로지 도설을 통해서만 기근의 실상을 알고 있었다. 그는 이 도설을 2주 전에 받았는데, 당시 실록에는 그 책이 그에게 "충격과 고통"을 안겼다고 기록되어 있다.[4] 도설이 그의 책상에 2주 동안이나 펼쳐져 있었던 것으로 볼 때 그는 그 그림들을 여러 차례에 걸쳐 면밀

---

3 『明神宗實錄』 권271, p.1a. 실록의 기록에서 만력제가 왕시줴에게 한 답변은 여러 시간대에 이루어진 것으로 보인다. 예를 들어, 『飢民圖說』을 본 것에 대한 그의 언급은 4월 5일(갑자일)에 있었던 반면, 왕시줴의 제안을 받아들여 관료들의 봉급을 구제에 사용하겠다고 동의한 시점은 4월 20일(신묘일)이었다(권271, p.1a).

4 『明神宗實錄』 권270, p.4a, 만력 22년 2월 갑자일.

히 살펴봤을 것이고, 그것을 황귀비가 보았던 것이다. 그가 황귀비에게 그림들을 보여 주기까지, 그는 그림에 덧붙은 텍스트를 읽으면서 자연재해가 사회 혼란을 초래하고 결국 대규모 폭력으로 이어지는 사회적 결과의 과정을 이해하는 데 시간을 할애했다.[5]

이 도설은 그것을 제출한 관리가 바랐던바, 즉 즉각적이고 전면적인 대응을 정확히 달성했다. 만력제가 대신들에게 말했다.

> 황귀비가 짐의 이야기를 듣고, 자신이 여러 해 동안 하사받은 것을 이 지역 사람들을 구제하는 데 사용하기로 했다. 짐에게 그래도 될지 물었고, 짐은 매우 좋다고 했다. 또한 황귀비가 이미 구호 기금으로 5,000냥의 은을 기부했는데, 짐은 그것이 너무 적다고 생각했다. 더 많은 기금이 모일 때까지 기다렸다가 한번에 내놓고자 한다.

황귀비 정씨가 시작한 기부는 태후, 두 명의 왕자, 그리고 만력제 본인의 기부로 이어졌다.[6] 이들의 기부는 명나라 역사상 황실 자금을 사용한 가장 큰 규모의 기근 구호 작업이었다. 황실의 관대한 행위는 내각 수보首輔가 5품 이상의 모든 관리들에게 자신들의 봉록을 재난 구호 기금으로 내놓도록 촉구할 수 있는 도덕적 근거를 마련해 주었다.

---

5 정저우(鄭州) 허난성박물관에는 1658년 인쇄본의 1748년 모사본 『饑民圖說』이 보존되어 있다. 로저 드 포지(Roger Des Forges)가 그의 사본을 공유해 준 것에 감사드린다.

6 기부한 사람들 중에는 황태후(『明神宗實錄』 권271, p.4a), 정귀비의 아들인 복왕(福王) 주창순(朱常洵,1581–1641)(권273, p.2a), 심정왕(瀋定王) 주정야오(朱珵堯, 권273, p.4b) 등이 있었다. 구제 총액에 대한 정확한 수치는 파악하기 어렵다. 부분적인 데이터는 楊東明, 『饑民圖說』, p.38b; 王錫爵, 「勸請賑濟疏」(陳子龍, 『皇明經世文編』, 권395, p.7a); 『明神宗實錄』 권271, p.1a, p.9a에서 찾을 수 있다.

그러나 실제로 기근의 위협을 줄인 것은 이런 기부 활동이 아니었다. 해결책은 가격 차이를 이용해 상인들이 곡물 운송에 나서도록 유도하는 데 있었다. 곡물 가격이 1석당 은 5냥으로 높은 수준까지 올랐을 때, 상인들은 황하를 따라 곡물을 기근 지역으로 운반하도록 동기부여를 받았다. 구호 작업을 총괄하는 관리는 황제에게 "들어오는 수로를 따라 40리 (약 20km)에 걸쳐 배들이 줄지어 있다"고 보고했다.[7] 결과적으로, 쌀 가격은 1석당 은 1냥의 5분의 4로 하락했다. 이 가격은 여전히 비싼 편이지만, 대규모 기근이 아닌 단순한 수확 부진 후에 나타날 수 있는 수준이었으며, 상인들이 운반 비용을 충분히 회수할 수 있는 수준이었다. 결국 허난성에서는 굶어 죽는 사람이 아무도 없었다.[8]

이 이야기는 두 가지 측면에서 복잡성을 지닌다. 허난성에 관한 그해의 지방 기록을 자세히 검토해 보면, 이 지역이 기근의 심각한 위험에 처해 있었다고 보기 어렵다. 곡물 생산량에는 약간의 감소가 있었지만, 황제에게 보고된 황폐화된 장면처럼 극단적인 상황은 아니었다. 실제로 기근에 대한 공포가 실제 상황보다 과장되었던 것으로 밝혀졌다. 만력제가 성급하게 행동하고 관리들을 동원한 것은 6년 전 중국을 휩쓴 심각한 기근의 기억 때문이었다. 당시 정부는 기근에 준비되지 않은 상태였고, 천치더는 그 사건을 지역의 재난으로 기록했었다.

이 이야기가 지닌 복잡성의 두 번째 측면은 황귀비 정씨에게서 비롯된

---

7 陸曾禹, 『康濟錄』 권3a, p.66a. 1594년에 기근 구제를 위해 시장 원리를 사용한 것에 대해서는 Yim, Shui-yuen,, "Famine Relief Statistics as a Guide to the Population of Sixteenth-Century China : A Case Study of Honan Province." *Ch'ing-shih wen-t'i* 3, no.9, 1978, pp.5-7 참조.

8 『虞城縣志』(1895) 권6a, p.12a에 수록된 「楊東明傳」에서 발췌함.

다. 만력제는 그녀를 여러 후궁 중에 특별히 총애했다. 1586년에 그녀가 임신하자 만력제는 그녀를 황귀비로 승격시키고, 그녀의 아들이 만력제의 다른 두 아들에 이어 3순위였음에도 그를 황태자로 지명할 것을 예부에 제안했다. 이 결정으로 인해 생긴 계승 문제는 만력제의 나머지 재위 기간 동안 그를 괴롭혔으며, 심지어 만력제가 황제의 업무와 그의 관리들로부터 멀어지도록 만들었다. 만력제는 정씨를 이야기의 주인공으로 만들고 그녀의 행동을 지지하도록 관리들을 설득함으로써, 정씨의 지위를 높이고 그녀의 아들을 후계자로 지명하도록 추진했다. 이 사건의 정치적 맥락은 곡물 물가와는 직접적인 관련이 없다. 다만 만력제의 조정에서 이루어진 모든 결정의 이면에는 정치가 도사리고 있었다는 것을 보여 준다.

이 장은 만력제 개인이나 기근 가격 문제를 다루지 않는다. 이는 4장에서 다룰 것이다. 이 장의 초점은 만력제의 통치 기간 동안 명나라 사회가 경험한 삶에 있으며, 특히 내가 '만력 가격 체제'라고 명명한 가격 체제 속에서 사람들이 어떻게 일상을 꾸려 나갔는지를 탐구한다. 중요한 질문은 천치더가 만력 연간을 태평한 시대로 회상하는 것이 정당했는지 여부이다.

장부 관리

3두의 콩이 2두의 밀과 교환되고, 10.5두의 밀이 0.8두의 아마씨와 교환되며, 1.2두의 아마씨가 1.8두의 쌀과 교환된다면, 각각의 가격은 얼마인가?[9]

---

9 Libbrecht, Ulrich., *Chinese Mathematics in the Thirteenth Century : The Shu-shu chiu-chang of Ch'in Chiu-

이 문제는 어느 정도 교육을 받은 명나라 시대 청년이라면 해결할 수 있는 수준의 수학 문제이다. 그러나 문제의 해답을 찾아내도 그 결과는 현실적으로 말이 되지 않는다. 통상적으로 쌀은 밀보다 약간 높은 가격에 거래되었으며, 때때로 15퍼센트에서 20퍼센트 더 비싸게 팔렸다. 그러나 이 문제의 답은 쌀 가격이 밀 가격의 8.75배라는 것인데, 이는 현실에서 불가능한 일이다. 물론, 이는 단지 수학 문제일 뿐 실제 상황과는 무관할 수 있다. 이를 언급하는 이유는 명나라 시대 사람들이 '경제적 효용'이라는 개념을 잘 이해하고 자신들의 재정을 상당히 체계적으로 관리했다는 점을 강조하기 위함이다.[10] 그들은 상품의 가격을 이해하고 비교할 줄 알았으며, 생계를 유지하기 위해 필요한 조치를 취하는 방법을 알고 있었다. 그들은 '수입入'과 '지출出'을 기록했으며, '사용한 것用'과 '저축한 것存'에 대해 명확히 인식했다. 또한 지출과 수입을 세부적으로 분류하고 고정 자산의 가치와 투자 수익률을 평가하는 능력을 가졌다. 만약 그렇지 않았다면 명대의 물가 기록이 존재하지 않았을 것이며, 특히 만력 연간처럼 명대 역사에서 물가 기록이 현저히 증가한 시기도 없었을 것이다.

만력 연간의 물가 기록 증가는 경제 변화를 반영한다. 모든 것에 가격이 매겨지고, 국내외에서 온 상품들이 전례 없는 수량과 다양성을 갖추고 시장에 제공될 만큼 경제가 충분히 상업화되고 생산적이었다. 당시 사람들은 자신들의 풍요로움에 놀랐다. 형이상학자이자 백과사전 편찬자인

---

sha, Cambridge, MA : MIT Press, 1973, p.431. 『數書九章』의 같은 단락에 있는 또 다른 문제의 해답은 쌀 가격이 밀 가격보다 두 배가 높게 나왔는데, 이는 가능성이 낮지만 완전히 비현실적이지는 않다.

10 Martzloff, Jean-Claude., *A History of Chinese Mathematics*, Translation of Histoire des mathematiques chinoises (1987), New York : Springer, 2006, p.47.

쏭잉싱宋應星은 그의 저서 『천공개물天工開物』(하늘과 사람이 만든 것들)의 서문에서, 자신과 동시대 사람들이 "세상의 만 가지 상품과 현상 속에서 살고 있다"고 선언했다. 그는 "사람들은 그것들이 눈앞에 나타나거나 설명해 주지 않으면 아무것도 모른다"고 썼으며,[11] 이것이 그가 이 책을 편찬한 이유였다. 만력 연간의 예술품 수집가 리르화李日華는 실제로 존재하는 것들의 전체 범위를 1만이라는 숫자로 제대로 표현할 수 없다고 생각했다. 그는 "천지 사이에는 시간이 지남에 따라 새로운 것들이 나타난다. 우리가 확정할 수 있는 원래의 숫자는 없다"고 믿었다.[12] 이미 알려진 것들은 고대 사람들이 그것들에 대해 쓴 글을 통해 가장 잘 이해될 수 있었고, 베네치아나 리마와 같이 먼 곳에서 리르화에게 도달한 새로운 것들은 직접 검토한 후 세계의 보물 목록에 추가되어야 했다. 그리고 그 모든 것들에는 명대 물품 목록들 내에서 그 위치를 결정할 적절한 가격이 매겨져야 했다.

만력 연간의 기본 상품들의 가격은 대중에게 잘 알려져 있었다. 동물성 단백질의 가격은 명대 기록에서 일관되게 1근당 은 2푼으로 나타난다. 예수회 선교사 디에고 판토하Diego Pantoja는 1602년 고향에 보낸 편지에서 이 표준 가격을 확인하고, "모든 종류의 최고급 고기(소고기, 양고기, 어린 거위,

---

11 Sun, E-tu Zen, and Shiou-chuan Sun, trans. *Chinese Technology in the Seventeenth Century : T'ien-kung k'ai-wu*, University Park : Pennsylvania State University Press, 1966 xi. 『天工開物』은 비록 1637년에 출판되었지만, 만력 연간의 분위기와 많은 변화를 잘 담고 있다. 쏭잉싱(宋應星)의 우주론이 명나라 말기의 생활과 저작에서 "사물이 이미 만물이다(事物而既萬矣)"라는 개념과 어떻게 호응했는지에 대해서는 Schafer, Dagmar., *The Crafting of the Ten Thousand Things : Knowledge and Technology in Seventeenth-Century China*, Chicago : University of Chicago Press, 2011, p.129 참조.

12 李日華, 『味水軒日記』, p.103; Brook, Timothy., "Something New." *Early Modern Things : Objects and Their Histories, 1500-800*, ed. Paula Findlen, pp.369 - 374, Abingdon : Routledge, 2013, p.369 에서 재인용.

닭고기, 사슴고기)가 1리브르(또는 1파운드. 그가 1근을 번역하기 위해 사용한 단위)당 2리아르(작은 프랑스 동전으로, 그가 은 1푼을 번역하기 위해 사용한 단위)"라고 기록했다.[13] 판토하가 이러한 관찰을 한 이유는 유럽 기준으로 볼 때 고기가 풍부하게 공급되었고 특히 사냥감의 가격이 낮았기 때문이다. 마테오 리치도 같은 관찰을 했다.[14] 고기의 품질이 높거나 공급이 제한되거나 수요가 높을 때 가격이 2푼을 초과할 수는 있었지만, 이러한 변동은 대부분의 사람들이 분명하게 이해하고 있었고 큰 의문사항이 아니었다.

일상적인 음식이 아닌 제조품일 경우, 가격에 대한 이해는 더 복잡해졌다. 팔걸이의자를 예로 들어 보자. 돼지고기는 대체로 가격이 일정하지만, 명대의 팔걸이의자는 다양해서 특정한 단일 가격이 존재하지 않았다. 팔걸이의자의 가격은 제작, 구매, 판매 각 단계의 시간과 장소에 따라 달랐다.[15] 가격은 다른 가격들과의 관계 속에서만 의미를 가졌으므로, 소비자들은 가격을 통해 화려한 팔걸이의자와 평범한 그것을 구별할 뿐만 아니라, 다른 사회 계층의 구매자들과 자신을 구별했다.[16] 가격은 또한 등가성을 만들어 냈다. 명대 사람들은 저렴한 가격의 팔걸이의자가 커다란 석

---

13 Pantoja, Diego., *Advis du Reverend Pere Iaques Pantoie de la Compagnie de Jesus envoye de Paquin Cite de la Chine. Translation of Relacion de la Entrada de Algunos Padres de la Compania de Iesus en la China.* Arras : Guillaume de la Riviere, 1607, pp.111-112.

14 Gallagher, Louis., ed., *China in the Sixteenth Century : The Journals of Matthew Ricci, 1583-.1610,* New York : Random House, 1953, p.12 참조.

15 팔걸이의자의 가격은 매우 다양했다. 가장 낮은 가격은 은 0.2냥(『天水冰山錄』, p.162)에서 0.4냥(沈榜, 『宛署雜記』, p.148)까지, 혹은 0.5냥(巫仁恕, 『優游坊庙』, p.334)까지 이르렀다.

16 티나 루(Tina Lu)는 17세기 사치품 시장이 품질뿐만 아니라 적절한 구매자의 사회적 지위에 따라 상품을 구분하는 방식으로 세분화되었다고 언급했다. Lu, Tina., "The Politics of Li Yu's Xianqing ouji," *Journal of Asian Studies* 81, no.3, August 2022, p.495.

궁이나 커트 벨벳으로 만든 두건과 가격 면에서 동일하다는 것을 이해할 수 있었고, 비싼 것은 귀중한 정요定窯 접시나 큰 거위 10마리와 같은 가격 이라는 것을 알았다.[17] 이러한 가격 등가성과 차이들이 임의적인 변동에 취약하지 않는 한, 안정적인 가격 체계가 가능했다. 구매자의 몫은 물건들 의 값과, 자신의 사회적 수준에서 예상되는 구매가 무엇인지, 따라서 어느 가격에 그것을 구매해야 하는지를 아는 것이었다.

천치더의 회상에 따르면, 만력 시대의 가격은 안정적이며 대체로 유익 했다. 이러한 확신을 검증하기 위해서는 만력 연간의 가격 체제를 재검토 할 필요가 있다. 이 시대에 어떠한 가격들이 존재했으며, 이들 가격이 서 로 어떻게 변동했는지 조사해야 한다. 이 장에서 다룬 데이터는 주로 두 가지 종류의 자료에 근거한다. 하나는 만력 연간에 번성했던 수필, 일기, 편지, 회고록 등의 문헌들로, 이들 문헌의 저자들이 가끔 일상생활에서 마 주친 가격들을 불규칙하게 언급한 내용들이다. 다른 하나는, 곧 소개할 것 이지만, 보다 체계적인 자료로, 지방 관리들이 정부 지출을 설정하고 제한 하기 위해 작성한 공식 가격과 재고 목록이다.

두 명의 주현관

과거 시험을 통과한 대부분의 합격자들에게 주현관州縣官 자리는 대민

---

17 석궁: 范淶, 『兩浙海防類考續編』 권6, p.65a; 커트 벨벳: 『天水冰山錄』, p.161; 정기(定器) 도자 기 접시: 張安奇, 「明稿本『玉華堂日記』的經濟史資料研究」, 『明史研究論叢』 5, 南京 : 江蘇古籍 出版社, 1991, p.306; 거위 10마리: 沈榜, 『宛署雜記』, p.170.

업무의 경력을 시작하는 첫 단계였다. 명나라에는 약 1,000개의 현이 있었는데, 이들은 국가에서 가장 기초적이지만 아마도 가장 중요한 행정 단위였다. 현은 재판, 세금 징수, 교육, 군사 업무 등을 통해 국가와 백성이 만나는 장소였다. 유교 경전에 대해서는 충분한 교육을 받았지만 행정 업무에는 경험이 없는 젊은이들에게 지역 사투리를 구사할 수 없는 외부인으로서 주현관에 배치되는 것은 큰 도전이었다. 새로운 주현관은 예산 작성 및 검토, 세수 증대, 관청의 재정을 관리하는 방법 등을 신속하게 습득해야 했다. 이 과정에서 성공하면 승진이, 실패하면 해고가 기다리고 있었다. 일부는 이러한 도전을 거쳐 성장했지만 많은 이들이 실패했고, 대부분은 지역 서리書吏들의 조언에 의존해 재정적 균형을 유지하려 애썼다.

한 주현의 재정 기록을 정리하는 일은 종종 부주의하거나 불만을 품은 전임자가 남긴 불완전하게 관리된 파일이나 아예 존재하지 않는 파일로부터 정보를 다시 조립해야 한다는 것을 의미했다. 재조립을 완료한 후, 다음 과제는 장부상의 것과 실제의 수입과 지출을 합산하여, 두 수치가 서로 비슷한 범위 내에 있는지 확인하는 것이었다. 이는 주현관이 수입과 지출의 균형을 맞추고 상부에 보고할 임무를 완수하기 위한 목적이었다.[18] 그 다음 단계는 주현을 운영하고, 또 주현관 자신의 경력을 안정적인 궤도에 올려놓기 위해 지출과 수입에 관한 지침을 설정하는 것이었다. 이 절에서는 주현관에 부임하고 나서 예산의 어긋남을 발견한 두 명의 인물을 만나게 될 것이다. 그들은 도전에 맞서면서 자신들이 한 일, 즉 물가 정보가 가

---

18 현 관리들은 정기적으로 금고에 있는 자금의 요약 보고서를 제출하여 상급 관료들의 점검을 받아야 했다. 李樂, 『見聞雜記』 권3, p.111b.

득한 기록을 남겼다.

1514년 하이난 섬에서 태어난 하이루이海瑞는 만력제가 즉위하기 20년 전에 관리 생활을 시작했다. 그는 만력제의 초기 15년간 국가의 행정과 정치 분야에서 전국적인 주목을 받았다. 선방沈榜은 하이루이보다 25년 늦게 태어났고 하이루이보다 겨우 10년 더 살았다. 선방은 하이루이처럼 높은 위치에 오르지는 못했지만, 만력제 통치의 초기 25년 동안 뛰어난 지방관으로서 자신을 드러냈다. 두 사람은 모두 진사進士가 아닌 거인擧人이었다. 즉, 진사 시험에는 합격하지 못했지만 충분히 교육받은 사람들이었다. 거인들은 이부에서 종종 능력 있는 행정관을 찾던 집단이었다. 하이루이와 선방은 임용 초기에 낮은 직책에 배치되었으나, 학자보다 행정관으로서의 재능을 입증한 후에는 그들의 실적을 바탕으로 인상적인 경력을 쌓아 나갔다.

여기서 다룰 하이루이의 이야기는 그가 춘안淳安의 지현으로 재직하고 있었을 때부터 시작한다. 이 빈곤한 도시는 저장성에 위치하고, 성도 항저우로부터 상류 쪽으로 먼 거리에 있었으며, 행정적으로는 현縣이 아닌 청廳이었다. 청은 통치하기 어려운 지역을 관리하기 위해 설치한 행정 단위였다. 1558년 하이루이가 이곳에 부임했을 때, 춘안은 무법지대로 악명이 높았다. 지역 유력자들이 자신들의 토지 소유와 납세 의무를 기록에서 제거하기 위해 관청의 관리들을 위협하거나 매수하는 일이 일어나고 있었다. 이러한 상황을 즉시 인지한 하이루이는 문제를 일으키지 않고 춘안을 효과적으로 관리하는 방법은 다음과 같은 두 가지뿐임을 깨달았다. 하나는 그의 전임자들이 그랬던 것처럼 백성에게 법적 의무 이상의 것을 수취하는 것이고, 하나는 관청을 재정적 위기에 빠뜨렸던 전임자들의 행위들을 바로잡기 위해 회계 장부를 감사하고 수정하는 것이었다. 하이루이에게 어떤 선택을 할지는 결코 문제가 되지 않았다. 그는 자신의 임무를 백성의 이익을 보호하는 것으로 여겼다. 그는 "비용을 한 푼 줄이면 백성이 한 푼 이득을 본다"고 말했다. 그 결과가 하이루이 자신이『흥혁조례興革條例』라고 칭한 규칙이었다. 이는 그가 하나씩條 오랫동안 지속된 지역 관행例을 폐지革하고 새로운 절차를 시작興함으로써 수정하고 있다는 것을 알리는 제목이었다.[19]

하이루이는 춘안에 도착한 첫날 회계 장부를 검토했다고 서문에서 밝혔다. 이 검토를 통해 토지 대장에 등록된 가구 중 절반 이상이 '공란'으로 나타났는데, 이는 부패한 서리들의 방조하에 해당 가구가 도망가거나 다른 가구에 흡수되어 세금 의무를 회피한 것을 의미했다. 이로 인해 장부에 기록된 춘안의 인구는 1371년의 7만 7,000명에서 1552년에는 4만 6,000명으로 감소했다. 이는 당시 중국 인구가 성장하고 있는 현실과 명백히 모순되는 것이었다.[20] 인구의 이러한 감소는 남은 주민들에게 더 많은 세금 부담을 전가하는 결과를 낳았다. 경험 많은 관리는 하이루이에게 "이런 상황에서는 변화를 기대하기 어렵다. 상급자들을 화나게 하는 것보다 주민들을 계속 억압하는 것이 낫다. 훌륭한 이들을 만족시키지 못하는 것보다는

---

19 1562년 하이루이(海瑞)가 편찬한『淳安縣政事』에 수록된『興革條例』는『海瑞集』, p.38-145에 재수록되어 있다. 하이루이의 재정 개혁에 대해서는 가격에 대한 언급은 없지만 Cartier, Michel., *Une reforme locale en Chine au XVIe siecle : Hai Rui a Chun'an, 1558-562*, Paris : Mouton, 1973, p.56-84를 참조.

20 海瑞,『海瑞集』, p.72.

자신보다 낮은 사람들로부터 빼앗는 편이 낫다"고 경고했다.[21] 그러나 하이루이는 이 실용적인 조언을 무시하고 감사를 진행했다. 그는 장부가 부패한 관리나 백성에 의해 조작되지 않은 현실을 그대로 반영해야 한다고 믿었다.

하이루이의 개혁 중 하나는 관이 필요로 하는 상품과 서비스에 대해 시장 가격 이상으로 지불하지 않는 것이었다. 그는 지역의 공급자들에게 상품과 서비스의 대가를 과다 청구할 수 있다고 기대해서는 안 된다고 경고했으며, 그의 부하들에게는 공급자들이 시장 가격 이하로 판매하도록 강요해서는 안 된다고 지시했다.[22] 이러한 조치는 가격의 공개적 명시를 필요로 했고, 하이루이는 그의 안내서에서 이를 세 가지 분야로 나누어 기술했다. 국가 의례 비용을 다루는 '의례', 군인의 봉급을 다루는 '군사', 그리고 지현(1등급), 현승縣丞 · 주부主簿 · 교관教官(2등급), 전리典史(3등급)의 공식 거처의 가구 목록을 기재한 부분이다.[23] 성省 규정에는 지방관의 거처에 가구를 제공하도록 되어 있는데, 춘안에서는 퇴임하는 관리들이 그 가구를 가져가거나 부하들에게 넘기는 나쁜 관행이 있었다.[24] 하이루이는 각 항목을 변경할 경우 지불해야 할 금액을 명시함으로써 비용 절감을 시도했다. 이 기록은 중산층 가정의 일상적인 가격 세계를 엿볼 수 있는 드문

---

21 海瑞, 『海瑞集』, p.38.

22 주펑지(朱逢吉)의 『牧民心鑑』은 널리 읽히는 지침서로, 시장 가격으로 구매하는 것의 중요성을 강조하며, 지현이 어떤 가격으로 물품을 구입했는지 공고하도록 권장한다(권1, p.6a).

23 海瑞, 『海瑞集』, 「禮」, pp.81-89; 「兵」, p.105; 「工」, pp.129-135. 이 세 목록의 서문 번역본은 Cartier, Michel., *Une reforme locale en Chine au XVIe siecle : Hai Rui a Chun'an, 1558-562*, Paris : Mouton, 1973, p.145-146에 있다.

24 海瑞, 『海瑞集』, p.128.

기회를 제공한다(부록 C의 〈표 2.1〉 참고).

1590년 선방이 베이징 완핑宛平에 지현으로 부임했을 때 그 역시 재정적 혼란과 회계 부실에 직면했으나, 재정 수입 부족에 시달리는 중앙 정부와 황실이 해당 직책에 부과한 부담 때문에 구체적인 상황은 하이루이와 매우 달랐다. 부임하자마자 선방은 관청에서 지출해야 하는 비용이 6,000냥인 반면 금고에는 겨우 52냥밖에 없다는 사실을 알고, 회계 감사만이 위기를 극복할 유일한 방법이라고 생각했다. 완핑현은 중앙 정부의 수도 관리 정책에 따라 둘로 나뉜 현 중 하나였다. 선방의 이전 부임지는 같은 방식으로 나뉜 난징의 상위안현上元縣이었다. 선방은 상부에서 내려오는 요구를 관리하는 데 익숙했다. 그의 문우文友에 따르면, 선방의 주된 재능은 아름다운 문장을 구사하는 것이 아니라—우리가 현재는 'economy'의 번역어로 쓰지만 당시에는 '자원 관리'의 의미로 사용했던—'경제經濟'에 관해 전략을 세우는 데 있었다.[25]

선방의 회계 감사 목표는 연간 현 예산을 작성하고 "수입을 측정"하여 "지출을 결정"하는 명나라 회계의 기본 원칙을 실천할 수 있도록 하는 것이었다. 실제로 선방은 두 방향 모두를 살펴봐야 했으며, 수입을 유지하면서 중앙 정부나 황실과 충돌하지 않는 선에서 지출을 최대한 줄이려고 모든 노력을 다했다. 그는 수사적으로 "수입에 대한 할당량이 없고 지출에 대한 통제가 없다면, 어떻게 계획을 세울 수 있겠습니까?"라고 묻곤 했다.[26] 감사 결과를 확정하기 위해, 그는 모든 자료를 공개하기로 결정했다.

---

25 吳楚材, 『宛署雜記後序』와 沈榜, 『宛署雜記』, p.301에 수록되어 있다.

26 沈榜, 『宛署雜記』, p.171. 수입을 측정하여 지출을 결정하는 원칙인 "양입위출(量入爲出)"에 대해서는 Grass, Noa., "Revenue as a Measure for Expenditure: Ming State Finance before the Age

이 자료는 그가 1593년에 출판한 『완서잡기宛署雜記』(완평현의 잡다한 기록)라는 책의 '지출' 장에서 확인할 수 있다.[27] 회계 감사 목록에는 식용 파에서 칠기류에 이르기까지 완평현이 수도 상위 기관들의 요구를 충족시키기 위해 구매해야 하는 모든 항목을 대부분의 경우 그 가격과 함께 나열하고 있다. 선방의 안내서는 다른 어떤 명나라 출판물보다 더 많은 가격을 기록했다. 한 상급자는 "현의 지출에 관한 장들은 그 정도가 너무 상세해서 서기들이 부당 이득을 취할 여지가 없다"며 감탄했다. 일부 가격은 선방이 '환산 가격'이라고 칭해 두었는데, 이는 실제 물건의 가격을 기반으로 실물 대신 은화를 지불하는 경우였다. 그는 일련의 물건을 나열하고 가끔씩 그것들의 총 비용만을 집계해 두기도 했다. 이러한 비체계적 방식에도 불구하고, 『완서잡기』는 자료의 규모와 질 면에서 비할 데가 없다. 버찌부터 변기, 범죄자를 구속하는 족쇄에 이르기까지 모든 것의 가격을 빠짐없이 기록하였는데, 이 책에서 다루는 많은 가격 자료는 그의 책에 의존하고 있다.

은 1냥, 1돈, 1푼의 가치

만력제 당시 가격 체제를 요약하고 구체적으로 전달하기 위해 하이루이, 선방, 그리고 다른 이들의 기록에서 가격 자료를 추출해 세 개의 표를 만들었다. 첫 번째 표는 은 1푼으로 살 수 있는 25가지 물건(〈표 2.2〉), 두 번

---

of Silver." PhD diss., University of British Columbia, 2015, p.96 참조.

27 沈榜, 『宛署雜記』, pp.121-174.

째는 은 1돈으로 살 수 있는 물건(〈표 2.3〉), 그리고 세 번째는 은 1냥으로 살 수 있는 물건(〈표 2.4〉)을 나열했다.[28]

〈표 2.2〉는 은 1푼으로 구매할 수 있는 품목들을 보여 준다. 이는 대부분의 사람들이 감당할 수 있는 가격이었다. 1푼은 오이, 매실 등과 같은 채소 1근(1과 3분의 1파운드 또는 600그램)의 거의 보편적인 가격이었으나, 파와 생강 같은 기본 요리 재료의 값으로는 너무 높은 가격이었으며, 이것들은 은 1푼의 5분의 1 또는 그 이하, 즉 동전 1문 또는 2문이었다. 은 1푼은 하이루이가 1근의 술을 사기에 충분했지만, 술은 여러 가격대에서 구할 수 있었다(선방은 1병당 은 4푼에서 20푼까지의 가격을 제시했다).[29] 육류의 표준 가격이 1근당 은 2푼이었기 때문에, 은 1푼으로는 반 근(300그램 또는 3분의 2파운드)만 살 수 있었다. 그러나 살아있는 가축은 도축된 고기의 절반 가격이었다.[30] 신선하거나 절인 생선은 보통 육류와 같은 가격에 팔렸지만, 1602년의 편지에서 예수회 선교사 디에고 판토하는 베이징에서 송어 1근을 은 1푼에 살 수 있다고 썼다.[31] 선방에 따르면, 담배도 육류와 마찬

---

28 엄밀히 말해, 이 세 목록의 가격이 모두 만력 시대에 속하는 것은 아니다. 하이루이의 가격은 만력 시대보다 10년 앞서고, 다른 자료에서 찾은 몇몇 가격은 만력 시대 이후에 해당한다. 나는 검토 항목의 범위를 넓히기 위해 그것들을 포함했다.

29 沈榜, 『宛署雜記』, p.170(은 4푼), p.147(5푼), pp.124-128(6.4푼), p.170(20푼).

30 우리는 이것을 1615년 산시성 화인현(華陰縣)의 지현이 중국의 다섯 성산(聖山) 중 하나인 화산(華山)에 세운 비문에서 알 수 있다. 비용을 통제하기 위해 그는 현청에서 화산의 신령에 대한 제사에 사용될 고기를 1근당 은 1푼의 가격으로 구매하고, 제의용 사슴은 예외적으로 1근당 2.23 량에 구매할 것이라고 게시했다(吳鋼 편, 『華山碑石』, p.305, p.306).

31 Pantoja, Diego., *Advis du Reverend Pere Iaques Pantoie de la Compagnie de Jesus envoye de Paquin Cite de la Chine. Translation of Relacion de la Entrada de Algunos Padres de la Compania de Iesus en la China.* Arras : Guillaume de la Riviere, 1607, p.112. 나는 이 가격에 대해 언급한 다른 문헌을 찾지 못했음을 밝힌다.

| 표 2.2 | 은 1푼으로 구매할 수 있는 상품 목록 25가지

	지역	연도	출처
식품 및 음료(부기가 없는 경우, 단위는 1근)			
오이(黃瓜)	베이징(北京)	1590	SB 122
호두(胡桃)	베이징	1590	SB 123
술(酒)	춘안(淳安)	1560	HR 85, 86
송어(鱒魚)	베이징	1602	DP 112
계란(蛋, 18개)	베이징	1602	DP 112
사냥한 고기	화인(華陰)	1615	HB 305
돼지고기(豬, 반 근)	베이징	1590	SB 129,130
담배(煙子, 반 근)	베이징	1590	SB 134
가정용품			
국자(水瓢)	베이징	1577	SB 141?
운반용 봉(木杠)	베이징	1590	SB 133,147
의자(脚火凳)	춘안	1560	HR 129, 132, 134
부집게(火筯)	춘안	1560	HR 130, 132
먼지털이(茗箒)	베이징	1590	SB 151
싸리비(荊笆)	베이징	1590	SB 141
도자기 국그릇(磁湯碗)	베이징	1577	SB 141
솥 덮개(鍋蓋)	베이징	1577	SB 141
종이와 먹			
과일 포장지(粘果紙, 25장)	베이징	1590	SB 171
연습장 2권(常考卷)	춘안	1560	HR 42
인쇄용 먹(寫版墨)	춘안	1562	HR 83
재료(단위 1근)			
부레풀(魚膠)	장시(江西)	1562	TS 164
삼노끈(麻绳)	베이징	1590	SB 134
석박(錫箔)	베이징	1590	SB 133
철못(鐵釘, 반 근)	베이징	1590	SB 145
석탄(煤, 10근)	베이징	1590	SB 140
자단나무(紫檀)	항저우(杭州)	1572	WSX 139

가지로 반 근에 은 1푼이었다. 만력 연간은 스페인인들이 필리핀에 도입한 담배가 중국에도 막 도달한 시기였고 은 1푼으로 담배 1근을 사기에는 담배가 여전히 너무 비쌌다.[32] 선방의 목록에는 은 3푼에 팔리는 중국산 담배부터 은 10푼에 수입된 필리핀 담배까지 여러 종류의 담배 가격이 포함되었으며, 이는 중국의 담배 소비에 관한 가장 이른 기록 중 하나이다.[33]

의자부터 솥 덮개에 이르기까지, 심지어 저렴한 도자기 그릇까지도 모두 개당 은 1푼에 팔렸다. 은 1푼은 가장 낮은 품질의 먹과 종이를 살 수 있는 최저 가격이었다. 하이루이와 선방 모두 여러 종류와 품질의 종이 가격을 기록했는데, 전자는 17가지, 후자는 60가지 이상이다. 지속적으로 보고서와 공문을 작성해야 하는 관리들의 기록이기에 '도道' 또는 '도刀'로 알려진 100장 단위로 보고되기도 한다.[34] 마지막으로 은 1푼은 접착제, 밧줄, 목재와 같은 기본 재료 1근의 대가로 충분했지만, 철못은 반 근만을 구매할 수 있었다.

은 1푼에서 은 10푼, 즉 1돈으로 금액을 늘리면 높은 수준의 식품을 살 수 있었다. 멜론이나 특대 크기의 복숭아 1근, 고구마 2근, 큰 물고기나 가금류 1마리, 그리고 최고 품질의 수입 담배와 최상급 차 1근(〈표 2.3〉 참조)

---

32 담배 도입에 대해서는 Brook, Timothy., *Vermeer's Hat : The Seventeenth Century and the Dawn of the Global World*, New York : Bloomsbury, 2008, pp.120−123, pp.134−136 참조.

33 沈榜, 『宛署雜記』, p.134(은 2푼), p.146(3푼), p.150(10푼).

34 하이루이와 선방이 작성한 지침서는 거의 100가지 다양한 종이의 가격을 나열하고 있다. 선방의 종이 가격은 沈榜, 『宛署雜記』, pp.121−130, p.137, p.139, pp.145−146에 나타난다. 周啓榮(Chow, Kai-wing)은 그의 저서 *Publishing, Culture, and Power in Early Modern China*, Stanford, CA : StanfordUniversity Press, 2004, p.35에서 선방의 몇 가지 가격을 언급하고 있다. 나는 종이의 묶음을 나타내는 영어 표현을 찾지 못했다. 흔히 사용되는 '콰이어(quire)'는 24장(종종 25장으로 계산됨), '림(ream)'은 500장이지만, 100장의 단위는 없다.

등이다.[35] 술처럼 차도 다양한 품질과 가격대가 있었고, 차는 애호가들을 대상으로 하는 고부가가치 사업 분야였기 때문에 가격이 놀랄 정도로 오르내렸다.[36]

은 1돈으로 살 수 있는 가정용품들은 은 1푼으로 살 수 있는 것들보다 훨씬 정교했다. 이는 철제 냄비(웍)처럼 제작에 사용된 더 비싼 재료 때문이거나 양산과 같이 제작에 필요한 노동 때문일 수 있다. 은 1돈을 지불하면 더 나은 품질의 종이와 먹, 그리고 초燭, 석고石膏, 소목蘇木 같은 더 비싼 재료를 구매할 수 있었다. 소목은 붉은 염료를 생산하는 데 사용되는 수입 목재이다. 의복은 은 1돈 목록에서부터 등장하기 시작한다. 또한 이 가격대에서 의약품도 등장하기 시작한다. 은 1돈은 의사의 방문진료와 같은 서비스에 흔한 가격이기도 했다. 소설 『금병매金瓶梅』는 한 의사가 처방전에 단 은 5푼만 요구하는 장면을 통해 그 의사의 평판이 보통임을 간접적으로 드러낸다. 소설의 주인공인 시먼칭西門慶이 애첩을 구하기 위해 의사에게 은 1냥을 지불하는 장면에서 이러한 사실이 더욱 강조된다. 그 첩은 우연히도 은 5푼만 요구했던 의사의 전 부인이었다.[37] 은 1돈에서 은 1냥으로 금액을 올리면 완전히 다른 소비 수준으로 들어선다(〈표

---

35 沈榜, 『宛署雜記』, p.123, p.125, p.126, p.128, p.10; 葉夢珠, 『閱世編』, p.159.

36 셰자오저(謝肇淛)는 그의 고향인 푸젠성에서 재배된 차에 대한 상세한 논의에서, 생산에 많은 노력이 들어간 고가의 송라차(松蘿茶)가 큰 수요로 인해 소매업자들 사이에 치열한 경쟁을 일으켜 가격을 1근당 동전 100문(약 은 14푼)으로 떨어뜨려, 차 상인이 이익을 낼 수 없게 되었다고 썼다. 그는 "그 가격으로 노동 비용을 충당할 수 있겠는가?"라고 묻는다. 또한 "하지만 가격이 약간이라도 높으면, 구매자가 없어서 아무도 그것을 팔지 않을 것이다. 이것이 최근 푸젠 차에 대한 수요가 감소한 이유다."라고 했다. 謝肇淛, 『五雜組』, p.213 참조.

37 Bian, He., *Know Your Remedies: Pharmacy and Culture in Early Modern China*, Princeton, NJ : Princeton University Press, 2020, pp.136-137에서 재인용.

| 표 2.3 | 은 1돈으로 구매할 수 있는 상품 목록 25가지

	지역	연도	출처
식품 및 음료(부기가 없는 경우, 단위는 1근)			
동과(冬瓜)	베이징	1590	SB 122
수밀도(水蜜桃, 복숭아)	상하이(上海)	1628	YMZ 170
치실(茨實)	베이징	1590	SB 123
고급 차(細茶)	베이징	1590	SB 123,126
마과 뿌리식물(山藥, 2근)	베이징	1590	SB 122
즉어(鯽魚, 잉어과 물고기, 1마리)	베이징	1590	SB 123
암탉(雛雞, 1마리)	베이징	1590	SB 122
가정용품			
솥(鍋)	춘안	1560	HR 130, 132, 134
우산(日傘)	춘안	1560	HR 129,131
세숫물 통(淨桶)	베이징	1590	SB 147
올가미(套索)	베이징	1590	SB 132
나무 침대(木床)	베이징	1577	SB 141
기둥 침대(四柱床)	춘안	1560	HR 129, 131
종이(단위 100장)와 먹			
접이식 종이(抬連紙)	베이징	1590	SB 146
보고용 백지(白咨紙)	베이징	1590	SB 123, 129
먹(墨, 375g)	춘안	1562	HR 42
재료			
초(燭, 1근)	베이징	1572	SB 136, 137, 145
소목(蘇木, 1근)	베이징	1590	SB 133
토분(土粉, 1두)	베이징	1590	SB 133
의류 및 천 제품			
저마(苧麻, 1필)	베이징	1590	SB 138
비단 보(段絹錦幅包袱)	장시	1562	TS 161
이불 피(布被)	장시	1562	TS 160
수놓은 무릎양말(繡護膝襪口)	장시	1562	TS 161
약품(단위 1냥)			
부자(附子)	상하이	1620	YMZ 161
서비스			
방문 진료	샤오싱(紹興)	1600	LW 131

| 표 2.4 | 은 1냥으로 구매할 수 있는 상품 목록 25가지

	지역	연도	출처
식품 및 음료			
새끼 돼지(彘豬)	베이징	1590	SB 122
의흥차(芥片茶, 1근)	상하이	1620	YMZ 159
가사용품			
난로(爐)	상하이	1592	PYD 307
도자기 난로(宣爐)	상하이	1593	PYD 308
주황색 국화 모양 상자(朱紅菊花果合)	후이저우(徽州)	1518	WSX
옻칠 배나무 여름 침대(素漆花梨木等涼牀)	장시	1562	TS 160
벼루(硯)	상하이	1591	PYD 307
분경(盆景)	상하이	1588	PYD 298
일상 자기용품 120개(磁器)	춘안	1560	HR 131
종이(단위 100장)			
대형 벽보 종이(大榜紙)	베이징	1577	SB 139
대형 자청색 종이(大磁青紙)	베이징	1590	SB 145
붉은 접착 종이(貼紅籤紙)	춘안	1560	HR 82
편지지(箋紙)	춘안	1560	HR 82,84
섬유 및 천 재품			
주단(綢, 1필)	장시	1562	TS 157
비단 휘장(錦段絹紗帳幔)	장시	1562	TS 160
비단 이불 피(錦段綾絹被)	장시	1562	TS 160
재료			
배나무 판 3미터(梨板)	베이징	1572	SB 138
무기			
페루(스페인식) 총(密魯銃)	저장(浙江)	1601	LHL 6.66a
서적			
『이원이선생정선당시훈해(李袁二先生精選唐詩訓解)』(4책)	푸젠(福建)	1618	SC 112
『광금석운부(廣金石韻府)』(6책)		1636	SC 112
『수라오거합병만보전서(搜羅五車合併萬寶全書)』(8책)	젠양(建陽)	1614	IS 263
『신편사문류취한묵대전(新編事文類聚翰墨大全)』(20책)	젠양	1611	IS 263
서비스			
새해 문신 그리기(寫新歲門神)	남직예(南直隸)	1548	WSQ 46
그림 덧붙이기(裱面)	상하이	1591	PYD 299
사람			
소년 가수(小廝)	상하이	1588	PYD 289

2.4〉참조). 이 가격대에서 음식과 음료에 관한 것은 거의 찾을 수 없으며, 식품은 그 가격에 이를 만큼 비싸지 않았다. 이 표에서 발견할 수 있는 유일한 식품은 새끼 돼지와 최고 품질의 차이다. 가축은 예외로, 은 1냥으로는 가축 한 마리를 구입하기에 다소 부족했다. 다 큰 돼지는 은 4냥에서 5냥에 이르렀다.[38] 은 1냥으로 살 수 있는 가구는 더 정교하고 실용적이며, 직물은 더 호화롭고, 종이는 은 1돈 때보다 더 무겁고 품질이 좋았다. 방지榜紙는 길이가 1.5미터에 가깝고 폭도 거의 같은 큰 종이로, 널리 사용되는 고시문 용지의 표준 크기였다. 수요가 그 가격을 상대적으로 높게 유지했다.

〈표 2.4〉에는 이전 두 표에 없는 몇 가지 새로운 상품 범주가 나타난다. 은 1냥으로 화기를 구입할 수 있었다. 단순한 조류 사냥용 총이 아니라 비루秘鲁*라는 화승총이었는데 이는 스페인식 총기를 모방했거나 실제 스페인의 것이었음을 시사하는 표현인 페루가 명시되어 있다.

또 다른 새로운 범주 중 하나는 책이다. 만력 연간은 인쇄 문화가 활발하게 전개되었는데 많은 독자들이 시험공부, 또는 순수한 지식 습득이나 단순한 즐거움을 위해 책을 구매했다. 가격은 종이와 인쇄용 목재의 품질, 조각의 세밀함, 인쇄와 제본 기술, 그리고 편집 작업의 정확성에 따라 달라졌다. 대중을 대상으로 하는 책은 한 권에 은 6푼으로 판매될 수 있었지만, 이들은 일반적인 책이 아닌 얇은 소책자였다.[39] 가장 저렴한 것은 푸젠

---

* 표에는 '密鲁'.

38 Girard, Pascale, trans., *Le voyage en Chine d'Adriano de las Cortes S.J.* (1625). Paris : Chandeigne, 2001, p.253.

39 Dai, Lianbin., "The Economics of the Jiaxing Edition of the Buddhist Tripitaka." *T'oung pao* 24, no.4/5, 2008, pp.331–333. 더 많은 양을 판매하기 위해 명말에 가격이 절반으로 줄었지만, 1647년에 가격이 다시 은 6푼으로 돌아왔다.

성에서 상업적인 출판업자가 대량으로 인쇄한 책이었다. 장서가 후잉린胡應麟이 책의 가격을 다음과 같이 기술했다. "푸젠의 인쇄물 10개는 저장의 7개, 저장의 것은 쑤저우의 5개, 그리고 쑤저우의 것은 베이징에서 판매되는 3개만큼의 비용도 들지 않는다." 내가 수집한 78권의 책 가격 자료에서 평균 가격은 은 2냥이다. 자료의 4분의 1은 은 1냥 미만이었다. 40퍼센트의 책 가격이 은 1냥에서 3냥 사이에 속하며, 이는 비교적 고급스러운 책의 중간 가격대를 의미한다.[40] 평균 이상의 가격대는 은 10냥까지 점차 상승하고, 더 높은 범위에서는 수집가들의 책 가격이 수십 냥에서 수백 냥으로 치솟았다. 우리는 만력 연간의 책 가격을 치청한祁承㸁의 서고에서 엿볼 수 있다. 치청한은 자녀들에게 유산으로 책을 남기며, 그 가치가 은 2,000냥 이상이 될 것이라고 말했다. 그의 수집 목록에는 9,378권의 책이 나열되어 있어, 한 책당 평균 가격이 거의 은 2돈에 불과하다.[41] 치청한의 아들들이 그가 사망한 후 책을 어떻게 처리했는지는 알려져 있지 않지만, 보통 사람들의 입장이라면 책을 팔아 은으로 바꾸는 것이 가장 매력적인 선택지였을 것이다. 이는 모든 수집가의 악몽이다. 몇십 년 후, 루원형陸文衡은 화재로 할아버지의 서고를 잃은 후 그것을 재건하기 위해 고군분투하면서,

---

40 Clunas, Craig., Superfluous Things : Material Culture and Social Status in Early Modern China, Cambridge : Polity, 1991, p.132. 이소베 아키라(磯部彰)의 「西遊記」受容史の研究」를 인용. 부유한 독자와 가난한 독자 사이의 시장 구분에 대해서는 Hegel, Robert., "Niche Marketing for Late Imperial Fiction," *Printing and Book Culture in Late Imperial China*, ed. Cynthia J. Brokaw and Kai-wing Chow, 236 - 237. Berkeley : University of California Press, 2005 참조.

41 Paethe, Cathleen, and Dagmar Schafer., "Books for Sustenance and Life : Bibliophile Practices and Skills in the Late Ming and Qi Chenghan's Library Dasheng Tang," *Transforming Book Culture in China*, 1600 - 2016 (Kodex 6), ed. Daria Berg and Giorgio Strafella, pp.19 - 48. Wiesbaden : Harrassowitz Verlag, 2016, pp.19-20, p.46.

다음 세대가 이 유산에 무관심할 것임을 충분히 비관적으로 예상했다. 그는 한탄하며, "재산을 사랑하는 아들은 많지만 책을 사랑하는 아들은 드물다"고 했다. 또 "그것들을 수집하고 물려주지만, 그것들이 책벌레의 배를 채우지 않는다면, 단지 절임 항아리를 덮는 데나 좋을 것이다"고 했다.[42]

　은 1냥은 그림을 의뢰하거나 두루마리를 장식하는 작업과 같은 전문적인 노동을 구매할 수 있는 수준이었다. 또한 이 금액은 적어도 청소년기의 소년 소녀의 노동력을 구매하기에 충분했다. 은 1냥은 일반적으로 거래의 최소 금액으로 여겨졌다. 아이는 은 6냥까지, 성인은 은 4냥에서 20냥까지 다양했으며, 성적 파트너는 가사 노동자보다 더 높은 가격을 받았다. 상하이에 거주하던 판원돤潘允端은 1590년에서 1592년 사이에 가정부에게 지불한 금액을 그의 일기에 기록했는데, 은 4냥에서 10냥의 범위였다.[43] 때때로 그는 부부를 함께 구매했다. 판원돤은 1592년에 천원陳文과 그의 아내에게 은 8냥을 지불했다. 도장업자인 구시우顧秀와 그의 아내에게는 1588년에 단 2냥을 지불했는데, 1588년은 심각한 기근이 든 해였기 때문에 부부는 자신들을 팔아 생존하는 것이 굶어 죽는 것보다 낫다고 판단했기 때문일 수 있다. 판원돤은 예능인도 구매했다. 1588년에서 1590년 사이에 그는 은 1냥에서 20냥까지의 가격으로 9명의 남성 공연자를 구매했다 (평균 가격은 6.7냥).

　이상의 내용을 통해 우리가 배우는 것은 무엇일까? 가장 중요한 것은 은 1냥이 일반 사람들에게 상당한 금액이었으며, 부자와 가난한 사람을

42　陸文衡, 『嗇菴隨筆』 권2, p.13a.

43　張安奇, 「明稿本『玉華堂日記』的經濟史資料研究」, 『明史研究論叢』, 5, 南京：江蘇古籍出版社, 1991, p.289.

구분하는 지불 가격이었다는 점이다.[44] 가난한 사람은 미래의 수익을 기대하며 은 1냥을 새끼 돼지에 지출할 수 있지만, 〈표 2.4〉에 나열된 다른 어떤 품목도 감당할 수 없었다. 가난한 사람들은 그러한 비싼 항목들 대신 더 저렴한 대체품을 찾아냈다. 은 1냥에 해당하는 값비싼 배나무 침대는 가난한 사람들이 원하는 바가 아니었다. 부자들 또한 전혀 다른 이유로 그것을 원하지 않았을 수 있다. 이 침대는 부유한 가문의 물품 목록에서는 그들이 가진 가장 저렴한 침대였다. 가장 비싼 침대는 5배의 가격이었다.[45] 부자들에게는 은 1냥이 침대 구매에 충분하지 않았던 셈이다.

명대 소설에서 은 1냥은 종종 모든 것이 가능한 경계선으로 묘사되었다. 은 1냥은 심각한 범죄를 유발하기에는 조금 부족한 금액이었지만, 그 이상이라면 어떤 범죄든 일어날 수 있었다. 1620년 만력제 재위 마지막 해에 펑멍룽(馮夢龍)이 출판한 단편「신 도령(沈秀)의 새 한 마리가 7명의 목숨을 빼앗다(沈小官一鳥害七命)」(『유세명언(喻世明言)』제26권)에서, 어떤 통 제조공은 누군가의 화미조(畫眉鳥)를 은 2냥, 심지어 3냥에 팔 수 있을지도 모른다고 믿었다. 그는 새의 주인을 살해하고 화미조를 상인에게 팔려고 했다. 상인은 처음에는 은 1냥을 제안했으나, 제조공은 가격을 20퍼센트 올려 흥정하고 집으로 돌아가 아내에게 좋은 소식을 전했다. 펑멍룽은 부부가 은 1.2냥을 얻게 되어 "기쁨에 겨워"했다고 썼다.[46] 이와 유사한 경계선이 종교 기부

---

44 1510년대에 왕양밍(王陽明)은 향약(鄉約)을 위해 규정을 만들었는데, 매월 정기 모임에 참석하지 않은 경우 은 1냥의 벌금을 부과했다. 이는 매우 무거운 처벌이었다. Wang Yangming., *Instructions for Practical Living, and Other Neo-Confucian Writing*, trans. Wing-tsit Chan, New York : Columbia University Press, 1963, p.300 참조.

45 『天水冰山錄』, p.160.

46 Feng Menglong(馮夢龍)., *Stories Old and New : A Ming Dynasty Collection*, trans. Shuhui Yang and

자들 사이에도 존재했다. 1610년대 후반 장시성의 한 불교 사원이 모금 활동을 할 때 기부자 명단에 이름을 올리기 위한 최소 기부액을 은 2냥으로 설정했다.[47] 은 1냥은 부처님의 후원자로서 공개적으로 인정받는 영예를 얻기에 충분하지 않았다.

광저우의 스페인 사람들

이제 이전 논의에서 다뤘던 산발적인 자료들을 실제 상황에 적용해 볼 때이다. 이를 위해 명대 가격 체제 속에서 실제 가정이 어떻게 타협해 나갔는지 보여 주는 두 가지 간단한 사례 연구를 소개한다. 광둥성의 도시 지역과 중국 북부 평원의 남단에 위치한 농촌 지역의 사례이다. 두 사례 모두 만력 연간보다 몇 년 뒤의 일이지만 만력 연간의 가격 체제에 부합하는 내용들을 보여 준다.

광둥 사례는 아드리아노 데 라스 코르테스Adriano de las Cortes로부터 나왔다. 필리핀에서 활동하던 스페인의 예수회 선교사인 라스 코르테스는 1625년 2월 16일 마카오로 향하던 포르투갈 선박이 광둥 해안을 350킬로미터 앞두고 암초에 걸려 좌초되었을 때 해안으로 표류했다. 라스 코르테스는 200명이 넘는 생존자 중 한 명으로, 배가 가라앉기 전 새벽에 해안으로 헤엄쳐 나왔다. 그들은 곧 향병鄕兵에게 체포되어 단계적으로 광둥성

Yinqin Yang, Seattle : University of Washington Press, 2000, p.462-464.

47 『靑原志略』(1669) 권7, p.6a.

의 성도인 광저우로 이송되었다. 라스 코르테스와 그의 동료들은 순무에 의해 해적 혐의를 벗고 마카오로 돌아갈 때까지 1년 이상을 중국에서 보냈다. 마닐라로 돌아온 후, 라스 코르테스는 자신의 경험을 바탕으로 당대 중국에 대한 훌륭한 민족지*를 작성했으나 수세기 동안 거의 주목받지 못했다. 우리가 특별히 참고할 만한 부분은 이 책의 제20장「중국인의 부, 재산, 그리고 빈곤에 대하여」이다. 여기서 라스 코르테스는 자신이 만났던 광둥 사람들의 가정 경제를 묘사했다.[48] 그는 자신의 책 초반에 서술한 중국 경제의 번영에 대한 열띤 설명에 속지 말라고 독자에게 경고하며 장을 시작한다. "중국인이 소유한 상품의 양은 그들이 매우 부유하다는 것을 증명하는 충분한 근거가 아니다. 일반적으로 이들은 극도로 가난한 사람들이다." 라스 코르테스는 이어서 광둥에서 만난 사람들의 경제생활을 주의 깊게 살피며, 고용된 노동자들부터 군인, 상점 주인, 장인, 어부, 그리고 마지막으로 엘리트 계층까지 다루었다. 그는 "중국인의 부를 정확하게 묘사하기는 어렵다"고 경고했다. 대다수의 사람들이 극도의 빈곤 속에 살고 있었을 뿐만 아니라, 가정의 재산은 외부인의 눈에 잘 띄지 않기 때문이다. 그럼에도 그는 스페인 독자들에게 중국인이 어떻게 살고 있고, 무엇을 감당할 수 있으며, 놀랄 만큼 적은 것으로도 어떻게 견뎌 낼 수 있는지에 대한 설명을 제공하고 있다.

---

* 『라스 코스테스의 중국 여행 Le voyage en Chine d'Adriano de las Cortes S.J.』

48 Girard, Pascale, trans., *Le voyage en Chine d'Adriano de las Cortes S.J.* (1625). Paris : Chandeigne, 2001, p.239-255. 이 난파 사고는 Brook, Timothy., *Vermeer's Hat : The Seventeenth Century and the Dawn of the Global World*, New York : Bloomsbury, 2008, pp.87-99, pp.109-113에 더 자세히 설명되어 있다.

라스 코르테스는 일반 사람들이 살아가는 환경을 관찰하며 자신의 기록을 시작한다. 대부분의 사람들은 "작은 개, 고양이, 닭, 그리고 새끼 돼지를 소유하고 있다."[49] 그들의 식단은 "조금의 쌀과 몇 가지 채소"에 불과하지만, 축제 때만은 극도로 가난한 사람들조차 "고기, 생선, 계란, 그리고 직접 빚은 술 몇 모금 마시지 못하는 경우는 없었다." 그들의 음식 대부분은 남자들이 밖에서 일을 구하지 못했을 때 대신 일구었던 텃밭에서 나왔다. 옷은 "1년에 2~3벌" 정도만 추가로 얻을 수 있었다. 그는 평범한 가정의 총자산을 이렇게 요약했다. "그들의 옷과 섬유, 그리고 모든 가구를 팔아서 얻을 수 있는 은을 더해 보면, 그들의 총재산은 겨우 8에서 12두카트ducat에 불과하다." 두카트는 그가 '냥tael'을 번역하기 위해 사용한 스페인의 회계 단위이다. 그는 이렇게 결론지었다. "가난한 대중들 사이에서, 이 정도의 금액은 무난한 편이다. 왜냐하면 그들 중 많은 사람들이 그보다 더 빈곤하기 때문이다."

라스 코르테스는 그가 호송될 때나 가택 연금 상태에 있을 때 그와 함께한 군인들의 생계로 화제를 전환하고, 그들의 생활을 면밀히 묘사했다. 그는 많은 군인들이 하루벌이 노동자만큼 가난했지만, 일부는 "조금 더 재산을 갖고, 나은 옷을 입고, 더 나은 음식을 먹으며, 심지어 조금 더 편안하게 생활을 할 수 있고, 최대 30냥의 재산을 소유할 수 있었다"고 기술했다. 노동자들처럼 그들도 자신들의 텃밭에서 식량을 해결했다. "그들의 나머지 재산은 급여, 가구, 기타 물품으로 구성되어 있다." 대장의 월급은 "한 달에 4냥뿐으로, 각 군인이 대장의 말을 먹이기 위해 상납하는 금액은 포

---

49 Girard, *Le voyage en Chine*, p.239.

함하지 않았다. 어느 날, 나는 이 대장들 중 한 명에게 그가 가진 좋은 말의 가격을 물었고, 그는 15냥 가치가 있다고 답했다." 이는 다른 말 가격과도 일치하는 수치이다. [50] 반면, 보통 군인의 월급은 "1냥이고, 그들의 의무에 따른 추가 수당이 있었다"고 했다. 그러나 실제로는 1냥에도 못 미쳤다. 대장의 말을 먹이는 비용이나 도박 빚 등 기타 비용을 지불한 후에 "그 1냥은 십일조를 내고 줄어든 채 그의 손에 도달했다."

라스 코르테스는 장인과 상점 주인들이 노동자와 군인보다 나은 처지에 있었다고 관찰했지만, 이들의 재정 상황은 매우 다양했다. "잘 자리 잡은 상인들이 보통 가게를 운영하여 다양한 좋은 상품을 판매할 경우 그들의 자본은 30냥 정도에 달할 수 있고, 부유한 가게를 가진 상인들은 150냥에 이를 수 있다. 장인에 대해 말하자면, 그들에게 30냥의 자본이 있다고 하는 것은 과장일 것이다." [51] 라스 코르테스는 소박한 장인의 가정 경제를 예로 들며 광둥에서 이웃이었던 한 재단사를 언급했다. 이 남성은 이전에 군인으로서 활동하다가 재단사로 전직했다. 그는 수익이 될 만한 주문을 끌어들였지만, 축제 기간에도 쉬지 않고 일해야 사업을 지속할 수 있었다. "그에게 한 달에 얼마나 벌 수 있는지 묻자, 그는 1냥이라고 답했다." 그 금액에서 가게의 연간 임대료로 8에서 10레알real을 지불해야 했는데, '레알'은 '전錢'(냥의 10분의 1. '돈')을 번역한 단위이다. 이외에도 재단사는 "아내와 자녀들의 필요를 충당해야 했다." 재단사의 재정 상황은 군인과 크게 다르

---

50 이 가격은 Dyer, Svetlana Rimsky-Korsakoff., *A Grammatical Analysis of the "Lao Ch'i-ta" with an English Translation of the Chinese Text*, Canberra : Faculty of Asian Studies, Australian National University, 1983, p.266과 張肯堂, 『晉辭』 권6, p.13b에서 대략적으로 확인된다.

51 Girard, *Le voyage en Chine*, p.243.

지 않았지만, 그는 어느 정도 열심히 일하고 세심하게 관리함으로써 수입과 지출을 더 잘 통제할 수 있었다. "다른 유사한 직업을 가진 사람들도 대체로 비슷하다는 것과, 잘 버는 사람들은 그들이 하루에 2콘디메condime를 번다는 것을 알아냈다." '콘디메'는 '푼分'(돈의 10분의 1)을 번역한 단위이다. 그는 비숙련 노동자가 벌 수 있는 것에 비해 "이것은 이미 상당히 많은 것"이라고 강조했다. "이렇게 장인은 하루에 약 4분의 1돈을 벌 수 있었다." 하루 2.5푼의 수입은 소박하지만, "장인이 일반적인 식단에 소량의 절인 생선을 추가할 수 있는 여유를 주며, 이러한 여유는 이미 큰 호사였다."

라스 코르테스는 그들 노동의 대가가 그토록 저렴함에도 불구하고 최하위 직업에 종사하는 사람들이 어떻게 생계를 유지할 수 있는지에 대해 놀라워했다. 그는 향을 예로 들며, 이것이 상상할 수 없을 정도로 저렴하다는 것을 발견했다. 그가 간 곳마다 10푼으로 1만에서 1만 2,000개의 향을 살 수 있었다. 스페인 향에 비해 중국 향의 품질이 낮다 할지라도, 라스 코르테스는 그 향이 준수한 길이로 잘 만들어졌다고 평가했다. 향 제조자가 그러한 가격으로 생계를 유지할 수 있는지 상상하며 그는 당혹스러워했다. "이 향을 만드는 장인들이 어떻게든 수입을 얻고 이로써 생계를 유지할 수 있다고 가정해야 하지만, 1만 2,000개의 향을 포장해서 은 1푼을 벌 수 있는 사람은 없어 보인다."[52] 그가 도출할 수 있는 유일한 결론은 중국인들이 최소한의 생계 수준에서 살아가는 기술을 터득했으며, 아주 작은 이익으로도 만족하고 "소량의 품질 낮은 쌀과 몇 장의 겨자 잎"만으로 생존하는 법을 배웠다는 것이다. 라스 코르테스는 가난한 가정이 가족 구

---

52 Girard, *Le voyage en Chine*, p.244.

성원들의 소소한 수입을 모아 생계를 이어 나갔다는 데까지 파악하지는 못했다. 그러나 그는 이어지는 관찰에서 "작은 이득"으로 가난한 사람들이 어떻게 살아가는지를 보며 그러한 통찰에 접근했다.

라스 코르테스가 재정적 정보를 제공해 준 유일한 다른 직업은 어업이다. 그가 본 바에 따르면, 어부들 역시 극히 최소한의 생계를 유지하고 있었다. 그는 "배와 그물을 계산에 넣지 않는다면, 30냥의 자산이 있는 사람은 아무도 없다"고 썼다.[53] 이 기록에서도 가난한 가정보다 나은 자산의 지표로서 반복적으로 30냥이 언급되고 있다. 이는 대부분의 어부가 도달할 수 없는 수준이었다. 어업으로는 빈약한 생계를 유지할 뿐이라는 라스 코르테스의 관찰은 난징의 작가 장이張怡가 수집한 이야기에 등장하는 한 여성의 말을 통해서도 뒷받침된다. 한 며느리가 돈을 벌기 위해 원숭이와 함께 구걸하기로 결정하자, 가난한 시어머니는 며느리에게 이렇게 조언했다. "원숭이와 구걸해서 벌 수 있는 것은 많지 않단다. 확실히 어업만큼 좋지 않지. 어업이 하루 수익을 몇 배 더 벌 수 있을 것이다."[54] 어업이 부자가 되는 방법은 아니었지만, 구걸하는 것보다는 나았다.

화북 평원의 지방관

쉰현濬縣은 명대 북직예의 가장 남쪽 끝, 황하 바로 북쪽이자 산둥성과

---

53 Girard, *Le voyage en Chine*, p.246.

54 張怡, 『玉光劍氣集』, p.324.

허난성 사이를 가로지르는 중국 북부 평원의 남단에 위치하고 있다(청대에 쉰현은 허난성으로 재편성되었다). 명나라 중기 현의 지방지 편찬자가 쉰현 사람들을 영민하면서도 신뢰할 수 있다고 묘사하면서, 명나라를 변화시키고 있던 상업적 변혁의 변두리에 위치한 쉰현의 상황을 정확하게 포착했다. 쉰현 사람들은 상업적 변화의 가장 나쁜 영향으로부터 아직 격리되어 있었지만(신뢰할 수 있다는 의미에서), 그 부정적인 영향으로부터 완전히 보호받지는 못했다(그들이 영민해야 했다는 의미에서).[55] 라스 코르테스가 광둥에서 은으로 가격을 기록하는 동안, 쉰현에서의 금융 거래는 구리 동전과 은 단위로 기록되었는데, 이는 쉰현이 은으로 가격을 매기는 상업 경제에 일부는 편입되고 일부는 벗어나 있었다는 것을 시사한다.

상하이 남서쪽의 양쯔강 삼각주에 위치한 쑹장부松江府 출신인 장컨탕 張肯堂의 기록을 통해 쉰현에 대해 살펴볼 수 있다. 장컨탕은 1625년에 진사가 되고 3년 후에 쉰현에 지현으로 임명되었다. 그가 지현으로 지내며 기록한 회고록은 1632년에 어사御史로 승진한 해에 출판되었으며, 쉰현에서 재판했거나 목격한 304건의 사건을 요약하고 있다. 그의 책 제목인 『순사䂮辭』는 밭을 갈고 난 뒤 평탄화하는 작업을 의미하는 고대 문자를 사용했다. 장컨탕이 법을 집행하면서 공정함을 달성하려 했던 노력을 반영하는 것으로, 제목은 문자 그대로 '평탄한 판결'로 번역할 수 있다.[56] 목판 조

---

55 『大名府志』(1506) 권1, p.12a.

56 張肯堂, 『䂮辭』권5, p.19a. 이 출처를 알려준 장융린(姜永琳)에게 감사드린다. 장융린은 그의 글 "Defending the Dynastic Order at the Local Level : Central—Local Relations as Seen in a Late—Ming Magistrate's Enforcement of the Law." *Ming Studies* 1, 2000, pp.16–39에서 이 제목을 "마음을 울리는 법원 판결(Court Verdicts That Touch the Heart)"로 번역했다. 윌(Wil)은 Will, Pierre—Etienne., *Handbooks and Anthologies for Officials in Imperial China : A Descriptive and Critical*

각의 거친 질감과 당시에는 잘 쓰지 않았던 문자의 잦은 사용은,『순사』가 쉰현 현지에서 출판되었고 잘 알려지지 않았던 작품임을 시사한다. 그러나 이 지역이 그다지 중요하지 않았다는 점은 오히려 우리의 목적에 부합한다. 장컨탕이 다룬 사건들이 도공, 뱃사공, 도박꾼, 사기꾼, 그리고 구석진 곳의 협잡꾼 등 명나라 사회 하층의 일상적인 삶을 물들인 갈등과 좌절, 그리고 물가를 반영한다는 의미이기 때문이다. 도시 중심에서 멀리 떨어진 곳에서의 삶에 관한 기록들은 우리에게 필요한 물가 정보를 제공한다.

1627년부터 1631년에 걸쳐 장컨탕이 요약한 사례들에서 반복적으로 가격들이 언급되는 것은 놀라운 일이 아니다. 돈이 관련되지 않는다면 대부분의 사람들은 지현 앞에 서려고 하지 않았기 때문이다. 언급된 가격은 보통 소액이며, 두 가지 화폐 단위로 명시되었다. 가장 적은 금액이 기록된 사례는 동전 200문을 도난당한 사건이었다. 도둑질이 사형에 처해질 수 있다는 법령에도 불구하고, 장컨탕은 동전 200문은 너무 하찮다고 여겨 도둑에게 매질을 하는 것으로 처벌의 수위를 낮추었다.[57] 채무에 관해 장컨탕이 해결한 사건들에서 등장하는 금액은 대략 동전 1,200문에서 1,500문 정도였다. 예외적인 경우는 한 도박꾼이 하룻밤에 동전 2,500문을 잃었으나 사실 그에게 변제할 동전이 단 1문도 없었던 사건이다. 이는 쉰현의 가난한 사람들 사이에서 동전 2,500문이 상당히 큰 금액이며, 보통 사람이

Bibliography, Leiden : Brill, 2020, p.704에서 "일구는 말(Plowing Words)"을 제안했다. 내 생각에는 둘 다 저자의 의도를 제대로 전달하지는 못한 것 같다.

57 張肯堂,『𧮫辭』권5.p.19a. 명대에 이 범죄에 대해 참수형을 부과했는지는 명확하지 않다.

현금으로 마련할 수 있는 범위를 넘어선다는 것을 보여 준다.[58]

지현 앞에 선 대부분의 사람들은 이보다 더 큰 금액과 가격으로 거래했다.[59] 일부는 여행 중에 잃어버린 돈에 관한 것이었는데, 예를 들면 여행 비용으로 소지하고 있던 동전 3,700문을 잃어버린 경우이다. 다른 예로 미지급 대출금에 관한 것이 있다. 내가 발견한 가장 큰 금액은 오랫동안 연체된 7냥의 빚이었다. 또 다른 사례는 자산 거래에 관한 것이었다. 예를 들어, 장컨탕은 노새와 관련한 몇 건의 사건을 기록했는데, 한 남자가 동전 5,000문으로 가격이 책정된 노새에 대해 동전 1,000문을 계약금으로 지불했으나 나머지 금액을 지불하지 못한 사건과, 원래 8냥이었던 요구 가격이 법정에서 3냥으로 낮춰진 사건 등이 있다. 토지 매매에 관한 분쟁들 역시 가격이 언급되었다. 한 사례에서는 어떤 이가 동전 6,000문을 주고 12무(1무는 대략 6분의 1에이커 또는 대략 2.5개의 테니스 코트와 비슷)의 토지를 구매했다. 다른 경우에서 장컨탕은 지역의 표준 토지 가격을 1무당 2.5냥으로 훨씬 낮게 설정하기도 했다.

장컨탕의 기록은 사람을 매매할 때 책정된 가격도 보여 준다. 첩의 가격은 은 3냥에서 동전 1만 4,000문에 이르기까지 다양했다(정부를 유지하는 데 한 달에 600문이 들었다). 신부의 가격은 더 높았다. 장컨탕의 기록에서 발견한 신부의 최저 가격은 동전 5,000문으로, 대략 은 7냥이었다. 한 복잡한 사건을 보자. 이웃 현에서 기근을 피해 달아난 한 남자는 젊은 여성을 동전 1만 4,000문, 대략 은 20냥에 사기로 그녀의 아버지와 합의했다. 그

---

58 張肯堂,『䕝辭』권1, p.14a; 권5, p.14b; 권3, p.26a.

59 참조 순서대로, 張肯堂,『䕝辭』권1, p.16a; 권6 p.18b; 권6 p.2b; 권5 pp.25b-26a; 권1 p.16a, p.24a; 권3 p.2a; 권6 p.22b.

런데 현금이 없었던 이 남자는 12무의 땅(대략 2에이커)을 동전 6,000문에 팔아 그 돈을 여성의 아버지에게 지불하고, 나머지는 지불하지 않고 현을 떠났다. 미지급액 때문에 장컨탕의 주목을 끌었던 것 같다.[60] 비록 장컨탕이 증거를 제공하지는 않지만, 신부를 살 수 있는 것처럼 신랑도 살 수 있었다는 점을 언급할 필요가 있다. 이는 관행도 아니고 높이 평가되는 일도 아니었다. 이렇게 구매한 젊은 남자를 지칭하는 용어는 '췌서贅壻(데릴사위)', 즉 "쓸모없는 사위"였다. 췌서는 신부가 아니라 그녀의 아버지가 구매했다. 이는 집안의 남자가 자신의 딸과 결혼할 사람을 찾고 그의 가족으로 들어오게 하는 방법이었으며, 이는 부계 중심이 아닌 모계 중심의 결혼 양식으로 알려져 있다. 구매자는 이를 통해 가족을 위해 일하고 손자를 낳으며 다른 서비스를 수행할 남성을 확보했다. 법제사 연구자 니이다 노보루仁井田陞는 1593년 후이저우徽州의 췌서 계약의 사례를 소개하는데, 여기에는 자녀를 키우고, 가족의 밭을 경작하며, 장인의 노년을 돌보고, 불평하지 않을 것 등 사위의 의무가 구체적으로 명시되어 있다. 계약서에 기재된 그의 가격은 '예금禮金'이라고 고상하게 표현된 은 15냥이었다.[61]

장컨탕의 기록에서 가장 높은 금액은 노새, 토지, 신부의 가격이 아닌 장례식 참석에 관련한 것이었다. 당시 보통 문상객들이 장례식에 참석할 때는 부의금을 전달했다. 장컨탕은 때때로 이 관행을 이용했는데, 가해자로 하여금 사망 피해로 고통받는 유가족에게 특정 금액을 조의금을 통해 보상금으로 지불하도록 명령했다. 한 사례에서 장컨탕은 사망 피해자

---

60 張肯堂,『莌辭』권1, p.16a.

61 仁井田陞,『中國法制史研究－奴隷農奴法, 家族村落法』, 東京 : 東京大學出版會, 1981. p.268.

에게 가해자가 장례식에서 3냥의 조의금을 내도록 명령했다. 이는 보통의 조의금보다 상당히 높은 금액이었다. 그러나 지현은 더 높은 금액의 조의금을 부과하도록 명령할 수 있었고, 실제로 그렇게 했다. 비공식적인 벌금으로 은 24냥이 부과되고, 대략 동등한 가치를 지닌 동전 2만 문이 부과되는 일도 있었다.[62] 이러한 금액은 상당한 액수였으며, 이는 쉰현에서 어느 정도 잘사는 가정이 단기간에 마련할 수 있는 금액의 상한선을 나타내는 것일 수 있다.

보통 사람이 짊어질 수 있는 재정적 부담을 나타내는 더 좋은 지표는 아마도 장컨탕이 다룬 미지급 채무일 것이다. 어느 뱃사공이 폭풍으로 배가 기울어져 밀가루 화물을 잃어버려 곡물 상인에게 45냥을 빚졌는데, 채무를 갚으려고 애썼음에도 여러 해가 지나도록 27냥 이상을 여전히 빚지고 있었다. 한 노점상은 사망할 당시 은 1.25냥에서 8.75냥까지 네 건의 미지급 증서를 남겨 총 19.5냥의 채무가 있었다. 라스 코르테스의 추정에 따라 한 사람의 총 자산 범위가 20냥에서 30냥 사이였다면 이 두 사례는 보통 사람들이 가까스로 감당할 수 있는 재정적 능력의 상한선이 그 정도 범위라는 것을 확인시켜 준다.

만력 가격 체제에서의 생활비

장컨탕, 아드리아노 데 라스 코르테스, 그리고 다른 작가들이 우리에게

---

62 張肯堂, 『 辭』 권1, p.18b, p.22b; 권2, p.6a; 권4, p.14; 권2, p.8a.

남긴 조각조각의 정보로부터 만력 연간의 생활비를 대략적으로 재구성하는 것이 가능하다. 한 가정이 먹고살고 또 자녀를 양육하기 위해 구매해야 하는 '상품 바구니basket of goods'를 추정하는 유럽 역사학자들의 방식에 따라, 내가 찾은 가격들을 통해 당시 가정이 "일정 수준의 효용이나 복지를 보장하기" 위해 얼마를 지출해야 했는지를 물가사 연구자의 언어로 제시해 볼 것이다.[63]

유럽의 산업혁명 연구에서 로버트 알렌Robert Allen은 초기 근대의 영국에서 성인 남성의 생활비를 '최저 생계 바구니'(가족이 기본적인 수준에서 생존하는 데 필요한 비용)와 '품위 있는 바구니'('품위 있는' 생활 수준을 유지하는 데 필요한 비용)의 두 가지로 구분했다.[64] 생계의 개념은 문화마다 다르다. 특히 라스 코르테스는 광둥의 생계 바구니가 얼마나 간소할 수 있는지에 대해 유럽인의 관점에서 놀라워했다. 그의 우울한 묘사대로 "소량의 품질 낮은 쌀과 몇 장의 겨자 잎"이 전부였다. 그러나 이것이 우리를 방해하지는 않을 것이다. 누군가는 충분히 먹고 입으며 보호를 받아 생존했을 것이고 누군가는 그렇지 못했을 것이다. '품위 있는' 소비 수준을 정의하는 것은 문화와 물가 상황 등에 따라 다르다. 여기서 우리는 만력 연간을 거치며 경제적, 문화적 변화를 겪었던 작가들이 품위 있는 생활을 유지하기 위해 필요한 요소들에 대해 기록한 내용으로부터 도움을 얻는다.

기본 식량 요구량을 설정하는 것으로 시작하자. 알렌은 당시 유럽 평

63 Edvinsson, Rodney, and Johan Soderberg., "The Evolution of Swedish Consumer Prices, 1290 – 2008," *Exchange Rates, Prices, and Wages*, 1277 – 2008, ed. Rodney Edvinsson et al., Stockholm : Ekerlids Forlag, 2010, p.415.

64 Allen, Robert., *The British Industrial Revolution in Global Perspective*, New York : Cambridge University Press, 2009, pp.35–37.

균 성인 남성의 키가 165센티미터이고 몸무게가 54킬로그램이라고 하면서, 이러한 사람이 생존하기 위해서는 하루 최소 44그램의 단백질이 필요하며, 힘든 노동을 수행하기 위해서는 하루 약 70그램의 단백질이 필요하다고 가정했다. 알렌은 이 기준을 충족하려면 하루 최소 1,900칼로리를 섭취해야 한다고 설정하고, 유럽 평균 성인 남성의 최소 생계 바구니를 연간 귀리 155킬로그램, 콩과 완두콩 20킬로그램, 고기 5킬로그램, 버터 또는 기름 3킬로그램을 합해 하루 섭취량을 1,938칼로리로 계산했다. 여기에 비누, 천, 양초, 램프 기름, 연료를 추가했다. 그러나 이러한 가정은 명대 중국에 그대로 적용하기 어렵다. 왜냐하면 중국 측 자료에는 영국 사례에서 얻을 수 있었던 것과 같은 데이터가 부족하기 때문이다. 19세기 성인 남성에 대한 연구에서는 당시 중국 남성이 알렌이 언급한 영국 남성의 추정치보다 약 2센티미터 작았다고 한다.[65] 이러한 차이를 감안하면 우리가 칼로리와 단백질 요구량을 다소 낮추어 중국에 적용해 볼 수도 있다. 그러나 얼마나 낮추어야 하는지 결정하는 것은 내 능력을 넘어선다.

명대 사람들의 생계 바구니를 재구성하기 위해, 우리는 지주들이 농업 일꾼을 지원하는 데 드는 비용에 대한 약간의 기록을 참고할 수 있다. 양쯔강 삼각주의 통샹현 서북쪽에 위치한 후저우부湖州府의 한 지주에 따르면, 밭 일꾼에게는 연간 은 2.2냥의 현금과 은 2.7냥 치의 식량을 지급해야 했다.[66] 숙소 제공에 따르는 추가 비용이 없다고 가정하면, 총 은 4.9냥

---

65 19세기 남중국 남성에 대한 연구에 따르면 평균 키는 약 163센티미터를 조금 넘는다. Ward, Peter., "Stature, Migration and Human Welfare in South China, 1850–1930." *Economics and Human Biology* 11, no.4, 2013.12, p.497 참조.

66 莊元辰, 『曼衍齋文集』, 轉引自陳學文 편, 『湖州府城鎮經濟史料類纂』, 杭州, 1989, pp.52–53.

이 식량과 기타 기본적인 생활을 위한 생계 바구니로 간주될 수 있다. 같은 지역 출신의 다른 지주인 선씨沈氏는 더 높은 수치를 제공한다. 그에 따르면 전일제 노동자에게 드는 연간 비용은 총 은 12냥이었다. 이는 임금 3냥, 곡물 수당 6.5냥(5.5석의 쌀 구입), 장작과 술 1.2냥, 기타 생필품 1냥, 도구들 0.3냥으로 구성되었다.[67] 이 가격들은 곡물 가격이 만력 연간보다 두 배 높았던 숭정 연간 말기의 것이다. 따라서 곡물 가격을 절반으로 조정하고 도구 비용을 제외하면, 노동자의 생활비는 5.45냥이 된다. 한 세대 뒤, 선씨의 기록을 자신의 책에 실은 통상현 출신 장리샹張履祥은 선씨의 기록에 추가하여 더 자세히 설명했다. 장리샹은 곡물 수당은 그대로 유지하면서 다른 식품 비용을 구체적으로 나열했다. 고기 73근(근당 은 2푼으로 총 1.46냥), 두부 213개(개당 동전 1문으로 대략 은 0.3냥), 술 273들이(0.82냥으로 평가), 기름과 장작 2.6냥으로 총 5.25냥 정도이다.[68] 여기에 할인된 쌀 가격을 더하면, 총 생활비는 은 8.5냥에 이른다.

명나라에서 군인이나 기근 피해자에게 지급된 곡물 배급량은 하루에 1승(10분의 1두), 또는 연간 3과 3분의 2석이었다. 이 할당량은 선씨가 추정한 5.5석보다 훨씬 낮다.[69] 아마도 이런 양의 쌀은 경쟁이 치열한 노동 시장에서 일꾼을 유치하는 데 필요한 양이었을 것이다. 우연히도 라스 코르테스는 자신과 함께 난파된 동료들을 포로로 잡고 있던 군인들이 하루에 은 1.5푼씩, 연간으로 환산하면 5.5냥을 들여 그들을 먹여 살렸다고 보고

---

67 沈氏, 『補農書』 권1, p.18a.

68 張履祥, 『補農書校釋』, p.142.

69 李樂, 『見聞雜記』 권7, p.15a. 또한 『明宣宗實錄』(1428) 권45, p.8a; 陳子龍, 『皇明經世文編』, 권481, p.25b; 屠隆, 『荒政考』, p.181; 沈榜, 『宛署雜記』, p.89 참조.

했다. 이는 선씨의 1인당 비용인 5.5냥을 뒷받침한다.[70] 농업 일꾼의 비용이 높았던 것은 그가 자신의 곡물 할당량뿐만 아니라 가족을 위해 일했기 때문으로 설명될 수 있다. 5.5석은 군인과 기근 피해자에게 배급된 3과 3분의 2석의 거의 1.5배에 해당하므로, 이는 그가 자신의 최소 식량 요구량을 초과하여 아내나 자녀를 위한 추가 분량을 받았음을 나타낸다.

아내와 두 자녀의 필요를 충족시키기 위해 장리샹의 곡물과 두부에 대한 수치를 한 노동자 기준에서 두 배로 늘리고 다른 금액은 변동 없이 유지하며 달걀과 채소 구매 비용으로 1냥을 추가해 보자. 이렇게 계산하면 가족의 기본적인 식생활과 연료를 위한 비용이 12냥으로 추정된다. 재단사가 가족을 11냥으로 부양한다던 라스 코르테스의 보고가 이 추정치를 간접적으로 뒷받침한다. 조금 더 나은 생활을 영위하는 가족의 생활비를 추정하기 위해서 곡물, 기름, 장작에 대한 지출을 50퍼센트 늘리고 나머지는 모두 두 배로 늘려 더욱 안락한 생활 수준으로 상향 조정해 보자. 이 가정이 맞다면, 적절한 생활 수준을 유지하기 위한 생활비는 18냥이 된다.

그러나 계산은 여기서 끝나지 않는다. 음식 비용 외에도 옷과 주거 같은 필수 비용을 추가해야 한다. 15세기에 보통 옷 한 벌의 가격은 은 35푼이었다.[71] 품위 있는 가정이 매년 성인과 아이의 옷 한 벌씩을 마련하고 아이 옷이 성인 옷의 절반 가격이라고 한다면, 연간 1.4냥이 추가되므로 이 가정의 지출이 19.4냥으로 증가한다. 가난한 가족이 대부분의 옷을 재단해서 만들었다고 가정하고 이 지출의 절반을 기본 생활비에 추가한다면,

70 Girard, Pascale, trans., *Le voyage en Chine d'Adriano de las Cortes S.J. (1625)*, Paris : Chandeigne, 2001, p.113, p.324.

71 呂坤, 『時政錄』 권2, p.52a.

그 바구니는 12.7냥이 된다. 또한 주택과 부엌 용품 등 몇 가지 항목을 이 예산에 포함시켜야 한다. 하이루이가 관서를 꾸밀 때 설정한 가격(부록 C, '참고 표'의 〈표 2.1〉)을 기반으로, 가정 운영을 위해 연간 지출 가능한 금액을 대략적으로 추정하기 위해 집기와 주방용품의 가치를 하이루이가 제시한 가격의 4분의 1을 적용해 보자. 기본적인 생활을 하는 가정의 경우, 하이루이의 가격 중 하위 등급(오른쪽 세 번째 계층)을 적용하여 은 32푼을, 품위 있는 가정의 경우 중간 열(두 번째 계층)을 적용하여 은 57푼을 적용해 볼 수 있다. 이 추가 비용을 반영한 새로운 총 지출은 기본 생활 가정의 경우 13냥, 품위 있는 가정의 경우 20냥이 된다.

마지막으로 임대 비용을 고려해야 한다. 1607년 난징의 기록에 따르면 '개간開間'(두 기둥 사이의 공간. 대략 4.4×5.7미터 크기의 면적)당 공식 임대료가 3.6냥이었다. 그러나 이 요금은 그만큼 지불할 수 없는 세입자에게 최대 3분의 2까지 할인될 수 있었다.[72] 난징의 할인 요금인 1.2냥을 적용하여, 품위 있는 가정에게 3칸짜리 집을 3.6냥에 임대했을 것이라고 가정하는 것이 적절할 것으로 보인다. 물론 임대료는 이보다 훨씬 높을 수 있다. 한 관리가 자서전에서 1598년에 23세가 되어 시험을 준비할 때, 숙식을 위해 연간 은 10냥을 지불했다고 기록했다.[73] 그러나 그는 단순히 '품위 있는' 수준 이상으로 생활하고 있었다.

이 실험을 요약하자면, 만력 연간의 품위 있는 가정은 연간 약 23냥 이상을 생활비로 지출했고, 최저 생계 수준의 가정은 14냥 조금 넘게 필요

---

72 葛寅亮, 『金陵梵刹志』 권5, p.10b.

73 魏大中, 「魏廓園先生自譜」, 黃煜, 『碧血錄』, p.20a.

했다. 이 추정치는 1595년 푸젠성 해안의 일화로 어느 정도 뒷받침된다. 송대 신유학자 주희를 기리기 위해 그의 사당을 방문한 한 지부는 주희의 후손 두 명이 사당 관리를 맡으면서 극심한 빈곤 속에서 생활하고 있는 것을 발견했다. 이들은 사당 부지에서 직접 리치荔枝와 채소를 재배해 연간 동전 1만 문을 수입으로 얻었다. 동전 800문당 은 1냥으로 환산하면, 은으로 측정된 수입은 12.5냥이었다. 이 금액은 이들이 의식주를 해결해야 하는 금액이었다(그들은 임대료를 내지 않았다). 이들의 생활을 개선하고자 지부는 사당과 주희의 후손들이 충분한 소작료를 얻을 수 있도록 토지를 구입하기 위한 소규모 모금 프로젝트를 조직했다. 토지는 연간 쌀 30석의 수입을 가져왔다. 그중 5석은 건물 수리비로 따로 두고 나머지 25석은 후손들에게 수입으로 주어졌다.[74] 1석당 은 0.5냥으로 계산하면, 후손들이 받은 곡물은 12.5냥이 되어 그들의 수입을 기존의 두 배인 25냥으로 늘렸다. 이 조치는 이들을 최저 생계 수준에서 품위 있는 생활 수준으로 향상시켰다. 이 기록에서 확인한 변화 전후의 두 생활비는 우리가 추정한 두 계층의 생활비와 대략적으로 일치한다.

소득

명나라 시대의 소득을 추정하는 일은 비교적 단순한 세 가지의 이유로 어렵다. 첫째, 많은 사람들이 생계를 위해 노동력을 팔았지만, 대다수는

---

74 丁荷生・鄭振滿, 『福建宗教碑銘彙編 : 泉州府分册』 상, 福州 : 福州人民出版社, 2003, p.100.

그렇지 않았다. 그들은 농업에 종사하며 생산한 식량을 필요한 물건과 바꾸는 물물교환 경제에서 활동했기 때문에 그들의 경제생활은 화폐 경제의 범위 밖에 있었다. 둘째, 가계 예산 자료가 부재하여 임금을 통해 얻은 가계 소득의 비율을 재구성하는 것이 불가능하다. 대다수가 가계 수입을 보충하기 위해 임금 노동을 했고, 생계 전부를 그것에 의지하지는 않았다. 그래서 비록 임금이 낮더라도 다른 가족 구성원의 수입과 합하면 가계를 유지하는 데 충분했다. 셋째, 남아 있는 임금에 관한 자료들은 해석하기가 복잡하다. 기록이 고용주가 지불한 금액, 혹은 직원이 받은 금액을 정확히 반영하는 것은 아니다. 한 부지府志의 지리지에는 부와 현의 노동자들의 임금이 실제로는 발표된 것보다 할인된 요율로 지급되었다고 언급되어 있다.[75] 예를 들면, 노동자에게 제공된 음식과 같은 임금의 중요 구성 요소가 기록되는 경우는 드물다.

이러한 어려움에도 불구하고, 노동자들의 임금에 대해 몇 가지 관찰이 가능하다. 명대 자료에서 반복적으로 언급되는 것은, 표준적인 최소 임금이 하루에 은 3푼, 혹은 동전 24~25문이었다는 점이다. 15세기 말에 황제에게 보고된 한 관리의 기록에 따르면, 군 시설 건설에 고용된 노동자들은 매월 은 1.1냥에서 1.2냥을 받았으며, 이는 하루 3푼에 해당한다. 이것은 분명 최소 금액이었는데, 이를 보고한 관리는 인건비에 대해 "우리가 그들에게 곡물을 할인된 가격에 팔더라도 그들을 먹여 살릴 수 없습니다"라고 비판하며 결과적으로 많은 노동자들이 "누적된 빚에 지쳐 도망칩니다"라

---

75 『松江府志』(1630), 권9, p.31a.

고 썼다.[76] 1세기가 넘는 시간이 지난 후, 1619년에 쉬광치가 만력제에게 보낸 상소문에서 "수도의 가난한 일용직 노동자가 하루에 동전 24문이나 25문을 벌 수 있으며, 이것은 겨우 한 사람을 살릴 수 있는 금액에 불과"하고, 겨울옷을 마련하기에도 부족하다고 보고했다.[77] 은 3푼은 선방이 베이징에서 근무하던 시절, 태묘에서 짐을 나르는 짐꾼들과 후궁 후보가 될 소녀들을 선발할 때 고용된 일용 청소부들에게 지급된 금액이었다.[78] 도자기 산업으로 유명한 징더전景德鎭 기록에서는 숙련된 도공에게 하루에 은 3푼과 동전 5문을, 코발트 유약 작업자들에게는 그보다 0.5푼 더 적게 지급했는데, 둘 다 곡물로 지급받았다.[79] 은 3푼은 1635년 난징의 한 관리가 아름다운 젊은 남성에게 여장을 시켜 함께 하루를 보내는 대가로 지급한 금액이다.[80] 물론, 임금은 더 높아질 수 있었다. 비단 직조공은 하루 은 4푼을, 자신의 베틀을 사용할 경우 은 6푼을 받았다.[81] 은 6푼은 선방의 기록

76　陳子龍, 『皇明經世文編』, 권63, p.24a.

77　徐光啟, 「恭承新命謹陳急切事宜疏」, 『皇明經世文編』, 권488, p.25b에 수록됨. 또한 徐光啟, 『徐光啟集』, p.131에 재수록됨. Brook, Timothy., The Confusions of Pleasure : Commerce and Culture in Ming China, Berkeley : University of California Press, 1998, p.154에서 인용됨. 량자몐(梁家勉)은 이 상소문의 연대를 1619년으로 잡았다(『徐光啟年譜』, p.124). 1645년 청군에 맞서 양저우(揚州) 성벽을 지키는 병사들의 하루 급여는 동전 24문이었으며, "이는 배를 채우기에 충분하지 않다"고 언급되었다(Struve, Lynn A., Voices from the Ming-Qing Cataclysm : China in Tigers' Jaws, New Haven, CT: Yale University Press, 1993, p.12).

78　沈榜, 『宛署雜記』, p.130, p.142, p.144, p.152. 다른 문맥에서도 동일한 요율이 나타나는데, 『船政』, p.39a, p.40a; 黃冕堂, 『明史管見』, p.369를 참조.

79　『景德鎭陶瓷史稿』, p.105; Gerritsen, Anne., City of Blue and White : Chinese Porcelain and the Early Modern World, Cambridge : Cambridge University Press, 2020, pp.180-181. 그의 계산에 약간의 수정을 가했다.

80　吳應箕, 『留都見聞錄』, 하권, p.13b.

81　黃省曾, 『蠶經』, 陳學文 편, 『湖州府城鎭經濟史料類纂』, pp.52-53.

에서는 최고의 일일 임금으로, 북 치는 사람들과 목수들에게 지급되었다. 난로 점화자들(난로 점화는 거의 마술적인 예술로 여겨졌다)은 흥미롭게도 은 10 푼을 받았다. 명나라 충신 치뱌오자祁彪佳의 일기에 따르면, 명조의 마지 막 몇 년 동안 표준적인 일일 노동 임금은 은 4푼으로 올랐으며, 그는 향병 들에게 이 비율로 봉급을 지급했다.[82]

모든 사람에게 은 3푼이 최저 임금이었던 것은 아니다. 푸젠 지역에서 1466년에 복원된 한 다리를 기념하는 비문에는 일용직 노동자들의 임금 으로 "하루에 은 2푼, 10분의 7승의 곡물, 가끔 채소, 격일로 고기를 제공" 한다고 기록되어 있다. 비록 은화 단위로 기록되었지만, 이 비문은 이러한 임금들이 "모두 동전으로 지급되었다"는 것을 밝히고 있다.[83] 한 세기 반 이 지난 후, 아드리아노 데 라스 코르테스는 중국 남부에서 최하급 노동자 가 하루에 은 2.5푼, 최대 동전 20문을 벌었다고 보고했다.[84] 연간 340일의 근무를 가정할 때, 하루에 은 3푼이나 동전 24문의 일일 임금은 연간 약 은 10.2냥의 수입을 제공하는 셈이다. 자신의 베틀을 가진 직조공의 임금이 그 두 배라고 가정하면, 그들의 연봉은 은 20.4냥이 된다.

가장 풍부한 연간 임금 정보는 지방지에서 찾을 수 있다. 이 자료들이

---

82 치뱌오자(祁彪佳)는 은으로 급여를 지급하고, 향병(鄕兵)들이 동전으로 교환하여 사용할 수 있 도록 했다. 군관(軍官)의 일급은 더 높았다. 대장(隊長)은 은 6푼, 파총(把總)은 은 8푼, 교사(教 師)는 은 10푼이었다(祁彪佳,『祁彪佳集』, p.35, p.123;『祁忠敏公日記』, 권3, p.29; 권4, p.8). 1643년 군사 복무에 대해 언급하며, 탄첸(談遷)은 특별 군사 급여가 더 높을 수 있으며, 아래로 노새꾼은 하루에 은 14푼, 위로 영병장관(領兵將官)은 은 1냥까지 받을 수 있다고 언급했다. 이 는 위험 수당이었다(『棗林雜俎』, p.115).

83 丁荷生・鄭振滿,『福建宗教碑銘彙編 : 興化府分冊』, 福州 : 福建人民出版社, 1995, p.103;『莆 田縣志』(1879), 권4, p.4b 참조.

84 Girard, Pascale., *Le voyage en Chine d'Adriano de las Cortes S.J.* (1625), Paris: Chandeigne, 2001, p.243, 원래 숫자는 1/4 레알.

지방지에 기록될 수 있었던 이유는 지방 정부가 공공 업무에 부역한 노동자들의 임금을 게시해야 했기 때문이다. 그러나 이들 기록이 실제로 지급된 임금을 반영한다기보다, 명초에 부과된 부역 노동에서 파생된 것이기 때문에 재정상의 기록에 가깝다. 이러한 '재정 임금'은 15세기 후반에 납세자가 직접 노동을 제공하는 대신 은화로 대체하는 방식, 즉 '노동 서비스'로의 전환 과정에서 설정되고 계산되었다.[85] 이후 지방 정부가 은을 사용하여 대체 인력을 고용했기 때문에, 이러한 환산이 실제 노동 비용과 관련하여 계산되었다고 가정하는 것이 합리적이다.[86] 재정 임금이 참조할 만한 가치를 가지는 이유는, 공정한 가격이 존재했듯이 공정한 임금의 개념도 있었기 때문이다.[87]

1540년부터 1630년 사이에 출판된 26개 현縣의 지방지에서 무작위로 선택한 재정 임금 기록을 조사한 결과, 이 기록들 중 절반은 연간 은 5냥 이하였고, 4분의 3은 은 12냥 이하였다. 가장 숙련도가 낮은 직종에서는 야경꾼부터 짐꾼에 이르기까지 연간 임금이 은 3과 3분의 2냥에서 5와 3분의 2냥 사이였다. 이는 생활을 유지하기에 충분하지 않으므로, 이들은 파트타임 임금 정도로 이해하는 것이 적합하다.[88] 서기나 기마 전령과 같이 비교적 전문적인 기술을 요구하는 직종의 경우 연간 임금은 은 8냥에서 11냥

---

85 Huang, Ray., *Taxation and Governmental Finance in Sixteenth-Century Ming China*, Cambridge : Cambridge University Press, 1974, p.120.

86 『江寧府志』(1541), 권14, p.68a.

87 1548년 산둥성의 『萊蕪縣志』는 재정상의 임금이 실제 임금과 일치해야 한다는 필요성을 증명하고 있으며, 현 창고에서 곡물을 계량하는 사람들이 원래 은 2냥을 받았지만, '현재'는 이 임금이 3냥으로 증가했다고 언급했다(『萊蕪縣志』(1548), 권3, p.3a).

88 야경꾼: 沈榜, 『宛署雜記』, p.53; 짐꾼: 『松江府志』(1630), 권9, p.39b.

사이였다.[89] 향병 대장이나 역참의 역승驛丞과 같이 더 책임 있는 위치에서 일하는 사람들의 경우 임금 범위는 은 14냥에서 22냥 사이이다.[90] 병부상서 량팅둥梁廷棟이 1630년에 숭정제에게 제출한 불법 외국 무역에 대한 보고서에 따르면, 푸젠 사람들이 남중국해로 향하는 배에서 선원으로 일할 경우 연간 은 20냥에서 30냥을 벌 수 있었다. 이는 당시에 훌륭한 연간 수입으로 간주되는 범위였음을 알 수 있다.[91]

생계를 겨우 유지하는 가정의 생활비가 연간 은 14냥을 조금 넘고, 상대적으로 품위 있는 수준의 가정이 필요로 하는 생활비가 23냥을 조금 넘는다는 이전의 추정을 고려할 때, 가난한 사람들의 임금이 연간 은 5냥에서 12냥 사이, 품위 있는 자의 임금이 14냥에서 22냥 사이라는 자료를 비교해 보면, 명대의 임금이 가정의 생활비를 충족시키기에 충분했다고 볼 수 있다.

사회적 상위 계층의 임금을 더 자세히 파악하는 간단한 방법은, 관료 체계 내에서 등급이 매겨진 관리들의 봉록 체계를 살펴보는 것이다〈표 2.5〉참조). 관리들은 9품으로 등급이 나뉘어져 있고 각 품은 정正과 종從으로 더 세분화되어 총 18개의 등급에 따라 봉록을 받았다. 만력 연간 동안, 이 등급의 하위 3분의 2 범위는 종9품 사옥의 은 19.52냥부터 종3품 참정의 은 66.916냥까지였다. 그 위의 수준에서는 정3품 시랑의 88.84냥, 정2품 도어사의 152.176냥, 그리고 정1품 대학사의 265.511냥으로 봉록이 대폭 상승했다.[92]

89 서기 : 『淸流縣志』(1545), 권2, p.35a; 기마 전령 : 『臨朐縣志』(1552), 권1, p.44b.

90 향병 대장 : 『淄川縣志』(1546), 권4, p.58a; 驛丞 : 『夏津縣志』(1540), 권2, p.24a.

91 『明崇禎長編』권41, p.2b.

92 『大明會典』권39, pp.1b~7b. 관리들은 본래 봉급 외에도 '땔감(柴薪)' 등의 추가 수당을 받았다.

| 표 2.5 | 1567년 품급별 관리의 봉록   단위: 냥

품급	품급별 대표 관직	봉록
정1품	대학사(大學士)	265.51
종1품	상서(尙書)	183.84
정2품	도어사(都御史)	152.18
종2품	포정사(布政使)	120.51
정3품	시랑(侍郞)	88.84
종3품	참정(參政)	66.916
정4품	지부(知府)	62.044
종4품	태학좨주(太學祭酒)	54.736
정5품	한림학사(翰林學士)	49.846
종5품	지주(知州)	37.684
정6품	주사(主事)	35.46
종6품	경력(經歷)	29.084
정7품	지현(知縣)	27.49
종7품	급사중(給事中)	25.896
정8품	현승(縣丞)	24.302
종8품	조교(助敎)	22.708
정9품	주부(主簿)	21.114
종9품	사옥(司獄)	19.52

출처: 『대명회전』 권39, pp.1b~7b.

이 금액들은 매우 눈길을 끌지만, 역사학자 레이 황Ray Huang, 黃仁宇이 지적한 바와 같이 이들 금액은 "명대 후기의 생활 수준에 비추어 볼 때 분명히 부족한" 수준이었기 때문에 많은 관리들이 추가 수입을 위해 선물과 뇌물을 받는 쪽으로 기울었다.[93]

馮夢禎, 『快雪堂日記』, p.72 참조.

93 Huang, Ray., *Taxation and Governmental Finance in Sixteenth-Century Ming China*, Cambridge : Cambridge University Press, 1974, p.276. 동시대 사람들의 말도 이 관찰을 확인한다. 명대 마지막 세기에

부유한 사람들 사이의 물가

어떻게 살아가야 하는지, 무엇을 감당할 수 있는지는 개인의 사회적 지위에 따라 다르며, 생활비 역시 이에 맞추어 달라졌다.[94] 부자의 침대는 가난한 사람의 것보다 100배 더 비쌀 수 있다.[95] 베이징의 가난한 사람은 동전 170문(약 은 2.5푼)으로 한 달을 생활할 수 있었지만, 부유한 사람은 숙소와 식사에만 은 25냥을 한 달에 지출해야 할 수도 있었다. 이는 대략 100대 1의 비율이다.[96] 한 고관이 만력제에게 베이징의 관리들이 쉽게 한 달에 은 4냥이나 5냥을 지출하고 있다고 불평했을 때, 그가 불평한 대상은 높은 임대료가 아니라 사치스러운 생활방식이었다.[97] 이러한 예시들은 부유한 자들과 가난한 자들이 다른 물가에서 살며, 상업 경제가 사회생활에 더 깊게 파고들면서 그 사이의 간격이 넓어졌음을 보여 준다. 중국의 상품 경제가 명대에 시작된 것은 아니지만, 이 시기가 이전 시대들과 구별되는 점은 상업 관계에 의존해야만 생존할 수 있었던 사람들의 숫자가 매우 많았고, 이

관리들의 뇌물 수수가 자주 비난받았다.

94 소득이 불균등하게 분배되는 사회에서는 생활 수준을 추정하기 어렵다. Coatsworth, John H., "Economic History and the History of Prices in Colonial Latin America." In *Essays on the Price History of Eighteenth-Century Latin America*, ed. Lyman Johnson and Enrique Tandeter, Albuquerque: University of New Mexico Press, 1990, p.27 참조.

95 가난한 사람의 침대: 海瑞, 『海瑞集』, p.129; 부유한 사람의 침대: 『天水冰山錄』, p.160.

96 1590년대 판산(盤山) 산기슭의 한 작은 불사(佛寺)에 살던 가난한 사람은 매년 동전 2,000문을 벌었는데, 이는 사원 밖의 큰 사과나무의 사과를 팔아서 번 돈이었다(唐時升, 「遊盤山記」, 『盤山志補遺』(1696), 권1, p.1b). 부유한 사람인 쫭위안천(莊元辰)은 시험 준비를 위해 16개월 동안 은 400냥을 사용했다고 말했다(濱島敦俊, 「明末江南鄕紳の具體像」, 岩見宏·谷口規矩雄 편, 『明末淸初期の硏究』, 京都: 京都大學人文科學硏究所, 1989, p.178).

97 馮琦, 「肅官常疏」, 徐泓, 「明末社會風氣的變遷」, p.108에서 인용. 펑치(馮琦)는 이러한 사치스러운 관료들이 때때로 한 끼 식사에 2~3냥의 은을 쓴다고 불평했다.

120

로 인해 물가가 부유한 자와 가난한 자 사이의 격차를 뚜렷하게 표시하는 상황이 만들어졌다는 것이다. 따라서 명대는 풍요로움과 곤궁함이 모두 풍부한 증거가 있는 시기이며, 물가를 통해 그 이야기를 할 수 있다.

지금까지의 논의는 보통 사람들이 생존하는 데 드는 비용을 평가하는 데 초점을 맞추었다. 이제 잠시 부유한 사람들이 지출한 것을 살펴보고자 한다. 왜냐하면 이것 역시 명나라 사람들이 살았던 가격 체계를 밝히는 데 도움이 될 수 있기 때문이다. 부유한 사람들에 대한 우리의 안내자는 다시 주의 깊은 예수회 관찰자인 아드리아노 데 라스 코르테스가 될 것이다. 그는 가난한 사람들 사이에서 살았지만, 접촉했던 관리들과 그들이 속한 부의 세계에 큰 호기심을 보였다. 그러나 부유한 사람들의 삶에 속할 수 있는 처지가 아니었기 때문에, 가난한 사람들의 생활비를 상세히 파악할 수 있었던 것처럼 부유한 사람들의 지출을 파헤치지는 못했다. 그럼에도 불구하고, 그는 가용한 정보를 바탕으로 몇 가지 주목할 만한 사실을 기록했다. 그는 토지 소유가 부유한 가정을 유지하는 데 결정적이라고 관찰했다. 가난한 사람들은 가족을 위한 음식을 생산하기 위해 소규모 토지를 소유할 수 있었지만, 부자들은 대규모 농지를 소유했다. 이 땅은 고용된 노동력을 사용해 직접 관리하거나 임차인에게 임대했다. 대규모로 토지를 소유하는 것은 또한 동물성 단백질이 제공됨을 의미했는데, 이는 연못에서 물고기나 오리와 거위 떼를 키우는 것을 통해 이루어졌다. 라스 코르테스에 따르면, 부유한 가정은 4~6마리의 물소, 많은 수의 돼지, 그리고 12마리의 암탉도 소유했다.

라스 코르테스가 분명 부자 계층의 누군가를 방문했을 것으로 보이는데, 그가 그들의 집에 가구가 잘 갖추어져 있음을 기록했기 때문이다. 그는 한 방에 "25, 26, 심지어 40개까지" 숙련된 솜씨로 만들어진 의자와 탁자가 있다는 사실에 놀랐다. 이는 유럽의 방에서 찾을 수 있는 수량을 훨씬 뛰어넘는 것이었다. 그는 침구, 직물, 장화의 품질에도 인상을 받았다. 그가 주목한 또 다른 점은 "부유한 중국인의 재산에는 그들의 땅에서 일하는 여러 명의 남녀 노예가 포함되어 있으며, 노예들은 극심한 필요가 없을 때에도 빈곤한 부모에 의해 부자들에게 평생 노예로 팔렸다"는 사실이었다. 라스 코르테스는 노奴와 비婢가 저렴하다는 것을 알고 충격을 받았지만, 노비가 된 사람들이 "자신들이 구매된 가격으로 자신들을 속박에서 해방시킬 수 있으며, 주인이 그들을 잘 대우한다. 그러나 모든 면에서 진정한 노예처럼 주인을 섬긴다"고 언급함으로써 자신의 충격을 다소 완화했다.[98] 라스 코르테스는 몇 가지 가격 정보를 제공하는데, 특히 15세 청소년은 1.2냥에서 2냥의 가치가 있었다. 이는 다 큰 돼지가 4냥에서 5냥의 가치를 지닌 것과 대비된다. 이러한 대비는 천치더가 그의 기근에 대한 회고록에서 언급한 것과 비슷하지만, 평상시와 기근 상황이라는 점에서 차이가 있다. 차이가 있음에도 비슷한 가격이 등장한다는 것은, 만력 연간의 번영이 일부 사람들은 소유자로, 다른 일부는 소유물로 만들었다는 것을 보여준다. 부유한 사람들이 신부를 맞을 때 지불한 가격에 대해, 라스 코르테스는 "부유하고 존경받는 중국인 사이에서는 … 신부 가격이 적어도 500냥, 매우 드물고 오직 그야말로 최상위의 계층에서만 가능했지만, 심지어 1,000냥에 이를 수도 있었다"고 언급했다.[99]

---

98 Girard, Pascale, trans., *Le voyage en Chine d'Adriano de las Cortes S.J. (1625)*, Paris : Chandeigne, 2001, pp.249-250, p.253.

99 Girard, *Le voyage en Chine*, p.244.

그들의 생활비로 미루어 볼 때, 부유한 사람들은 대부분 은을 사용해 일상을 꾸려 나갔고, 가난한 사람들은 동전으로 생활했다. 라스 코르테스는 부유한 가정이 구매를 위해 "소량의 은"을 가지고 있었다고 언급했지만, 구체적인 액수는 제시하지 않았다. 그는 다른 사례에서 액수를 추정할 수 있는 정보를 제공했다. 1617년 난징에 위치한 예수회 선교사의 집이 도시의 기독교 선교 활동을 중단시키려는 시도로 급습당했을 때, 체포된 사람들의 소지품 목록에는 17.6냥의 은이 있었다고 기록했다. 이는 어느 정도 부유한 가정이 일상적인 금융 거래를 위해 가정에 보유하고 있는 현금 액수를 대표할 수 있다.[100] 반면 가난한 사람들의 경우 보유하는 현금은 어느 속편한 남자가 집에 돌아올 때마다 주머니에서 꺼내 문 앞 항아리에 던져 넣은 동전 정도였을 것이다. 그것은 예정에 없던 손님이 찾아와서 술을 사야 할 때를 대비한 것이었다.[101] 이런 사람들은 집에 은을 전혀 보관하지 않았으며, 이들이 사는 세상에서는 일상용품을 구매하는 데에 은이 필요하지 않았다.

라스 코르테스는 중국의 부유한 가정에 대한 서술을 마무리하며, 그들이 이탈리아에서 비슷한 사회적 위치에 있는 사람들만큼 부유하지 않다는 놀라운 선언을 내렸다. 그가 보기에 중국에서 "천 냥 가문"이라고 불리는 가문의 재산은 부유한 유럽 가정의 그것에 미치지 못했다. 이들 부유한 가문의 자산이 2,000~3,000냥에 이를 수도 있다고 인정했지만, "보다 너그럽게 평가한다고 해도, 대다수 부자들의 재산을 3,000냥까지 상정하기는

---

100 Dudink, Adrian., "Christianity in Late Ming China: Five Studies." PhD diss., University of Leiden, 1995, p.182

101 張怡, 『玉光劍氣集』, p.430.

어려울 것"이라고 언급했다. 그러나 라스 코르테스는 이러한 평가가 부유함의 징표들을 외부인으로서 제대로 이해하지 못했을 가능성을 배제하지 않았다. 그는 자신이 명나라의 가장 부유한 가정을 묘사한 것이 아니라, "중국에서 부자로 간주되지만 상인이 아닌 사람들의 재산"을 추정하고 있음을 인정했다. 그는 무역으로 부를 얻은 이들이 토지 소유자들과는 다른 경제 세계에 있다고 느꼈고, 그 세계에는 접근할 수 없었다.

명대 문서들에 가족의 회계 기록이 부족하므로, 가장 부유한 이들이 살았던 가격의 세계로 들어갈 방법이 거의 없다. 내가 마주친 유일한 예외는 예술품의 가격이다. 만력 연간에 예술품과 골동품의 가격이 치솟았는데, 이는 일부 수집가들이 기록을 남기고 또 부유한 이들이 때때로 엄청난 금액을 예술품과 사치품에 지불했던 일화를 많은 관찰자들이 기록한 덕분이다. 이러한 만력 가격 체제에 대한 탐구를 예술 시장으로의 짧은 여정으로 이 장을 마무리하고자 한다.

사치품 경제의 물가

1612년 8월 11일, 리르화는 퉁샹현에서 불과 25킬로미터 떨어진 자싱현 嘉興縣에 거주하고 있었다. 양쯔강 삼각주 지역에서 온 골동품 상인 순씨孫 氏가 그의 집 근처 강변에 배를 정박시키고 하인을 보내 리르화에게 도착했다는 것을 알렸다. 리르화는 이미 자신의 집에 와 있던 또 다른 상인과 함께 이 상인이 가져온 물품을 살펴보기 위해 배 쪽으로 내려갔다. 순씨는 그들을 반갑게 맞이하고 자신이 팔고자 하는 물건들을 하나씩 꺼내 보였다. 그는 황실에서 유래됐다고 주장하는 24점의 장식된 청동 기물로 시작했는데, 그중에는 유명한 장인이 만든 두 개의 직사각형 향로와 선덕 연간(1426~1435)에 주조된 상자 모양의 청동 기물이 포함되어 있었다. 선덕 연간은 황실 제작품의 품질이 높기로 유명하다. 순씨는 또한 선덕 시대 청동 기물 한 점, 출처를 알 수 없는 작은 향로, 코뿔소 뿔로 만든 고대의 컵, 성화 연간(1465~1487)에 황실 가마에서 만든 도자기 기름램프, 값비싼 대리석으로 만든 등받이가 있는 두 개의 고급 접이식 의자를 보여 주었다. 순씨는 이것들이 지난 세기에 두 명의 유명한 수집가가 소유했던 것이라고 주장했다.[102]

상인 순씨가 자랑하는 도자기 컵은 목련 꽃 모양으로, 선덕 연간에 황실 가마에서 생산되었다고 주장했다. 이러한 유래는 그 물품 무게만큼의 은덩이와 같은 가치가 있었고 리르화도 이 점을 의심하지 않았다. 리르화는 "그 컵은 기이하게도 고풍스러우면서도 자연스러웠으며, 내부는 윤기가 나며 하얗고, 외부는 옅은 보라색 유약으로 덮여 있으며, 아래에는 엇갈린 꽃무늬가 있었다"고 적었다. 리르화는 이 컵에 매혹되었다. 순씨가 이 컵의 가격이 40냥이라고 밝히자 리르화는 경악했다. "이제 기와 가마에서 나온 제품의 가격이 금이나 옥보다 비싼 지경에 이르렀다"며 탄식했다. 기와 가마에 대한 그의 언급은 컵을 폄하하기 위함이 아니라, 물건의 가격이 수요에 의해 어떻게 인위적으로 끌어올려져서 공정한 가격 체제에

---

102 李日華, 『味水軒日記』, p.246.

서 정해진 자연스러운 가치를 초과하는지 강조하기 위한 것이었다. 적절한 가치를 상실함으로써, 그 컵은 단순한 즐거움의 대상에서 부의 상징으로 변모했다. 이러한 변화가 리르화에게는 관심 밖이었을지 몰라도, 우리에게는 주목할 만한 사실이다.

사치품 경제는 명대만의 특이한 현상이 아니었다. 명대를 이전 시대와 구별 짓는 것은 이 경제에 참여한 범위의 폭이었다. 이 범위의 한 영향은 리르화가 사치품 무역의 경험을 기록할 때까지, 수요가 가격을 비상하게 높은 수준으로 끌어올렸다는 것이다. 부유한 구매자들만이 시장의 최상위에 위치한 사치품을 경쟁적으로 구매했던 것이 아니라, 그 아래에 더 많은 중간 계층의 구매자들이 모여 그들이 감당할 수 있는 것에 입찰했다. 사치품 시장이 이처럼 성장하기 위해서는 더 많은 사람들이 그 어느 때보다 더 많은 유동 자산을 보유하고 있어야 했고, 자산을 지위의 상징이나 부의 저장 수단으로서 사치품에 투자하기로 선택하게 만드는 경제적 환경이 바탕이 되어야 했다.[103]

명 만력 연간의 사치품 소비 증가를 추적한 저자 중 한 명은 리르화의 처남인 선더푸沈德符였다. 선더푸는 만력 연간이 끝나기 직전인 1617년에 출판한 『만력야획편萬曆野獲編』(만력 연간의 사적인 수집품에 관한 기록)에서 이 주제에 대한 논의를 담았다. 선더푸에 따르면, 부유한 사람들이 자신의 지위를 넘어서는 부를 축적하기 시작한 때가 16세기 중반부터였으며, 정원

---

103 티나 루(Tina Lu)는 작가 리유(李漁)를 연구하면서, "부유한 사람들이 고가의 골동품을 구매하려고 경쟁하는데, 때로는 이러한 행동을 고대와 소통하려는 욕구로 정당화한다. 그러나 골동품은 대량의 자산을 저장하고 운반하는 효율적인 수단으로서만 의미가 있다. 자산이 아니라면 골동품이라는 개념은 무의미하다"고 설명했다(Lu, Tina., "The Politics of Li Yu's Xianqing ouji," *Journal of Asian Studies* 81, no.3, August 2022, p.498).

을 조성하고 사설 연극단 운영 같은 프로젝트가 더 이상 궁정의 전유물이 아니게 되었다. 더 중요한 것은, 새롭게 부유해진 이들이 "여러 세대에 걸쳐 희귀한 골동품과 수집품을 모으며, 지치지 않고 어디서나 찾아다니며 모았다"는 점이다. 선더푸는 리르화의 스승인 샹위안볜項元汴을 포함하여 "그러한 물건들을 사기 위해 거액을 아끼지 않았던" 저명한 수집가들을 나열하며, 그들의 명성이 강남 전역에 퍼졌다고 언급한다. 또 다른 관찰자에 따르면, 전통 회화 걸작들이 "빙빙 돌며 서로 거래되고 있었다."[104]

예술품 시장의 변동성은 샹위안볜과 같은 상류층 수집가들에게 특히 불안의 원인이 되었다. 이들은 지금까지 상당히 폐쇄적인 집단에서 작품을 구매하고 판매하는 데 익숙했다. 고상한 문화적 가치의 구현체인 작품들을 소장하는 일은 사대부들에게 자부심을 주었다. 그러나 이제 작품들이 폐쇄적인 집단 밖으로 이동하여 사대부 구매자들을 능가하는 부유한 사람들에게 판매되기 시작했다. 가격이 치솟으면서 이 시장에 진입할 수 있는 사람은 수천 냥의 은을 지불할 수 있는 사람들로 제한되었고, 이는 많은 사대부 수집가들의 능력을 넘어섰다. 사대부들이 새로운 구매자들을 능가할 수 없다면, 적어도 그들을 돈만 많고 품위가 없는 사람들로 경멸할 수는 있었다. 셰자오저謝肇淛는 만력 연간 문화계의 또 다른 신랄한 관찰자로서 양쯔강 삼각주가 아닌 푸젠의 관점에서 보았을 때, "지금 구매자 10명 중 9명은 새롭게 부유해진 이들로, 그들은 고급 비단 바지를 입고 다닌다. 그들은 은이 넘쳐나 그것을 둘 곳을 찾지 못한다. 중요한 서예나

---

104 馬泰來(Heijdra, Martin J.), 「明代文物大賈吳廷事略」, 『故宮學術季刊』 23:1, 2005, p.404에서 재인용.

그림이 나온다는 소식을 들으면, 선반 위나 벽에 걸려 있는 것이 무엇이든 구매한다"고 지적했다.[105] 선더푸는 새로운 높은 가격이 사회적 재앙으로 이어질까 걱정했다.[106] 리르화 역시 처남의 의견에 동조했다. 리르화는 "근본적으로, 서예와 그림은 우아함을 음미하게 해 주는 것이다.", "정치적인 목적으로 생명을 걸고 아첨하며 재난을 초래하는 사람들이 순수하고 귀중한 것들과 무슨 관련이 있겠는가? 그 사람들이 이것들을 이용하여 부와 권력을 얻기 위한 자본으로 만드는 것은 아닌가?"라고 하였다. 리르화의 '자본'이라는 용어의 사용은 비록 시대에 맞지 않게 보일지라도 현대 독자의 주목을 끈다. 예술품에 투자하는 일은 과거에도 돈을 가치 있는 것으로 전환하는 방법 중 하나로 여겨졌다.

만력 연간 예술품 시장의 가격 변동성은 시장 참여자들조차 압도할 정도로 높았다. 왕조 말기에 화가 탕즈셰唐志契가 기록한 바에 따르면, 예술품 시장은 가격이 안정되거나 일정한 수준을 찾지 못하는 특이한 점이 있었다. 그는 공예의 섬세함과 예술가의 명성을 고려하여 명대 작품의 공정한 가격을 어림잡을 수 있을지 모르지만, 명대 이전의 작품들은 합리적인 가격을 책정하기에는 너무나도 변동성이 컸다고 관찰했다. 탕즈셰는 터무니없이 높은 가격의 사례를 소개한 후, "이러한 이야기는 끝이 없으므로, 눈먼 사람들은 그림의 가격을 묻지 말아야 한다"고 결론지었다.[107] 탕

105 Oertling, Sewall., *Painting and Calligraphy in the "Wu-tsa-tsu" : Conservative Aesthetics in Seventeenth-Century China*, Ann Arbor : Center for Chinese Studies, University of Michigan, 1997, p.129.

106 李日華, 『味水軒日記』, pp.30-32.

107 俞劍華, 『中國美術家人名辭典』, Clunas, Craig., *Elegant Debts : The Social Art of Wen Zhengming*, London : Reaktion Books, 2004, p.123에서 재인용.

즈셰가 예술품 시장에 대한 명확한 분석을 제공하지 못한 것은, 만력 연간의 예술품 가격이 이전 시기의 그것과 너무나도 동떨어져 있었기 때문이다. 16세기 중반에는 합리적인 가격으로 중요한 걸작을 획득할 수 있었지만, 만력 연간에 들어서면서 예를 들어 원대의 귀중한 예술품 가격은 10배나 올랐다고 한다.[108]

만력 연간 예술품 시장의 윤곽을 그리기 위해, 내가 발견한 112개의 예술품 가격을 셋으로 구분해 보았다.[109] 하위 부분의 중앙값은 겨우 은 2.5냥으로, 비교적 적은 돈을 지출할 수 있는 사람들이 예술계에 발을 들여놓을 수 있음을 보여 준다. 중간 부분의 중앙값은 30냥으로, 품위 있는 가정의 연간 생활비를 훨씬 상회한다. 상위 부분의 중앙값은 300냥으로, 대부분의 사람들은 접근하기 어려운 수준이다.

이 분석은 시장 전체가 아닌 개별 수장 목록에 초점을 맞추었을 때 약간 달라지는 경향이 있다. 특히, 만력 연간 초기의 주요 수집가 중 한 명인 리르화의 스승인 샹위안볜의 수장 목록을 예로 들 수 있다. 샹위안볜은 자신이 지출한 금액을 세심하게 기록하여, 구매 가격을 종종 두루마리 바깥쪽

---

108 Kuo, Jason C., "Huizhou Merchants as Art Patrons in the Late Sixteenth and Early Seventeenth Centuries," *Artists and Patrons: Some Economic and Economic Aspects of Chinese Painting*, ed. Li Chu-tsing, Seattle : University of Washington Press, 1989, p.180.

109 내가 참고한 주요 문헌은 Clunas, Craig., *Superfluous Things : Material Culture and Social Status in Early Modern China*, Cambridge : Polity, 1991, pp.179-180;『大明會典』, 권179, p.2a; Girard, Pascale, trans., *Le voyage en Chine d'Adriano de las Cortes S.J. (1625)*, Paris : Chandeigne, 2001, p.252; 李樂,『見聞雜記』, 권3, p.33b; 권10, p.35a; 李日華,『味水軒日記』, p.246, p.401; 沈德符,『萬曆野獲編』, p.663;『天水冰山錄』, p.159; 巫仁恕,『優游坊廂』, p.333; 袁忠道,『遊居柿錄』, p.248; 張安奇,「明稿本『玉華堂日記』的經濟史資料研究」,『明史研究論叢』5, 南京 : 江蘇古籍出版社, 1991, pp.298-309; 張岱,『陶庵夢憶』, p.7 등이다.

에 붙인 라벨에 표기했다. 이러한 자료가 69개 남아 있다.[110] 샹위안볜의 수장 목록을 셋으로 구분하면 전체 예술품 시장과는 상당히 다른 양상을 드러낸다. 가장 큰 차이는 샹위안볜 수장 목록의 하위 부분에서 나타난다. 하위 부분의 중앙값은 은 20냥으로, 전체 예술품 시장의 2.5냥이라는 중앙값보다 8배 높다. 이 차이는 샹위안볜이 시장에서 하위 부분의 작품에 큰 관심을 두지 않았음을 시사한다. 실제로 그는 3냥 미만으로 책정된 가격 기록을 남긴 것이 없다. 샹위안볜 수장 목록의 중간 부분 중앙값은 50냥으로, 전체 예술품 시장의 중간인 30냥보다 눈에 띄게 높다. 샹위안볜은 이처럼 높은 가격 수준의 구매를 선호했음을 알 수 있다. 그는 새로운 부자들이 뒤쫓는 두드러진 걸작이 아니라 30냥에서 100냥 사이에 머무는 작품들을 주로 수집했다. 수장 목록의 상위 부분, 즉 100냥에서 1,000냥에 이르는 범위로 넘어갈 때, 중앙값은 300냥에 이른다. 이는 전체 예술 작품의 상위 부분 중앙값과 정확히 같다. 이 가격대에서 활동하는 수집가는 극히 제한되어 있었으며, 샹위안볜이든 다른 누구든 이 범위에서 지불된 가격은 모두에게 동일했다.

샹위안볜이 만력 연간에 가장 부유한 사람은 아니었다. 그는 문화적 이상을 지지하는 데 열심인 사대부의 일원이었으며, 자신의 재산을 매우 신중하게 관리했다. 그래서 그의 형은 샹위안볜이 예술품에 과도한 금액을 지출했다고 인식했을 때 그 스스로 자책감에 빠질 수 있음을 우려했다. 샹위안볜이 중요한 예술품을 수집할 수 있었던 것은, 해당 분야의 고전을 얻

---

110 葉康寧, 『風雅之好』, pp.202–219. 나는 샹위안볜이 왕시즈(王羲之)의 당대(唐代) 서예 모본을 2,000냥에 샀고 그의 후손들이 1619년에 이를 팔아서 그 돈을 되찾았다는 기록을 신뢰할 수 없는 예외값으로 배제했다.

을 수 있는 수단과 더불어 고전의 의미를 전수할 문화적 자본을 가진 가문 출신이었기 때문이다. "자격이 없는" 구매자들이 시장에 들어오기 직전까지 그러했다. 샹위안벤이 1590년에 사망했을 때는 만력 연간의 약 5분의 2 지점에 도달한 시기였고, 이후 걸작에 대한 경쟁이 치열해져 그가 지불했던 최고 가격을 초과할 정도로 예술품 가격이 치솟았다.

명나라에서 가장 부유한 가정의 생활비를 설명하기에는 사치품 가격만으로는 충분하지 않을 것이다. 그러나 사치품 가격은 부유한 이들이 살았던 매우 다른 가격 체제에 대한 감각을 제공한다. 아드리아노 데 라스 코르테스는 이러한 특권적인 사회 집단과 접점이 없었으며, 귀중품의 가격에 대해 아무것도 몰랐다. 천치더 또한 마찬가지였다. 천치더는 지역에 고가품 시장이 존재한다는 것을 알고 있었으며, 1641년 첫 번째 기근 동안 예술품과 고급 상품의 가격에 대해 판매자들에게 "아무도 묻는 것을 멈추지 않았다"고 기록했다. 아마도 그는 은 2.5냥 안팎 범위의 예술품 시장 하위 부분에서 몇 가지 품목을 구입했을 수 있지만, 그 이상은 아니었다. 그의 시대에 존재했던 고급 예술과 비싼 골동품 시장은 그의 재정적 능력과 관심사를 크게 넘어섰을 것이다. 그는 예술품 수집을 문화적 깊이가 있는 것이 아니라 도덕적으로 느슨한 사람들의 탐닉으로 여겼을 수 있다. 아무튼 1641년에 천치더의 가족은 예술품을 구매하지 않았다. 그들이 은을 가지고 있었다면, 그것은 사치품이 아닌 음식에 지출되었다.

은, 물가, 그리고 해상 무역

명대의 많은 사람들은 만력 연간을 번영과 혁신, 그리고 새로운 아이디어가 넘치는 시대로 경험했다. 일부 역사학자들은 이러한 번영과 지적 르네상스를 남중국해에서 서쪽으로 인도양과 유럽까지, 동쪽으로는 아메리카까지 이어지는 새로운 교류 네트워크에서 기인한 것으로 보고 있다. 외국인들이 그 어디에서 만들어진 유사한 제품들보다 품질이 뛰어나고 가격이 낮은 중국의 비단, 도자기, 가구 등을 구매하기 위해 점점 더 많이 중국을 찾아왔고, 일본, 멕시코, 페루에서 채굴된 은으로 대금을 지불했다. 은이 중국으로 유입되면서 경제가 성장하고, 가격이 상승하며, 사회가 변화하고, 새로운 철학이 자리 잡게 되었다는 주장이 제기되었다. 이 가설 안에는 또 다른 가설이 숨어 있는데, 바로 1640년대에 아메리카와 일본의 은생산이 감소하고 일본이 국경을 폐쇄하면서 중국으로의 은 유입이 줄어들자, 그 축소가 지금까지의 화폐 공급이 유도한 상업 구조를 질식시켜 중국을 경제 위기로 몰아넣었다는 것이다.[1]

---

1 윌리엄 애트웰(William Atwell)이 가장 먼저 이러한 해석을 제시했는데, 처음에는 Atwell, William.,
   "Notes on Silver, Foreign Trade, and the Late Ming Economy," *Ch'ing-shih wen-t'i* 3, no.8, 1977
   에서, 그다음에는 "International Bullion Flows and the Chinese Economy circa 1530－630," *Past*

인도양과 남중국해에서 유럽 상인들이 새롭게 등장함으로 인해 중국은 16세기 이전의 동남아시아나 인도양과의 무역보다 더 광범위하고 폭 넓으며 지속적인 무역 네트워크에 편입되었다. 이러한 변화는 의심의 여지가 없다. 그러나 유럽 상인들의 등장이 천치더가 전하는 물가 상승과 경제 위기의 이야기에서 어떤 요인으로 작용했을까? 천치더는 그의 글에서 중국 외부의 세계에 대해 한 마디도 언급하지 않았으며, 자신이 중국 내에서 태어난 것을 열 가지 행운 중 하나로 꼽았다.[2] 천치더는 명대 사람들 중 많은 이들과 마찬가지로, 명나라 해안을 넘어서 뻗어 나가는 무역 네트워크에 얽힌 일부 중국인에게 자신이 영향을 받고 있다고 의식하지 못했다. 대부분의 사람들은 주로 농업 경제에 깊이 뿌리내리고 있었고, 외국 무역을 낯설고 소수만이 접할 수 있는 희귀한 사치품을 거래하는 것으로만 보았다. 그의 세계에서는 일상용품은 물론이고 보통의 사치품조차도 수입품은 없었다. 중국 제품을 세계로 운송하는 무역은 해안에 사는 사람들과 은밀하게 해상 무역에 참여하는 사람들을 제외하면, 대부분의 사람들의 인식 밖

---

and Present 95, 1982에서였다. 애트웰의 논점은 글로벌 역사 분야에서 특히 Flynn, Dennis, and Arturo Giraldez., "Born with a 'Silver Spoon': The Origin of World Trade in 1571," *Journal of World History* 6, no.2, Fall 1995에서 높이 평가받았다. 외국 은이 중국 경제에 미친 영향에 대해서는 폰 글란(von Glahn)이 여러 저서에서 깊이 있게 탐구했으며, 특히 von Glahn, Richard., *Fountain of Fortune: Money and Monetary Policy in China, 1000–700*, Berkeley : University of California Press, 1996, pp.113 – 141에서 두드러진다. 애트웰의 비평가들에게 대한 열정적인 반박은 "Another Look at Silver Imports into China, ca. 1635 – 644," *Journal of World History* 16, no.4, 2005를 참조하라.

2 陳其德, 「垂訓樸語」, p.15a. 천치더가 중국에서 태어난 것에 대해 기쁨을 표한 것은 그의 독창적인 통찰이 아니라 16세기 초에 '가정 광오자(嘉靖 廣五子)' 중 한 사람인 루난(盧楠)의 말을 반복한 것이다. Bol, Peter., *Localizing Learning: The Literati Enterprise in Wuzhou, 1100–1600*, Cambridge, MA : Harvard University Asia Center, 2022, p.10 참조.

에 있었다.[3]

명대에는 백성을 외국 무역으로부터 보호하는 것이 정치적으로 의도된 바였다. 명조는 외국과의 접촉 및 무역에 대한 권리를 독점했다. 이것은 조공 체제를 통해 이루어졌는데, 이는 외국 통치자들이 황제에게 선물을 바쳐 그의 호의를 얻고 그들의 사절이 중국 내에서 제한적인 무역 권리를 얻을 수 있는 일련의 규약이었다. 국가의 외국 무역 독점은 왕조 전반기 동안 지속되었다. 명대 중반기에 상황이 변화했는데, 원나라가 멸망한후 중단되었던 세계로 향하는 해상 경로가 상업 루트로 역할을 재개하면서 변화가 시작되었다. 왕조 후반기에는 민간 상선이 동남 해안을 오가는일이 점점 더 증가했다. 수익은 컸지만 진입 비용도 컸다. 1600년경 푸젠에서 대양을 항해할 수 있는 배를 건조하는 데는 1,000냥이 훨씬 넘는 비용이 들었다. 더구나 이는 단지 초기 비용일 뿐, 배가 항해를 시작한 후에는 매년 유지 보수가 필요했고 다음 항해를 위해 500~600냥 정도의 비용이 추가로 들었다.[4]

17세기 수필가 탄첸談遷은 명 중엽 해상 무역의 일면을 보여 주기 위해 1555년 호부에 내려진 황명을 회고했다. 명령은 황실을 위해 100근의 용연향龍涎香을 구입하라는 것이었다.[5] 용연향은 고래의 소화관에서 생성되는 밀랍 같은 물질로, 향수 고착제로 사용되었다. 중국에서 "용의 침"이라

---

3   해안가 출신이 아니더라도 해양 무역에 얽힐 수 있다는 것은 쑤저우의 은세공인 관팡저우(管方洲)의 이야기가 증명한다. Brook, Timothy., *The Troubled Empire : China in the Yuan and Ming Dynasties*, Cambridge, MA : Harvard University Press, 2010, pp.213-215.

4   張燮, 『東西洋考』, 北京, 中華書局, 1981, p.170.

5   談遷, 『棗林雜俎』, pp.483-484.

는 뜻의 용연龍涎이라 불렀고, 이것이 산출되는 수마트라 섬을 가리켜 '용연서龍涎嶼'라고 불렀다. 탄첸은 용연향 1근의 가격이 "그 나라의 금화" 192개였으며, 이는 중국 동전 9,000문 또는 은 약 12냥으로 환산된다고 적었다. 호부는 베이징에서는 용연향을 구할 수 없다고 황제에게 보고했고, 결국 조정은 연안 지역의 관리들에게 찾을 수 있는 만큼 구매하라고 명령했다. 광둥의 관리들이 가장 적절하게 대응할 위치에 있었다. 처음에는 1근에 은 1,200냥이라는 충격적인 가격 때문에 소량만 확보할 수 있었고, 그것도 진품이 아니었다는 것이 밝혀졌다. 결국 '마나비에더Manabiede'라는 외국인이 소유하고 있는 진짜 용연향을 찾아냈다. 그는 당시 동남아시아 제품을 광둥으로 밀수한 혐의로 감옥에 있었다. 그가 가진 용연향은 10분의 1근도 안 되었지만, 아무 것도 없는 것보다는 낫다고 여겨 베이징으로 보내졌다. 그 후 '미디산Midishan, 密地山' 출신의 또 다른 동남아시아 상인이 나타나 그 무게의 네 배에 달하는 용연향을 가지고 왔다. 미디산의 용연향은 다음 해에 황실로 보내졌다. 명 조정이 용연향을 원한다는 소식이 수마트라에 도달하자 공급이 확보되기 시작했지만, 구매자에게 도달하기까지 조공 체제를 벗어난 약간의 법적 모호성을 감수해야 했다. 황실은 지나치게 비싼 가격을 지불하지 않기 위해 용연향의 가격을 1근의 16분의 1당 은 100냥으로 제한했다.

탄첸이 용연향 이야기를 기록한 1555년은 가정제가 30년 전에 부과한 해상 무역 전면 금지를 집행하던 시기였다. 명으로 들어올 수 있는 외국 상품은 오로지 조공 사절단이 가져온 물품뿐이었다. 탄첸의 이야기는 이

해금이 집행되었음(마나비에더가 감옥에 있음)과 동시에 집행되지 않았음(공식 조공 사절이 아님에도 미디산에서 온 상인이 구금되지 않음)을 보여 준다. 더욱이, 이 이야기는 동남아시아 상품을 원하는 광둥의 지방 관리들이 그것을 어떻게 찾아야 하는지 알고 있었음을 드러낸다. 더욱 흥미로운 것은 현지 화폐 192개에 대한 언급이다. 탄첸은 9관貫의 중국 동전으로 환산율을 제시했다. 중국 동전은 동남아시아에서 수요가 있었고 은에 대해 중국에서보다 상대적으로 높은 가치로 교환되었을 수 있는데, 이는 은 1냥당 최대 동전 600문까지 올라갈 수 있었다. 따라서 탄첸이 언급한 동전 9,000문은 최대 15냥의 가치가 있었을 것이다. 15냥의 은 무게(560그램)를 192로 나누면, 개당 은 무게가 2.9그램이 된다. 우연히도, 이는 1571년 스페인이 마닐라에 식민지를 세운 후 동남아시아 전역에 널리 유통시킨 페루에서 주조된 스페인 동전인 레알real의 명목 가치와 거의 일치한다.[6] 1555년은 수마트라에서 스페인 동전을 언급하기에는 너무 이르지만, 포르투갈이 이미 마카오와 말라카에 무역 거점을 세웠기 때문에, 이러한 세부적인 내용은 이 지역에서 유통되었던 유럽 동전의 초기 형태를 반영할 수 있다.

용연향 거래에는 대부분의 사람들이 상상할 수 있거나, 혹은 마련할 수 있는 것보다 훨씬 더 많은 은을 필요로 했다. 만력 연간에 은의 흐름이 역전되기 시작했다. 중국 상인들이 외국 상품을 구매하기 위해 은을 내보내는 대신, 귀금속이 일본 광산은 물론 새로운 세계로부터 중국으로 유입되기 시작했으며, 외국 상인들이 중국 상품을 해외로 이동시키기 위해 경쟁했기 때문에 만력에서 숭정 연간에 걸쳐 중국으로 유입되는 은의 양이 증

---

6   8레알로 1페소를 만들었기 때문에, 영국인들은 페소를 "pieces of eight(여덟 조각)"이라고 불렀다.

가했다. 이 흐름은 중국 측 자료에 기록되지 않았다. 이는 명조가 무역에 관여하지 않았고, 무역에 종사한 상인들이 그들의 회계장부를 철저히 비밀에 부쳤기 때문이다. 중국 기록이 부재한 탓에 역사학자들은 외국 자료에서 은 유입량을 추론했다. 리처드 폰 글란Richard von Glahn은 16세기 마지막 30년간 연평균 4만 6,600킬로그램, 그다음 40년간 연평균 11만 6,000킬로그램의 은이 중국으로 수입되었다고 추정했다. 만력 연간 동안에 그는 은의 60퍼센트가 일본으로부터 중국 상품을 구매하기 위해 유입되었는데, 일본 상인들이 은으로 구입한 상품을 남중국해를 통해 재수출했다고 추정했다. 이는 명조가 일본과의 무역을 특별히 금지했음에도 불구하고 이루어졌다. 나머지는 대부분 남아메리카의 스페인 광산에서 온 것으로, 주로 스페인 상인들이 그들의 방대한 도매 무역을 지탱하기 위해 마닐라로 가져왔다. 태평양을 건넜던 매년 약 50톤의 은은 확실히 많은 양이다. 그러나 당시의 전 세계적인 맥락에서 보면, 이 은의 양은 만력 연간 동안 페루 광산의 총생산량의 단지 7.5퍼센트에 불과했다.[7] 대부분은 유럽과 기타 지역으로 운반되었으며, 그중 대부분은 유럽에 남아 있었지만 일부는 나중에 다른 유럽 운송업자를 통해 중국에 도달했다.

명나라로 흘러 들어온 은이 약 1억 명의 인구를 가진 중국 경제에 화폐 공급을 확대하여 물가 상승을 초래했을까? 많은 역사학자들이 비교적 산발적이고 신뢰할 수 없는 가격 자료를 바탕으로 그렇다고 결론 내리곤 했지만, 대부분의 경제사학자들은 이제 그 가설에서 물러났다. 이 장은 후자

7   von Glahn, Richard., *Fountain of Fortune: Money and Monetary Policy in China, 1000–700*, Berkeley : University of California Press, 1996, pp.133–137.

그룹과 함께 이 주장에 의문을 제기하고 다른 해석을 제안할 것이다. 우리는 시선을 거꾸로 돌려 명조 말기에 은의 물결을 타고 중국 무역에 참여하려 했던 영국인의 관점에서 당시의 국제적인 은 문제에 접근할 것이다. 물가가 경제에 끼친 영향을 살펴보기 위해 우선 명조 전반기 조공 체제의 시기를 살펴보고, 이어서 명조 마지막 반세기 동안 상품과 은을 거래한 스페인, 영국, 네덜란드 상인들이 남긴 비교적 신뢰할 수 있는 모든 비용의 기록들을 검토할 것이다. 이 장은 은 무역의 유익한 경제적 효과에 대한 일부 명대 인사들의 목소리를 간략히 고찰하는 것으로 마무리될 것이다.

해 외 무 역

16세기부터 은은 중국뿐만 아니라 전 세계에서 주요 교환 수단이었다. 가격은 은으로 책정되었고, 지불은 은으로 이루어졌으며, 유럽과 아메리카에서처럼 화폐로 주조되었든, 아시아에서처럼 화폐로 주조되지 않았든 회계는 은 단위로 작성되었다. 이 시대의 전 세계적인 통화로서 은의 역할은 잘 알려져 있다. 이미 알려진 사실을 반복하기보다는, 17세기 국제 무역 체제에서 은을 어떻게 사용했는지를 탐구하기 위해, 유라시아 반대편의 영국 상인들이 중국과 무역을 진행하기 위해 은을 어떻게 사용했는지를 묻는 다소 이례적인 위치에서 출발하고자 한다. 이 이례성은 단순히 영국이 중국은 아니라는 점에서 비롯되는 것은 아니다. 영국을 포함한 유럽의 많은 국가들은 은을 사용해 무역을 했지만, 중요한 것은 국내에는 은 자원이 없었다. 영국이 은에 접근하는 방식은 전적으로 전 세계적인 무역 네트워크에 참여하고 시장 간에 상품을 이동시킬 수 있는 능력에 의존했다. 우리가 논의를 진행함에 있어서 염두에 두어야 할 것은 은을 전 세계적인 교환 수단으로 사용하는 것을 당연시하지 말아야 한다는 점이다. 은이 마치 물이 언덕을 흘러내리듯 자연스럽게 "흘러갔다"고 생각해서는 안 된다. 은이 중국뿐만 아니라 시스템 전체에서 움직인 방식은, 은 공급을 통제하는 사람들이 은 사용으로부터 얻을 수 있는 이점을 최적화하기 위해 전략적으로 사용했기 때문이다.[8]

　　1600년의 마지막 날, 엘리자베스 1세는 동인도회사EIC; East India Company로 알려진 새로운 회사의 설립을 승인하며, 그 공동 창립자들에게 대아시아 무역에 대한 독점권을 부여했다. 이와 같은 조치를 하게 된 동기가 정확히 언급되지는 않았지만, 아시아 시장에 진출할 때 스페인 및 포르투갈과 경쟁할 필요성에서 비롯되었던 것으로 보인다. 이 회사는 1620년까지 천천히 성장했는데, 이 기간은 영국 경제가 불황에 빠졌을 때였다. 당

8　국제 무역에서 은의 역할에 대한 통찰력 있는 재평가에서, 니브 호레시(Niv Horesh)는 은의 중국 유입을 중국이 단순히 수요에 대응할 수 있는 경제적 능력 덕분에 자동으로 은을 끌어들인 것이 아니라, 유럽 무역업자들이 은을 사용하여 구매력을 최대화하기 위해 지역 간에 귀금속을 재배치하는 의식적인 전략을 채택했기 때문이라고 주장한다. 그는 "은이 중국에서 다른 금속보다 높은 프리미엄을 얻었는지, 또는 1830년대 이전에 중국이 유럽과의 무역에서 흑자를 기록했는지는 중국 경제의 '자기적' 특성의 증거로 간주될 수 있으며, 이는 유럽의 다른 지역에서의 화폐 침투 패턴을 고려하여 검토해야 한다. 초기 근대 세계에서 중국의 화폐 기능을 이해하려면 우리는 유럽과의 접촉 후 은의 화폐화의 역학을 살펴봐야 한다."라고 보았다. Horesh, Niv. "Chinese Money in Global Context: Historic Junctures between 600 BCE and 2012." Stanford Scholarship Online, doi:10.11126/stanford/9780804787192.003.0004. Translated from "The Great Money Divergence: European and Chinese Coinage before the Age of Steam," 『中國文化研究所學報』 [Journal of Chinese studies] 55, July 2012, p.113 참조.

시의 대중적인 인식은 경기 침체가 화폐 부족 때문이라는 것이었다. 화폐를 사용할 수 없다면 구매자들은 상품을 구매할 수 없고, 그래서 가격이 폭락했다는 것이다. 많은 사람들은 동인도회사가 해외에서 상품을 구매하기 위해 영국의 화폐를 해외로 반출하는 정책 때문에 화폐가 부족해졌다고 비난했다. 실제로 동인도회사는 금은을 수출하고 있었다. 제임스 밀James Mill이 1817년에 출판한 『영국령 인도사History of British India』를 작성하면서 파악한 동인도회사의 통계는 금은 수출이 실제로 1610년대 중반까지 증가했음을 밝히고 있다. 1614년에 연간 1만 3,942파운드에서 1616년에는 5만 2,087파운드로 증가했다.[9] 대중과 왕실의 견해에 취약했던 동인도회사는 반응해야만 했다. 이 문제를 변호하기 위해 나선 대변인은 토마스 먼Thomas Mun이었다. 토마스 먼이 1615년에 동인도회사의 이사로 임명되었을 때, 그는 이탈리아 리보르노 항구에서 외국 무역에 관한 상당한 경험을 쌓고 있었으며, 1620년대에 찾아볼 수 있는 가장 확신에 찬 중상주의자였다. 중상주의자들은 자국에 유리한 대외 무역을 통해 국가 부가 가장 잘 구축된다고 주장했다. 동인도회사가 영국의 은을 빼앗아 가고 있다는 비난에 대한 그의 서면 대응은 『영국에서 동인도로의 무역에 관한 논문 A Discourse of Trade, from England unto the East-Indies』으로 출판되었다. 이 팸플릿은 많은 주목을 받아 처음 출판한 1621년에 2쇄를 찍었고, 4년 후 새뮤얼 퍼처스Samuel Purchas가 영국의 대외 관계와 무역에 관한 자신의 기록들을 모아

---

9   Mill, James., *History of British India*, London : Baldwin, Cradock, and Joy, 1817, 1:19. 호세아 모스(Hosea Morse)는 1874년부터 1908년까지 중국의 해관 세무서에서 일하면서 1601년에서 1620년 사이에 영국 동인도회사가 '동인도'로 은화와 주화를 연간 28,847파운드 수출했다고 추정했다 (Morse, Chronicles of the East India Company, p.8). 두 추정치 간의 차이는 영국의 경제사가들이 해결해야 할 문제로 남겨 두겠다.

편찬한 『퍼처스와 그의 순례자들Purchas His Pilgrimes』에 포함시키면서 더 넓은 독자층을 얻었다.[10]

토마스 먼은 그 책의 서문에서 "상품의 교역은 왕국 번영의 진정한 시금석이다"라고 선언했다. 이 선언은 한 국가의 부가 손에 쥔 화폐의 양으로 계산되는 것이 아니라, 유통되는 상품과 화폐의 양으로 측정되어야 한다는 주장에 기반을 두고 있다. 수입이 수출을 초과하지 않는 한, 해외에서 지출된 돈은 "귀중한 것으로 되돌아와야 하며" 수출 가치와 수입 가치의 단순한 차이보다 더 큰 비율로 돌아와야 한다. "기독교 세계의 금, 은, 동전은 불필요한 상품을 사기 위해 고갈되었다"는 시중의 주장을 반박하기 위해, 토마스 먼은 동인도회사가 아시아에서 구매하고 있는 후추, 정향, 메이스mace(말린 육두구 껍질), 육두구, 인디고, 그리고 비단 등 여섯 가지 상품에 대한 가격 데이터를 제시했다(부록 C, 〈표 3.1〉 참고).

토마스 먼은 당시 영국의 가장 큰 수입품인 후추 거래의 이점에 대해 다음과 같이 주장했다. 유럽은 매년 600만 파운드의 후추를 구매했다. 만약 알레포에서 파운드당 2실링의 비율로 그러한 양의 후추를 도매로 구매한다면, 다른 모든 비용을 포함해서 60만 파운드가 든다. 그런데 '동인도'(인도의 말라바르 해안에서 자바에 이르는 지역을 가리키는 토마스 먼의 모호한 표현)에서 파운드당 단지 2펜스 반에 해당하는 금액으로 같은 양을 구매하면 총비용

---

10 이 장에서는 토마스 먼의 텍스트를 『퍼처스와 그의 순례자들』에 재인쇄된 버전에 의존한다(Mun, Thomas., *A Discourse of Trade, from England unto the East-Indies : Answering to Diverse Objections Which Are Usually Made against the Same,* 1621 2nd ed., reprinted in *Purchas His Pilgrimes*, ed. Samuel Purchas 5, pp.262-301; Reprinted in A *Select Collection of Early English Tracts on Commerce*, ed. J. R. McCulloch, pp.1-47. London : Political Economy Club, 1856.). 토마스 먼의 중상주의에 대해서는 Kindleberger, Charles., *Historical Economics: Art or Science?* Berkeley : University of California Press, 1990, pp.164-168 참조.

은 6만 2,500파운드에 불과하다. 이는 알레포 가격의 10분의 1이 조금 넘는다. 이로 인해 런던에서의 소매 가격이 감소한다. 후추가 오스만 제국을 의미하는 '튀르키예'에서 올 경우, 런던에서의 가격은 최선의 경우에 3실링 6펜스였지만, '동인도'에서 올 경우 1실링 8펜스로 떨어졌으며, 이는 튀르키예 가격의 절반도 되지 않는다. 때로는 1실링 4펜스까지 떨어졌다. 동인도회사가 런던에 수입한 40만 파운드의 후추에 대해 소비자들이 7만 파운드를 지불하는 대신, 동인도회사는 소비자들에게 단지 3만 3,333파운드만을 청구할 수 있었다. 토마스 먼은 다른 다섯 가지 수입품에 대해서도 이 계산을 반복하여, '이전'과 '최근'에 런던에서의 가격을 독자들에게 제시했다.[11] 이 수입품 중 하나는 비단인데, 이는 유감스럽게도 중국이 아닌 페르시아의 비단이다. 중국이 유럽으로 들어오는 아시아 비단의 주요 출처로서 페르시아를 대체한 시기는 적어도 한 세기 뒤이다.

토마스 먼의 주장은 단순하다. 동인도회사가 구매처를 아시아로 옮김으로써 수입품의 가격을 낮출 수 있었으며, 이러한 상품들을 레반트 지역에서 지불해야 했을 비용의 일부만으로 획득할 수 있었다. 이로 인한 영국 소비자들의 혜택은 낮아진 가격이었지만, 토마스 먼은 무역이 다른 경제적 이득도 제공한다고 지적하는 것을 좋아했다. 동인도회사 직원들에게 소득을 지급하고, 해외에 있는 그들의 가족들을 근무 기간에 비례하여 지원했으며, 그들의 사망 시에는 과부와 자녀 들에게 구호금을 분배했다. 또한 교회 수리, 젊은 학자들을 후원하고, 많은 가난한 복음 전도사들에게 매년 상당한 금액을 지원하기 등의 자선 활동에 기금을 기부했다. 이 모든

---

11 Mun, *Discourse of Trade*, pp.268 – 269, pp.291 – 292.

방식으로, 토마스 먼은 회사 무역이 영국과 그 국민에게 이득이 된다고 확신했다. 토마스 먼은 "우리 배에 실린 모든 돈은 인도로부터 여기까지, 그리고 다시 여기서 외국으로의 무역을 촉진하기 위해 상품을 추가로 공급하는 데 사용된다. 이러한 무역은 주민들에게 많은 일자리를 제공하고, 상품과 현금의 형태로 이 왕국의 재산과 보물을 늘려 나라를 풍요롭게 한다."고 결론을 내렸다.[12] 영국에서 귀금속을 수출하는 것은 영국을 고갈시키는 것이 아니라, 외국 상품을 그것들의 원산지에 더 가까운 곳에서 구매하여 영국의 소비자 가격을 낮추고 영국 내에 이익을 유지하는 것을 의미한다.

토마스 먼이 자신의 주장을 뒷받침하기 위해 물가 자료를 선택한 것이 눈길을 끈다. 그가 '보물treasure'에 그토록 일관되게 초점을 맞춘 점이 더욱 그렇다. 당시의 언어 사용에서 이 단어는 주로 금, 은, 동전과 같은 귀중한 금속을 가리킨다(영국 동전인 펜스와 실링 모두 대부분 은으로 주조되었다. 토마스 먼의 수치는 영국 동전의 단 2퍼센트만이 금으로 주조되었음을 시사한다). 따라서 토마스 먼이 '보물'이라고 할 때, 그 보물은 구체적으로 국제 교환의 매개체였던 은을 지칭하고, 이는 스튜어트 시대 영국뿐만 아니라 명대 중국에서도 마찬가지였다. 토마스 먼의 계산이 보여 주는 것은 은이 영국 상인들에게 중요했던 것처럼 중국 상인들에게도 매우 중요한 자원이었다는 점이다. 중국과 마찬가지로 영국은 주요 은 생산국이 아니었고, 게다가 중국과 달리 영국은 아시아에서 구입한 것만큼 수요가 높은 상품을 생산하지 못했다. 그러나 어느 경우에도 은을 직접 생산하지 않는다는 사실은 중요하

---

12 Mun, *Discourse of Trade*, pp.290 – 291, p.293.

지 않았다. 중요한 것은 전 세계적인 무역 네트워크에 진입하기 위해 은을 사용할 수 있는 능력이었다. 동인도회사의 직원이 은을 보내고 수입품을 받든, 명대의 상인이 수출품을 보내고 은을 받든, 은을 통해 원활해진 무역에서 단지 이익을 얻기 위해 활동하면 되었다. 아메리카를 포함한 여러 지역에서 광범위한 은의 채굴과 정제가 없었다면, 명대 상인들이 외국 시장에서 이익을 내며 상품을 판매할 수 없었을 것이다. 비록 반대 방향이긴 하지만, 은이 없었다면 동인도회사의 상인들도 그들이 했던 것처럼 상품을 통해 이익을 얻을 수 없었을 것이다.

금과 비교했을 때 은의 가격은 무역 네트워크 체계 전체에서 일정하지 않았다. 명대 중국에서는 1냥의 금이 은 5냥과 교환되는 수준에서 변동했다.[13] 다른 지역의 경제 상황에서는 중국보다 금을 더 높게 평가했다. 유럽은 금과 은을 1대 12의 비율로 교환했다. 명대 후반기에 일본도 일부는 확대된 은 생산의 결과로, 일부는 다른 지역과의 환율 압력으로 인해 유럽의 교환 비율을 따랐다. 결과적으로 리처드 폰 글란이 설명한 바와 같이 명대 중국은 은을 끌어들이고 금을 내보냈다.[14] 중국의 상품들은 매력적이고 합리적인 가격에 거래되었으므로 거래 자체의 수익이 외국 구매자들의 구매 열망을 증가시켰고, 은 환율의 차이는 그 열망을 더욱 고조시켰다.

이제 우리는 중국 중심의 시각으로 명나라가 조공 체제를 통해 외국과

---

13 홍무 연간에 설정된 금은 환율은 1대 5였다. 만력 연간 포르투갈 측의 보고서에 따르면 금의 가치는 약간 더 높아서 금 1냥이 은 5.4냥과 같았으며, 가장 정제된 금의 경우 은 7냥까지 갈 수 있었다. Boxer, C. R., *The Great Ship from Amacon,* Lisbon : Centro de Estudoes Historicos Ultramarinos, 1960, p.179, p.184 참조.

14 von Glahn, Richard., *Fountain of Fortune: Money and Monetary Policy in China, 1000–700,* Berkeley : University of California Press, 1996, pp.125 – 133.

의 무역을 통제하던 시기부터 검토해 볼 것이다. 실제로 이는 황실의 이익을 위해 무역을 독점하는 것과 같았으며, 엘리자베스 1세가 부유한 런던 상인들에게 무역 독점권을 부여한 전략과는 매우 다른 방식이다.

조공과 무역

은 기반의 해상 무역 네트워크가 등장하기 이전에 명조 대외 관계의 제도는 그 정치적 기능을 고려하여 조공 체제라고 불린다. 명조의 조공 체제는 황제에게 조공을 바치기 위해 외국 통치자들이 보낸 사절을 맞이하고, 그들을 적절히 대우한 뒤 선물을 주어서 돌려보내는 절차를 설정했다. 이 체제는 외국 사절들에게 상당한 비용을 요구했는데, 그들은 중국 황제에게 적합한 가치의 선물을 가져와야 했다. 또한 명조에도 부담이었는데, 명조는 사절들의 모든 비용을 부담하고 황제에게 제시된 선물과 동등한 가치의 답례품을 제공해야 했다. 이것은 조공국에 불리한 불평등한 의례적 관계였지만, 조공국은 그들의 사절이 중국에서 가져온 부가 중국으로 가져간 선물의 가치를 초과할 것이라 기대하며 이 체제에 동의했다.

정책과 실무 모두에서 조공 체제를 관리하는 기관은 예부禮部였다. 그러나 조공과 상품 수입의 관리가 수익을 창출했기 때문에, 예부는 정기적으로 황실과 경쟁 관계에 놓였다. 왕조 초기 수십 년 동안 황실이 해외 무역의 관리와 징수를 맡았다. 해외 무역 기관인 시박사市舶司는 태감太監이 관리했다. 사절과 상인들은 시박사로 대표되는 국가의 독점 관리를 거쳐야 했으며, 중국에서 거래할 권리를 얻기 위해 수수료를 지불해야 했다. 명조는 처음에 양쯔강 근처의 타이창太倉에 하나의 시박사를 두었다. 양쯔강 하구 민간 상인들의 무질서한 행동 때문에 홍무제는 1374년에 타이창을 폐쇄하고 더 아래에 위치한 세 개의 시박사를 두기로 결정했다. 저장성의 닝보寧波 시박사는 일본 사절을 받기 위해, 푸젠성의 취안저우泉州 시박사는 류큐 제도의 사절단을 관리하기 위해, 광둥성의 광저우廣州 시박사는 '서해'로 불리는 남중국해에서 인도양까지의 바다에서 온 배들을 다루기 위해 설치되었다. 닝보 시박사는 1523년 일본 사절단들 사이의 분쟁*으로 폐쇄되었고, 이후 모든 일본과의 무역은 왕조 말기까지 금지되었다. 취안저우 시박사는 나중에 가정 연간의 해금 정책으로 폐쇄되어, 오직 광저우 시박사만이 해외에서 온 상인과 상품을 관리하게 되었다.[15] 1476년부터 1488년까지 광저우 시박사를 관리했던 태감 웨이쥐안韋眷의 무덤이 1964년에 발굴되었을 때, 고고학자들은 벵갈에서 온 은화 2개와 베네치아에서 온 은화 1개를 발견했다. 이는 15세기에도 외국인들이 중국 상품을 사기 위해 외국 은화를 가져왔음을 보여 준다.[16]

외국의 사절들은 외교적 임무를 수행하기 위해 명에 들어왔지만, 그들

---

* '닝보의 난'으로 일컫는 사건을 말한다. 1523(가정 2) 대중국 감합무역의 주도권을 두고 일본의 오우치 가문과 호소카와 가문이 닝보에서 다투었고, 이를 진압하는 명 관원이 살해당하는 일이 벌어졌다.

15 선더푸는 그의 시박사에 대한 철저한 기록에서 취안저우 시박사를 생략했는데, 이는 아마도 가정 시대에 폐쇄되었기 때문일 것이다. 『萬曆野獲編』, p.317.

16 廣州市文物管理處, 『廣州東山明太監韋眷墓淸理簡報』 p.282. 기사에 포함된 탁본은 14세기 후반에 총독 안토니오 베르니에르(Antonio Vernier)가 발행한 베네치아 두카트를 보여 준다.

에게는 구매와 판매라는 경제적 목적도 있었다. 보수적인 관리들이 이를 바람직하지 않게 여길지라도, 모든 이들이 이러한 사정을 이해했다. 일반적으로는 외교적 사안이 무역 관련 일보다 우선시되었다. 예를 들어, 높은 가치로 평가받는 도자기를 정치적 선물로써 외국 사절에게 하사하는 특권을 황실이 독점하기 위해, 1447년에는 외국 사절에게 청화백자를 판매하는 경우 사형에 처하도록 했다.[17] 명조의 법이 외국 사절에 요구한 조공은, 명 황실이 조공품에 대한 답례로 당시의 가치에 맞추어 대가를 지불해야 했다는 점에서, 그다지 자유로운 '선물'이 아니었다. 『대명회전大明會典』에 산재하는 외국 사절에 관한 공식 기록은 사절들이 중국으로 가져온 물품의 "대가를 지불받았다"고 반복해서 언급한다.[18]

1526년에 인도양의 항구도시 국가인 루미魯迷*에서 온 사절단이 조공무역을 희망하며 도착했을 당시, 예부는 양측이 인정하는 공정한 가격을 결정하는 일이 어려울 수 있다는 사실을 발견했다. 조공 규정에 따라 루미는 황제에게 사자, 코뿔소, 그리고 옥玉과 보석을 포함한 지역의 다양한 사치품을 선물로 제공해야 했다. 사절단은 또한 다수의 철솥鐵鍑을 가져왔는데, 이는 루미가 바쳐야 할 조공품 목록에 없었다. 이 솥은 예부에 작은 문제를 일으켰는데, 그 값을 어떻게 매겨야 할지 몰랐기 때문이다. 더욱이, 조공 물품을 제한하여 황실이 지불해야 할 금액의 규모를 제어하려는

---

* 오스만 제국을 가리킨다. 1524년(가정 3)부터 1554년(가정 33)까지 5차례에 걸쳐 중국에 사절을 파견했다. 『명사』「서역열전」에 루미에 대한 기록이 있다.

17 王光堯, 『明代宮廷陶瓷史』, 北京 : 紫禁城出版社, 2010, p.224. 이 명령의 전문은 구범진, 『吏文譯註』, 서울 : 세창출판사, 2012, pp.70~71 참조.

18 나는 '給價(대가를 지불받았다)'가 사절들이 요구한 가격이 아니라 예부가 공정하다고 판단한 가격을 의미한다고 본다. 『大明會典』, 권11, pp.7b~10a 참조.

새로운 규정이 약 30년 전에 도입되었고, 이는 철솥과 같이 규정되지 않은 물품을 황실에 올리는 것을 금지했다. 예부는 가경제에게 관대한 입장을 취하고 사절단이 새로운 규칙을 잘 몰라서 그런 것이니 조공을 받아들일 것을 권했다. 이후 사절단의 대표가 가경제에게 그들이 가져온 물품의 총 가치가 은 2만 3,000여 냥이 넘으며 귀국 여행에 7년이 걸린다고 보고했다 (둘 모두 황실이 지불해야 할 가격을 올리기 위해 과장된 것이었다). 가경제는 예부에 무엇을 해야 할지 물었다. 예과급사중禮科給事中과 어사御史가 이 사절단 은 조공국으로서의 복종을 맹세하기 위해 중국에 온 것이 아니라, "장사치 들이 이윤을 쫓는 것"일 뿐이라고 비판했다. 이들은 마음을 누그러뜨리고 황제가 선물을 받아들이는 것이 더 낫다고 조언했지만, 필요 이상의 물품 은 앞으로 가져와서는 안 된다는 점을 분명히 할 것을 권고했다. 가경제는 전례에 따라 조공품의 가치에 맞춰 사절단에게 보상했다. 철솥의 가격은 기록되지 않았다. 그리고 다음에 오게 되면 새로운 조례에 따를 것을 덧붙 였다. 결국 그들은 다시 오지 않았다.[19]

15~16세기를 지나면서 외국 사절단이 중국 상인들에게 상품을 판매할 때와 마찬가지로, 조공 체제 안에서도 가격이 중요해졌다. 이러한 변화는 명조가 원한 것이 아니라, 겨우 묵인해 준 결과였다. 외국인이 중국인에게 상품을 판매하는 일에 관한 명조 정책의 주안점은, 『명사』에서 표현하는 바와 같이, "외국인의 거래 욕구를 관리하면서 부패한 중국 상인들을 억제 하는 것"이었다.[20] 이러한 관리를 실행하는 한 방법은 가격을 설정하는 것

---

19 『明世宗實錄』, 권68. '鐵鉎(철솥)'은 'iron files'을 의미할 수도 있으며, 이 텍스트로는 그 의미를 정확 히 알 수 없다.

20 張廷玉, 『明史』, p.1980.

이었다. 조공 사절이 공적으로나 사적으로 판매하기 위해 가져온 어떤 상품이든 공개 시장에서 평가된 가격으로 "지불 받아야" 했다. 정책의 목표는 분쟁을 피하고 "양측에 공정한 교환이 이루어지도록" 하여 중국의 도덕적 권위를 유지하는 것이었다.[21] 공정한 가격에 대한 모호함을 줄이기 위해, 15세기 말에 홍치제는 국가가 "현실적인 추정에 기초한 고정 가격 목록"을 작성하도록 명령했다. 이 목록의 서문에서는 이전에 외국 사절들이 사적으로 상품을 판매하는 것이 허용되지 않았으며, 그들이 중국에 사적으로 반입한 상품들이 발견되면 공식적으로 몰수될 수 있다는 것을 명시했다. 그러나 눈감아 주는 일이나 관리의 허점 등이 생겨나면서, 상당한 양의 외국 상품이 이러한 틈새를 통해 유입되었다.[22]

상품을 매매하는 쌍방에 골칫거리를 안겨 주었음에도, 무역 압력은 가시지 않았다. 명나라는 동아시아 및 동남아시아의 이웃 국가들이 구매하고자 했던 상품들을 생산했으며, 명나라 상인들은 구매자들에게 그들의 상품을 판매하길 원했다. 15세기 말까지 불법 무역의 규모는 조공 체제하에 허용된 합법 무역의 규모를 초과했다. 모든 관리들이 이 상황에 만족한 것은 아니었다. 양광총독 민구이閔珪는 1493년 홍치제에게 공식적으로 도항을 신고하지 않고 중국에 상륙하는 엄청난 수의 외국 선박을 단속해 줄 것을 호소했다. 이 선박들은 진공進貢 일정, 즉 그들의 도항을 2~3년 주기로 제한하는 것에 아무런 관심이 없었다. 들어오는 선박의 수량은 민구이의 해군력이 감시할 수 있는 범위를 넘어섰다. 그리고 군비의 일부가 관세

---

21 『大明會典』, 권111, p.7b, p.8a, p.9b, p.10a, p.15b, p.16a.

22 『大明會典』, 권113.

수입에서 보충되었기 때문에, 밀수는 그의 예산을 침해하는 일이었다. 홍치제는 예부에 민구이의 요청을 전달했다. 이에 대한 답변에서 예부는 조공 시스템을 실제로 폐기하자고 제안하지는 않으면서도 최대한 냉담한 태도를 보였다. 예부는 원칙적으로 느슨한 국경 정책이 좋은 생각은 아니라고 인정했다. 이는 단순히 더 많은 외국 선박이 명나라 해역에 들어오도록 조장했기 때문이다. 반면, 외국 무역에 대한 지나치게 엄격한 정책은 거래의 흐름을 억제하여 지역에 심각한 경제적 손실을 초래할 것이었다. 예부는 황제에게 정중하게 다음과 같은 내용을 상기해 주었다. "멀리서 온 사람을 아끼는 것柔遠人"*이라는 표준적인 방식은 외국인을 일정한 거리를 두고 관용하는 것을 의미하며, 동시에 국가에 필요한 물자를 충분히 공급하는 것足國임을 상기시켰다. 즉, 황제는 무역을 제한하기보다는 그것을 계속하게 해야 했다. 관세를 징수하기 어려웠기 때문에, 가장 현명한 방법은 아무것도 하지 않는 것이었다. 이러한 무행위는 해안 지역의 사람들이 국가의 예산이나 안보를 심각하게 손상시키지 않으면서 무역에서 일정한 경제적 이익을 얻을 수 있게 할 것이었다. 홍치제는 이 대답에 만족하고 아무런 변화도 주지 않았다.[23] 총독 민구이는 분노했을 것이다.

무역을 제한하여 통제하려는 자들과 부를 퍼뜨리고 그 이익에 대해 과세하고자 무역을 허용하려는 자들 사이의 갈등은 16세기에 더욱 심화되었다. 갈등은 대체로 무역에 대한 편견보다는 국가 안보와 관련이 있었다.

---

* 『중용』에 "먼 곳의 사람들을 부드럽게 대하면 사방에서 귀의할 것이다(柔遠人則四方歸之)"라는 구절이 있다.

23 『明孝宗實錄』, 권73, p.3a; 『明史』, pp.4867 – 4868; Brook, Timothy., *The Troubled Empire : China in the Yuan and Ming Dynasties*, Cambridge, MA : Harvard University Press, 2010, pp.222 – 223.

광둥 해안에 도착한 외국 선박들, 특히 포르투갈인들로부터 무역 요구가 증가하자 1514년에 명 조정에서 또 다른 뜨거운 논쟁이 촉발되었다. 광둥 포정사 참의參議인 천보셴陳伯獻이 상관의 관리 태만에 대해 탄핵을 시도함으로써 첫 번째 공격을 시작했다. 그는 홍치제가 비공식적으로 판매를 승인한 바로 그 품목들을 언급했다. "말라카, 시암, 자바에서 온 오랑캐들로부터 남중국으로 유입되는 상품은 고작 후추, 삽판나무, 코끼리 상아, 거북 껍질 등에 불과하며, 천, 비단, 채소, 곡물과 같은 일상 필수품이 아니다." 이러한 유교적인 불평은 실제로 작용하고 있는 진정한 불안감을 감추는 편리한 방법이었다. 문제는 중국인의 소비 습관이 아니라, "수천 명의 악인들이 거대한 배를 만들고, 사적으로 무기를 구매하며, 바다를 자유롭게 항해하고, 오랑캐들과 불법적으로 연결되어 지역에 큰 해를 끼치는" 행위가 초래하는 안보 위협이었다.[24] 남부 해안, 특히 광둥 해안에서 포르투갈인이 저지르는 부정행위는 1514년에 시작된 논쟁을 복잡하게 만들었다. 정덕제가 1521년에 사망할 때까지, 명 조정에는 무역 확장을 반대하는 인사들이 우세했다. 이듬해에는 닝보 시박사가 폐쇄되고, 3년 후인 1525년에는 가정제가 2개 이상의 돛대를 장착한 모든 배의 출항을 금지했다. 해금은 그의 재위 기간인 1567년까지 지속되었다. 이로 인해 남부 연안의 푸젠, 특히 취안저우와 장저우 지역에서 해안 재개방에 대한 압력이 커져 갔다. 그 압력이 어느 정도 효과를 보이기 시작한 신호는, 장저우의 월항月港

---

24 천보셴의 상소문 (1514년 6월 27일), 『明武宗實錄』, 권113, p.2a, Brook, Timothy., *Great State : China and the World*, New York : HarperCollins, 2020, p.156에서 재인용. 전체 문장은 Brook, Timothy., "Trade and Conflict in the South China Sea: China and Portugal, 1514-1523," In *A Global History of Trade and Conflict since 1500*, ed. Lucia Coppolaro and Francine McKenzie, Basingstoke : Palgrave Macmillan, 2013, pp.26-29 참조.

이 1567년 1월 17일에 하이청현海澄縣으로 승격한 일이다. 가정제가 6일 후 사망했을 때, 그의 해금령은 마침내 해제되었다.

한 세대가 지난 후, 은이 해상 무역망을 통해 더 많이 유통되자, 만력 연간에 산문가 선더푸는 과거를 돌아보며 해금이 잘못된 정책이었다고 선언했다. 해금 정책은 정부의 소중한 관세 수입을 잃게 했고, 해안 지역 주민들에게 스스로를 부유하게 할 기회를 박탈했으며, 부유한 가정들을 밀수업자들과 결탁하도록 만들었다. 그럼에도 푸젠성의 엘리트들은 이 문제에 대해 의견이 갈렸다. 해상 무역에서 이익을 얻을 수 있는 위치에 있는 남쪽 해안의 취안저우 및 장저우 사대부들은 해안을 개방된 상태로 유지하려고 애썼지만, 북쪽의 푸저우부福州府와 싱화부興化府의 사대부들은 남쪽 지역으로 들어오는 사적인 부를 불신하며 해금을 유지하길 원했다. 선더푸는 남쪽 사대부의 의견을 지지했다. 무역을 재개하는 것은 법과 실제 상황을 일치시키는 것이었다.[25] 명 조정은 관의 감독하에 해상 무역이 이루어지도록 개방하기도 하고, 때로는 이를 제한하기도 했다. 제한이 시행될 때마다 중국과 외국의 상인들은 그 제한을 우회하는 방법을 찾았다. 가경제가 사망한 후 무역이 확대되었다는 분명한 증거 중 하나는 해당 지역 주변의 고고학 발굴 현장에서 정기적으로 발견되는 많은 스페인령 아메리카의 페소('여덟 조각'의 레알)들이다.[26]

해금이 완화되었음에도, 명나라 사람이 공식적인 허가 없이 국외로 나

---

25 沈德符, 『萬曆野獲編』, p.317.

26 泉州市文物管理委員會與泉州市海外交通史博物館, 「福建泉州地區出土的五批外國銀幣」, pp.373-380. 장세(張燮)에 따르면, 마닐라에서 유통되는 가장 큰 은화는 '황비스(黃幣時)'로 불렸으며, 문자 그대로 '금 페소'를 의미한다. 그 가치는 은 4분의 3냥이었다. 張燮, 『東西洋考』, 北京:中華書局, 1981, p.94.

가는 것은 여전히 불법이었다. 그러한 허가를 받은 사람은 실제로 거의 없었다. 출국은 명조에 대한 충성을 거부하는 것으로 간주되었다. 마찬가지로 외국 상인이 중국 땅에 상륙하여 거래하는 것도 불법이었다. 따라서 명나라 말기의 모든 국제 무역은 해외에서 이루어져야 했다. 동중국해와 남중국해 등지의 활발한 무역 중심지 중 몇 곳만을 예로 들자면 규슈의 나가사키와 히라도, 루손섬의 마닐라, 말레이시아 반도의 파타니와 말라카, 자바의 반탐과 네덜란드인들이 바타비아라고 불렀던 자카르타 등이 있었다. 이 해외 무역 패턴의 유일한 예외는 마카오였다. 마카오는 주강珠江 입구에 있는 작은 반도로, 포르투갈인들이 1557년에 그들의 배를 수리하고 보급하기 위해 상륙할 수 있도록 허가받았다. 그곳에 그들은 작은 항구를 건설했고, 지역의 공급자들과 관계를 발전시켰으며, 새롭게 부상하는 전지구적 경제에서 중요한 거점 중 하나를 구축했다.

만력 연간에 걸쳐 무역 관계가 확대됨에 따라, 민간의 여론은 무역을 지지하는 쪽으로 변화했다. 1567년 해금 조치가 부분적으로 해제된 후에 처음 양광총독으로 임명된 장한張瀚은 무역이 무엇을 할 수 있는지를 직접 목격했다. 장한이 1580년대에 쓴 것으로 여겨지는「상고기商賈記」(상인에 대해)라는 글은 만력 연간의 중국에 대한 일종의 경제지리적 정보를 제공한다. 글 말미에서 장한은 남동쪽 해안의 무역에 대해 논하며, 때때로 해상 무역 반대자들과 가상의 토론을 벌였다.[27] "남동쪽에서 외국인들은 우리 중국 상품으로 이익을 얻고, 중국도 외국인의 상품으로 이익을 얻는다.

---

27 Brook, Timothy., "The Merchant Network in 16th Century China : A Discussion and Translation of Zhang Han's 'On Merchants.'", *Journal of the Economic and Social History of the Orient* 24, no.2, 1981, pp.206~207에서 장한(張瀚)의 글을 인용.

우리가 가진 것을 우리가 필요로 하는 것과 교환하는 것이 무역에서 중국의 의도이다. 또한 조공이라 칭한 것은 중국의 위상을 높이기 위함이고, 외국인들이 더 순응하게 하고자 함이다. 조공에서는 사실, 나가는 것은 많고 들어오는 것은 적다. 그렇다고 하더라도 공물의 대가로 지급하는 것은 무역에서 거래되는 것의 만분의 일에도 미치지 않는다." 장한이 여기서 과장하고 있지만, 그의 주장은 사적 무역이 조공보다 훨씬 규모가 크고 경제적으로 더 중요하며 멈출 수 없다는 것을 강조한 것이다. 또 장한은 "오랑캐들의 마음은 무역을 통한 이익에 집중되어 있지, 황제의 선물을 통한 이익에 있는 것이 아니다. 비록 입공 액수가 더 크고 우리의 선물이 더 적더라도, 그들은 이를 감내하며 무역을 원할 것이다"라고 한 뒤, "민간에 부를 저장하라藏富於民"*는 옛 격언에 호소했다. 이는 무역으로 발생한 부가 무역을 한 자의 손에 남아 있어야 한다는 것으로, 국가에 의해 독점되어서는 안 된다는 것을 의미한다. 장한은 또한 무역이 허용되면 해안의 보안이 개선될 것이라고 주장했다. "오랑캐들은 중국으로부터 얻을 이익이 없다면 무역을 하지 않을 것이고, 마찬가지로 우리도 그들로부터 얻을 이익이 없다면 하지 않을 것이라는 걸 모르는가. 무역을 금지하여 그들과의 접촉을 막는다면, 그들이 해적질로 돌아서는 것을 어떻게 면할 수 있겠는가?" 상황에 따라서는 유일한 합리적 정책이란 사람들이 하는 일을 받아들이는 것이다. 장한은 "해상 시장이 열리면, 해적질은 저절로 멈출 것이다"라고 결론지었다.

---

* 『관자(管子)』나 『순자(荀子)』 등에 부를 민간에 두어야 한다는 '부민(富民)'에 관한 사상이 기술되어 있다. 명대 추쥔(丘濬)의 『대학연의보(大學衍義補)』 권13, 「번민지생(蕃民之生)」에도 "誠以富家巨室, 小民之所依賴, 國家所以藏富於民者也"라는 구절이 있다.

장한의 관점에서 볼 때, 조공 체제는 해양 시대 이전의 유물이자 시대착오적인 것이었다. 만력 연간의 현실은 사적인 무역이 조공 체제를 뛰어넘는 규모로 운영되고 있었다는 것이다. 중국의 상품은 국외로 흘러나갔고, 외국의 은이 유입되었다. 장한은 백성들이 무역의 혜택을 누리도록 시장을 개방하라고 주장했다.

남중국해의 물가

마카오는 인도양을 건너 남중국해로 무역하는 유럽인들과 중국을 연결하는 최초의 허브였다. 스페인은 마닐라 항구를 장악하고 1571년에 그곳을 식민지로 만들어, 멕시코와 페루의 시장 및 은과 중국을 직접 연결하는 두 번째 무역 허브를 만들었다. 마카오와 마닐라, 그리고 월항은 서로 연결된 삼각형 형태의 항구망을 형성하며 사방의 더 먼 항구들과도 연결되었고, 이를 통해 중국은 잠재적으로 전 세계의 모든 해양 국가들과 연결되었다.

중국 선원들은 1565년 스페인인들이 처음 필리핀 해역에 진입하기 몇십 년 전부터 마닐라로 항해하여 무역을 하고 있었다. 스페인인들이 도착하자, 중국인들은 그들이 구매하고자 하는 상품을 빠르게 파악했다. 가격 책정 과정에서 그들은 수은과 같이 은을 정제하는 데 필요한 수출품들이 아메리카의 스페인령 식민지New Spain에서 어떤 가격에 판매되는지를 신중히 조사하여 자신들의 물건을 헐값에 팔지 않도록 주의했다. 1572년까지 월항에서 다양한 중국 상품들을 싣고 온 배들이 도착했고, 1년 정도 지나자 월항과 마닐라 간의 무역은 본격적으로 활성화되었다.[28] 이 무역의 초기 단계에 약속이 이행되지 않고 지불이 지연되어 중국 상인들이 마닐라의 스페인 당국에 불만을 제기하기 시작했다. 약 1575년경의 문서들이 세비야의 한 아카이브에 남아 있는데, 중국 상인들이 납품했으나 대금을 받지 못한 상품의 가격을 나열하고 있다. 이 문서에 제시된 가격에 모호한 부분이 없지 않지만, 마닐라의 가격 체제를 이해하는 데 유용한 정보를 제공한다.[29]

〈표 3.2〉(부록 C, '참고 표' 참조)에는 스페인 구매자들이 중국 판매자들에게 대금을 지급하지 못한 25개 품목의 가격과 더불어 대략적으로 비교 가능한 중국 국내 가격이 나와 있다. 설탕과 물소는 모두 현지에서 생산된 것이며, 중국보다 마닐라에서 더 저렴했다.[30] 밀가루, 후추, 물소 송아지,

---

28 Lee, Fabio Yu-ching, and Jose Luis Cano Ostigosa. *Studies on the Map "Ku Chin Hsing Sheng Chih Tu,"* Taipei : Research Center for Humanities and Social Sciences, National Tsing Hua University, 2017, p.6에서 Gaspar de San Augustin의 Conquistas de las Islas Filipinas를 인용.

29 "Cuentas de las primeras compras que hicieron los oficiales de Manila a los mercaderes Chinos" (마닐라 관리들이 중국 상인들에게서 처음으로 시행한 구매 기록), Gil, Juan., *Los Chinos en Manila (siglos XVI y XVII),* Lisboa : Centro Cientifico e Cultural de Macau, 2011, pp.561-567에 재수록. 원문은 Caja de Filipinas : Cuentas de Real Hacienda, Archivo General de Indias, Sevilla(ES.41091. AGI/16/Contaduria 1195)에 보존되어 있다. 데이터를 필사하고 설명해 준 옌니핑(嚴旎萍)에게 감사드린다. 이 문서에서 taes와 maes(taels와 mace)가 명나라 때 사용된 은의 계량 단위인 냥(兩)과 전(錢)에 정확히 대응하는지를 확인할 수 있는 내용은 없다. 문제는 당시 마닐라에서 mae와 tae의 비율이 16대 1인 반면, 푸젠에서는 전과 냥의 비율이 10대 1이었다는 점이다. 이후 마닐라는 다시 10대 1의 표준 비율로 돌아갔다.

30 1569년 마닐라에서 온 스페인 저자는 쌀, 돼지, 염소, 소가 풍부하고 가격이 저렴하다고 언급했다. 「Martin de Rada가 Marquis de Falces에게 보낸 편지」, Filipiniana Book Guild, *The Colonization and Conquest of the Philippines by Spain: Some Contemporary Source Documents, 1559–577,* Manila : Filipiniana Book Guild, 1965, p.149에서 인용.

신발은 가격이 비슷했다. 밀가루는 현지에서 제분되었고, 송아지는 현지에서 사육되었으며, 신발은 두 경제권 모두에서 쉽게 생산되었기 때문에 가격이 동일했다. 후추의 가격이 마닐라와 장저우에서 대략 비슷했던 이유는 이 향신료가 필리핀 남쪽의 섬들에서 두 항구로 모두 운송되어야 했기 때문이며, 이 무역에서는 어느 쪽도 비교우위를 가지지 않았다.[31] 그 외에는 마닐라의 가격이 중국 국내보다 더 높았다. 비단과 도자기는 마닐라에서 대략 두 배의 가격이었으며, 가장 저렴한 도자기의 가격 차이는 그보다는 적었다. 가구는 더 비쌌지만 100퍼센트보다는 50퍼센트에 가까운 마진을 남겼는데, 아마도 이는 1570년대 중반에 이미 중국 가구 제작자들이 마닐라에서 활동하기 시작했음을 시사한다. 이는 새로 도착한 스페인인들의 거주지 건설과 가구 수요의 증가에 의해 촉진되었을 것이다. 따라서 1575년에는 이미 두 경제권에서 생산된 기본적인 일상 용품들 사이에 일정한 동등성을 인정하는 방식으로 가격이 조정되기 시작했다. 이러한 가격 조정은 중국 상인들이 중국에서 마닐라로 어떤 부가가치 상품을 운송할지를 알 수 있게 했고, 스페인 상인들이 중국 시장보다는 높지만 과도하지 않은 가격으로 상품에 접근할 수 있게 했다. 이 가격 체계는 스페인 상인들이 이러한 상품을 아메리카나 스페인에서 재판매하여 이익을 낼 것으로 기대할 수 있게 해 주었다.

두 번째 문서들은 동인도회사의 기록으로, 남중국해 주변 여러 항구에

---

31 인도양 무역 경제에 대해 연구한 세바스찬 프랑게(Sebastian Prange)는 후추가 태평양 무역 세계에서 은이 했던 역할과 대서양에서 설탕이 했던 역할과 유사한 역할을 했다고 주장했다(Prange, Sebastian. "'Measuring by the Bushel': Reweighing the Indian Ocean Pepper Trade," *Historical Research* 84, no.224, May 2011, p.235). 후추는 은 다음으로 남중국해 경제 통합에서 유사한 역할을 했다고 볼 수 있다.

서 동일한 작업을 수행할 수 있게 해 준다. 17세기 초반, 동인도회사의 첫 번째 배들이 남중국해에 도착했을 때, 상품 가격과 환율을 결정하는 것이 회사의 첫 번째 업무였다. 이는 어떤 상품을 취급하고 어디에서 유리하게 판매할지 배우기 위함이었다. 회사의 항해 지휘관들은 이러한 정보를 수집하여 런던으로 가져가야 했다. 이 임무를 수행한 사람 중 한 명이 존 새리스John Saris였다. 귀족 출신이 아닌 새리스는 회사의 하급 직원으로 시작하여 스스로의 노력으로 승진했다. 1604년부터 1608년까지 그는 자바의 반탐에서 일했으며, 결국 영국이 이 지역에서의 운영 기지로 선택한 무역항의 최고 무역 관리자가 되었다. 이 도시는 무슬림 통치자의 지배하에 있었지만, 상업 부문은 대부분 푸젠 출신의 중국인들이 지배하고 있었다. 반탐에서 4년 동안 활동한 경험은 새리스에게 이곳의 경제에서 무역이 어떠한 조건하에 이루어지에 대한 깊은 이해를 제공했다. 1609년 런던으로 돌아가는 길에 새리스는 상품 가격에 대한 보고서를 작성하고 자바의 반탐과 보르네오의 수카다나에서 이루어지는 무역에 대한 권고 사항을 제시했다. 그의 보고서는 승진하여 남중국해로 다시 파견되기 위한 것이었다. 이노력은 성공하여, 그는 1611년에 회사의 제8차 항해 지휘관으로 특별 승진하여 1613년 런던에서 일본까지 항해했다. 1614년에 귀국한 이후, 그는 상품과 가격에 대한 두 번째 보고서를 작성했는데, 이번에는 일본 무역에 더 중점을 두었다. 직물이 주요 항목으로 기술되었는데, 이는 중국의 수출 성장에서 직물이 압도적인 역할을 했음을 나타내며, 그다음은 도자기가 뒤따랐다. 향신료와 향목도 중요한 무역 품목으로 등장했다. 새리스의 두 보고서를 종합하면 동아시아 시장에서 가장 활발하게 거래된 상품들에 대한 상당히 포괄적인 개요를 알 수 있다.[32]

〈표 3.3〉(부록 C, '참고 표' 참조)은 새리스의 가격 목록 중 자바의 반탐, 보르네오의 수카다나, 일본 규슈의 히라도 세 항구에서 선택된 20개 품목의 가격을 나열하고 있다. 이 데이터와 함께 17개 품목의 중국 국내 가격을 추가했는데, 이를 찾을 수 있는 경우에 한해서다. 이 데이터는 먼저, 마닐라 가격과 마찬가지로 수출 상품의 국내 가격이 해상 무역 가격보다 낮다

---

32 Purchas, Samuel., *Purchas His Pilgrimes : Contayning a History of the World in Sea Voyages and Lande Travells by Englishmen and Others,* London : Henrie Featherstone, 1625., Glasgow : James MacLehose and Sons, 1905, 3, pp.504 – 519; Saris, John., *The Voyage of Captain John Saris to Japan, 1613,* ed. Ernest Satow, London : Hakluyt Society, 1900, pp.202–207. 새리스의 데이터를 사용할 때의 도전 과제는 통화, 무게 및 계수 단위를 정리하는 데 있다. 왜냐하면 각 항구마다 사용하는 단위가 다르기 때문이다. 예를 들어, 직물은 피트(feet), 야드(yards), 아스타(hasta, "반 야드, 팔꿈치에서 중지 끝까지의 길이"), 사소크(sasock, "3/4 야드"), 볼트(bolts, "한 단위에 120야드"), 조각(pieces, "한 단위에 1야드", "한 단위에 12야드", "한 단위에 9야드") 및 "플랑드르 엘"(Flemmish ells. 새리스는 정확한 길이를 제시하지 않았지만 내가 추정한 바에 따르면 45인치)로 인용되며, 무게 단위인 피컬(picul)로도 측정된다. 향신료는 캐티(catty)와 바하르(bahar) 단위로 측정된다. 테르나테(Ternate)에서는 "캐티는 영국 기준으로 3파운드 5온스이며, 바하르는 200캐티이다. 테르나테에서 19캐티는 반탐에서 정확히 50캐티이다." 그러나 반탐에서는 "10캐티는 1우타(Uta), 10우타는 1바하르"이며, 반다(Banda)에서는 "작은 바하르는 10캐티 메이스와 100캐티 너츠(Nuts)이고, 큰 바하르 메이스는 100캐티와 1000캐티 너츠이며, 1캐티는 영국 기준으로 5파운드 13온스 반이며, 가격은 변동한다"(Purchas, *Purchas His Pilgrimes* 3, p.511 참조). 일관성을 유지하기 위해 나는 새리스의 보고서에 따라 중국의 테일(tael/냥)이 1과 5분의 1 영국 온스(1온스는 36.9그램, 이 책에서 사용된 테일의 무게 37.3그램과 가깝다)와 같고, 이는 스페인 은화로 1과 20분의 7레알('pieces of eight reals')과 같다고 재계산했다. 그러나 이 재계산도 완벽하지는 않다. 새리스는 반탐에서 자바 테일이 중국의 10테일에 비해 9의 가치가 있다고 언급했다. 두 테일 단위 간의 관계를 요약하면서 새리스는 10 '중국 테일'이 정확히 6 '자바 테일'과 같다고 선언했지만, 그의 다른 환율 데이터의 정확성을 고려할 때 '6'은 '9'의 오타일 수 있다. 은과 주화의 무게가 이렇게 변동됨에 따라 차익 거래의 기회가 생겼다. 새리스는 수카다나로 향하는 상인들에게 권장하길, 먼저 반자르마신(Banjarmasin)에 들러 "3캐티 캐시(Cattee Cashes)를 말라카 테일(Malacca Taile)로 바꿀 수 있을 것이다. 이는 9레알('Rialls of eight')의 가치로, 믿을 만한 정보에 따르면 최근 몇 년 동안의 가치였다. 이를 수카다나로 가져가면 다이아몬드로 갈아치울 수 있을 것이다. 그 비율은 테일(Taile)당 4캐티 캐시로, 이는 1.75레알 반의 무게이므로 테일(Taile)당 4분의 3레알(Riall of eight)을 벌 수 있다"라고 했다.

는 것을 보여 준다. 그러나 이 표에는 몇 가지 흥미로운 예외가 포함되어 있다. 세 가지 품목, 즉 향나무, 의약용 소화제인 웅담, 후추는 동남아시아에서 수입해야 했기 때문에 국내 가격에 아무런 이점이 없었다. 향나무와 웅담은 중국 외부에서 항상 더 저렴했지만, 후추는 변동이 있었다. 후추는 중국으로 들어오는 주요 지점 중 하나인 장저우에서 1근당 은 0.065냥에 팔렸다. 반탐에서는 1근에 0.037~0.038냥에 팔린 반면, 히라도에서는 최대 0.1냥에 팔렸다. 새리스는 이 가격이 "많이 들어오지 않을 때"만 그렇게 높게 유지된다고 주의 깊게 언급하고 있다. 네 번째 예외는 수은으로, 히라도와 광저우에서 가격이 동일했다. 수은은 은을 정제하는 데 필수적인 성분으로, 이 은 기반의 교환 네트워크에서 수요가 높았다. 두 장소에서 1근당 은 0.4냥으로 가격이 동일하다는 것은 수은의 수요가 국제적이며, 가격 또한 특정 장소의 가격이 아닌 초지역적인 가격임을 보여 준다.[33] 또 다른 예외는 철로, 반탐과 히라도의 상인들이 베이징에서 선방이 지불한 가격보다 낮은 가격을 지불했다. 이 차이는 품질과 관련이 있을 수 있으므로 예외적이다. 선방이 구매한 철은 고품질로 그의 사무소에서 솥을 만드는 데 사용되었지만, 새리스가 가격을 매긴 철은 품질이 낮아서 가격이 더 저렴했을 수 있다.

두 번째로 〈표 3.3〉(부록 C, '참고 표' 참조)이 밝혀주는 것은, 가격이 중국과 남중국해의 커다란 경제권 사이에 차이가 있을 뿐만 아니라 이 지역 곳곳에서 다양하게 변동했다는 점이다. 일반적으로 새리스가 기록한 가격은 다른

---

33   내가 찾은 또 다른 수은 가격은 마카오에서 은 0.53냥이었다. Boxer, C. R., *The Great Ship from Amacon*, Lisbon : Centro de Estudoes Historicos Ultramarinos, 1960, p.180. 마카오에서의 높은 가격은 유럽 구매자들 간의 경쟁 때문일 수 있다.

두 곳보다 상인의 거래가 적은 수카다나에서 가장 낮았다. 가장 높은 곳은 히라도였다. 이곳은 남중국해 네트워크의 다른 지역들과 멀리 떨어져 있어 통합이 덜 이루어졌기 때문이다. 이 두 극단 사이에 위치한 곳이 반탐으로, 많은 무역 기지가 모여 있는 지역이자 인도양과 연결되는 허브였다. 한 가지 예외는 생사로, 일본의 견직물 산업이 활발하게 운영되었기 때문에 보르네오나 자바보다 일본에서 25퍼센트 저렴하게 판매되었다. 반면에 다른 두 항구에서는 가격이 동일했는데, 이는 이 국제 무역 네트워크 내에서 이루어진 가격 통합의 또 다른 증거일 수 있다.

중국 국내 가격과 새리스가 제시한 해외 가격을 비교하는 작업은 중국 제품 중 어느 것이 해외에서 판매하기에 수익성이 있는지를 밝혀준다. 설탕, 꿀, 구리와 같은 비교적 저가의 상품들은 더 높은 가격에 판매되었지만, 외국과 국내 가격 간의 차이는 100퍼센트 미만이었다. 특히 두드러지는 품목은 섬유였다. 사포紗布는 중국 국내 가격의 두 배, 무늬 있는 비단綾은 최대 세 배, 수자직으로 제작된 비단緞은 다섯 배에서 열 배로 판매되었다. 이러한 상품들은 유럽 상인들의 구매 욕구가 특히 강했던 상품이었다.

포르투갈 상인들이 인도양에 처음 진출했을 때 접했던 물가를 살펴보면, 한 세기 전의 가격 차이를 보다 장기적인 관점에서 이해할 수 있다. 이러한 물가 자료는 1499년 바스코 다 가마Vasco da Gama의 첫 번째 항해 후, 그들 일행 중 한 명인 알바로 벨류Álvaro Velho가 인도의 '왕국들'에 대해 남긴 기록에서 확인할 수 있다. 이 보고서에서 제시하는 물가 자료들은 벨류가 30년간 인도에서 무역을 했던 알렉산드리아 상인으로부터 얻은 것이라고 주장한다.³⁴ 벨류는 지중해 동쪽 끝(카이로와 알렉산드리아)과 동남아시아(시암의 아유타야, 말레이반도 동쪽 해안의 파타니) 사이에서 인도양을 가로지르며 거래되는 16가지 상품의 수익성을 검토했다. 이 무역 네트워크의 중심지는 말라바르Malabar 해안의 캘리컷Calicut이었다. 벨류는 가격을 알고 있을 때는 기록했지만, 대부분은 가격 차이를 보고했다. 예를 들어, 알렉산드리아에 대비하여 테나세림Tenassarim* 지역 소방목의 가격 차이는 17대 1, 말라카 지역 정향의 가격 차이는 20대 1, 페구Pegu** 지역 검은 안식향의 가격 차이는 21대 1, 파타니Patani*** 지역 락깍지벌레 분비물의 가격 차이는 31대 1이었다. 말라바르 해안의 또 다른 지역인 카둥갈루르Kadungallur에서 알렉산드리아로 운송되는 후추의 가격 차이는 상대적으로 적은 4대 1이었지만, 유럽의 후추 시장이 매우 컸기 때문에 대량으로 운송하면 이익이 보장되었다.

영국인들이 한 세기 후 인도양과 남중국해에 진출했을 때, 이러한 큰 가격 차이는 사라진 상태였다. 남중국해와 인도양 경제를 통한 무역 성장

---

* 현 미얀마의 최남단 지역.
** 미얀마 남부의 '바고' 지역으로 영어로 페구라 한다.
***6세기에서 19세기까지 말레이 반도에 존재했던 왕조로. 여기서는 해당 지역을 가리킨다.

34 Velho, Alvaro (attrib.)., *Le premier voyage de Vasco de Gama aux Indes (1497–1499)*, Paris : Chandeigne, 1998, pp.111–116. 가격은 크루자도(cruzados) 단위로 기록되어 있다. 15세기에 크루자도가 도입될 당시 가치는 324레알이었다. 1레알의 은 무게를 3.3그램으로 계산하면, 1크루자도의 은 무게는 약 1.07킬로그램이다. 마 후안(Ma Huan)의 기록에 따르면, 캘리컷에서의 오래된 포르투갈 단위 킨탈(quintal)은 대략 94캐티(catty), 즉 56킬로그램이었지만, 이 수치는 표준 무게보다 약간 낮을 수 있다. Prange, Sebastian., "'Measuring by the Bushel': Reweighing the Indian Ocean Pepper Trade," *Historical Research* 84, no.224, May 2011, p.224n41 참조. 이 보고서가 알렉산드리아의 가격에 주목한 것은 포르투갈이 아시아 상품 무역을 지배하고 있던 알렉산드리아의 베네치아 상인들을 대체하려는 야망을 반영한다(Cook, Harold., *Matters of Exchange : Commerce, Medicine, and Science in the Dutch Golden Age*, New Haven, CT : Yale University Press, 2007, p.11).

은 엄청났고, 이에 따라 선박 운송과 생산량도 증가했다. 벨류가 기록한 말라카 지역 후추 가격인 킨탈quintal당 3.6크루자도cruzados(1근당 은 1.2냥에 상당)와 대조적으로, 새리스는 반탐에서 그 가격의 3퍼센트만을 지불했다 (1근당 은 0.037~0.038냥). 한편 일본의 후추 가격이 근당 0.1냥까지 치솟을 가능성이 있었기에, 후추를 대량으로 구매하고 운송할 수 있다면 여전히 활용 가능한 가격 차이였다.[35]

　포르투갈 상인들은 인도양 해상 무역 체계에 진출한 최초의 유럽인들 이었다. 또한 남중국해 경제에도 처음으로 진출하여 중국 해안에 무역 거 점을 확보했다. 거점의 위치는 그들이 구매하는 상품의 원산지와 가까웠 을 뿐만 아니라, 지역 간 가격 차이를 예측하는 데 필요한 정보의 원천과 도 가까웠다. 이로 인해 포르투갈인들은 경쟁 세력, 특히 스페인인들로부 터 주목받았다. 1580년과 1640년 사이에 스페인과 포르투갈 왕실이 일시 적으로 연합 왕국을 이루었음에도 불구하고, 마카오와 마닐라의 경제는 분리되어 있었다. 상당수의 스페인인들이 이 상황을 바꾸고 경제를 통합 할 것을 왕실에 촉구했다. 스페인을 대표하여 약 25년 동안 말라카, 마닐 라, 나가사키 간 상업적 교섭을 진행한 마드리드 출신 상인 페드로 데 바 에자Pedro de Baeza도 그들 중 한 명이었다. 유럽 북부에서 온 새로운 경쟁자 들이 이 지역에 진출하자, 바에자는 1608년에 국왕에게 포르투갈과 스페

---

35 새리스와 벨류의 가격 목록에 모두 등장하는 다른 상품들의 가격도 비슷하게 급격한 하락을 보였
다. 일본에서 팔린 소목(sappanwood)의 가격은 테나세림(Tenassarim)에서 구매했던 가격의 3퍼센
트에 불과했다. 일본에서의 육두구 가격은 말라카에서보다 1.4퍼센트까지 떨어졌고, 반탐에서의
안식향 가격은 아유타야의 옛 가격의 3분의 2에 불과했다.

인이 각각 식민지인 마카오와 마닐라를 통해 소통하고 협력할 필요성을 알렸다.[36] 마카오의 포르투갈인들이 마닐라의 스페인인들과 상품 접근 루트 및 중국으로부터 수집한 가격을 포함한 모든 상업 정보를 공유해야 한다고 주장했다.

역사가 찰스 박서Charles Boxer는 바에자가 세비야 기록보관소에 있는 익명의 스페인어 문서의 저자일 것이라고 추측했다. 이 문서에는 포르투갈 상인들이 마카오에서 일본과 고아로 수출한 상품과 가격이 열거되어 있다. 문서의 항목들은 광저우 또는 마카오에서의 구매 가격, 동쪽 무역에 관한 나가사키 무역의 판매 가격, 그리고 서쪽 무역에 관한 인도의 고아 무역의 판매 가격을 제시한다.[37] 이 자료들에 따르면 수익률은 40퍼센트에서 300퍼센트의 범위에 있으며, 중앙값은 약 100퍼센트이다. 금은 수익률이 가장 낮아 나가사키에서 40퍼센트, 고아에서 80~90퍼센트였다. 견직물의 수익률은 두 시장에서 모두 70~80퍼센트였으며, 면과 혼방한 견직물은 고아보다 수요가 높았던 나가사키에서 100퍼센트까지 올랐다. 자기의 경우 두 시장 모두에서 수익률이 100~200퍼센트였다. 전반적으로 포르투갈인들이 마카오에서 선적한 대부분의 상품은 남중국해와 인도양 교

---

36 Torres, Jose Antonio Martinez., " 'There Is But One World': Globalization and Connections in the Overseas Territories of the Spanish Hapsburgs (1581 – 640)." *Culture and History Digital Journal* 3, no.1, June 2014(https://brasilhis.usal.es/en/node/7660), p.2.

37 Boxer, C. R., *The Great Ship from Amacon,* Lisbon : Centro de Estudoes Historicos Ultramarinos, 1960, p.179–184. 나는 박서(Boxer)가 추정한 1600년 대신, 1607년부터 1609년까지 바에자가 동아시아 무역에 대해 법원에 제출한 보고서의 중간 날짜인 1608년으로 날짜를 정했다. Torres, "'There Is But One World,'" 13nn2 and 6 참조.

역 체제 내의 먼 항구로 운송될 때 가격이 두 배로 올랐다. 그들은 중국의 공급자에게 약간의 추가 요금을 지불했으므로 광저우에서 중국 국내 가격보다 높은 가격으로 구매했지만, 수익을 고려하면 이는 관리 가능한 수준이었다. 스페인 상인이 마카오와 마닐라 간의 장벽을 허물어 달라고 스페인 국왕에게 요청한 것도 당연한 일이었다. 그러나 그 장벽은 정치적 이유로 계속 유지되었다. 바에자가 예언한 바와 같이, 더 시급한 문제는 다른 유럽 상인들이 늘어나 포르투갈인들이 선발주자로서 누렸던 이점이 잠식되는 것이었다. 외국 수요 증가는 단기적으로 가격을 올렸지만, 장기적으로는 생산 촉진으로 이어져 단위 가격을 하락시켰다.

주목할 점은, 가격 상승과 하락의 동일한 과정이 같은 시기에 중국 내부에서도 진행 중이었다는 것이다. 마테오 리치Matteo Ricci는 반탐에 있던 새리스와 동시대에 베이징에서 이러한 현상을 목격했다. 그는 외국산 물품의 가격이 하락하고 있음을 알아챘다. "몰루카* 인근 섬이나 중국과 국경을 맞대고 있는 국가에서 수입되는 후추, 육두구, 알로에 등의 제품들은 공급이 증가하면서 점점 인기가 떨어지고 가격도 하락하고 있다." 수요가 공급을 자극하면서 시장 하위 부문의 가격이 하락했다. 그러나 해외 사치품 시장으로 향하는 중국 국내 상품의 가격은 영향을 받지 않았다. 마테오 리치는 중국에서 은 1~3냥에 팔리는 고급 차가 일본에서는 은 10~12냥에 팔린다고 지적했다. 또한 유럽에서 "거의 믿기 어려운 수익"을 내는 대황 大黃의 경우 중국에서는 "10센트(약 은 1돈)에 살 수 있으며, 이는 유럽에서

---

* 인도네시아 동부에 위치한 몰루카 제도. '향료의 제도(Spice Islands)'라는 별칭이 있다.

는 금화 6~7개의 가치"라고 말했다.[38] 마테오 리치가 목격한 바에 따르면 해외 사치품 무역 부문에서는 중국 국내 가격과의 차이로 얻을 수 있는 이익이 줄어들지 않았다.

도자기 무역의 물가

네덜란드의 기록을 통해 상세히 추적할 수 있는 한 상품은 도자기이다. 도자기는 많은 언어에서 '차이나china'라는 명칭(아랍어의 경우 'sini')을 갖고 있을 정도로 수 세기 동안 중국의 주요 수출품이었다. 명대에도 도자기에 대한 수요가 지속되었고, 중국의 생산과 유럽의 수요를 연결한 무역으로 인해 더욱 증가했다. 예수회 선교사 프란체스코 삼비아시Francesco Sambiasi가 중국인 동료들에게 설명한 바와 같이 "중국의 비단과 도자기는 세계 다른 어떤 나라도 갖고 있지 않은 것"이었다.[39] 초기 유럽 무역에서는 향신료와 비단이 선적 화물의 주를 이루었다. 17세기 초 북유럽에서 명나라 도자기에 대한 수요가 높아지자, 상인들은 선적할 도자기의 물량을 늘렸다.[40] 네덜란드 동인도회사VOC: Verenigde Oostindische Compagnie가 중국 도자기 구매를 늘리자, 반탐의 중국 상인들은 네덜란드인들과 협력하여 유럽 시장에 가

---

38 Gallagher, Louis, ed., *China in the Sixteenth Century : The Journals of Matthew Ricci, 1583–1610*, New York : Random House, 1953, pp.16 - 18에서 인용. 명에서 금이 통화가 아니었기 때문에 나는 갤러거(Gallagher)의 '파운드'와 '금화'를 '근(近)'과 '은냥(銀兩)'으로 수정했다.

39 張怡, 『玉光劍氣集』, 北京 : 中華書局, 2006, p.1010에서 인용. 심비아시의 중국 이름은 비팡지(畢方濟)이지만, 그는 금량(金梁)이라는 자(字)를 사용했으며, 장이(張怡)는 이 이름으로 그를 언급했다.

40 Brook, Timothy., "Trading Places." *Apollo*, November 2015, p.74.

장 적합한 스타일, 품질, 물량을 결정했다. 반응이 매우 신속하게 이루어져, 회사는 곧 도자기가 과잉 공급된 시장에서 구매하게 되었고, 1616년에는 반탐의 도자기 가격이 전년도의 절반 이하로 떨어졌다. 네덜란드 동인도회사는 결국 수백만 개의 자기를 취급했는데, 그 대상이 유럽 시장만은 아니었다. 1608년에서 1657년 사이에 회사는 300만 개 이상의 도자기를 유럽으로 선적했지만, 그 숫자는 회사가 바타비아에서 구매하여 동남아시아 다른 항구에서 판매한 1,200만 개에 비하면 꽤 적은 수량이었다.[41]

네덜란드의 도자기 무역과 관련해서는 많은 기록이 있지만, 네덜란드 역사가 티스 폴커Tys Volker가 도자기 무역에 관한 그의 혁신적인 연구에서 잘 표현했듯이, 이 자료들은 "현대 통계학자들에게 절망적"인 것이다. 도매가와 소매가, 개별 가격과 대량 구매 가격, 여러 통화로 표시된 가격, 그리고 운송비와 부두 노동자의 임금 등이 복잡하게 얽혀 있기 때문이다. 그럼에도 폴커는 찻잔이나 잔 받침 같은 단순한 소형 도자기 제품이 네덜란드 동인도회사에 약 은 1푼에 팔렸음을 밝혀냈다. 대접은 2푼, 보다 큰 제품들은 3~4푼에 달했다. 주전자와 같은 정교한 제품은 25~35푼에 달했다. 페르시아 스타일의 병細頸瓶이나 입구가 넓은 항아리薑罐 형태 같은 특수 제품은 은 1냥 이상의 가격이 책정되었다. 예를 들어 1639년 네덜란드 동인도회사가 구매한 입구가 넓은 178개 항아리의 단가는 은 2냥을 약간 넘는 수준이었다. 회사가 지불한 가격은 중국 국내 가격보다 조금 높았지만, 그 차액의 상당 부분 혹은 전부가 운송비 때문이었다. 1586년 중국에

---

41 Volker, T., *Porcelain and the Dutch East India Company, as Recorded in the Dagh-Registers of Batavia Castle, Those of Hirado and Deshima and Other Contemporary Papers, 1602–1682,* Leiden : Brill, 1954, pp.24 – 26, pp.35 – 45, p.227.

들어온 최초의 예수회 선교사 미켈레 루지에리Michele Ruggieri가 징더전 도자기 생산지를 방문했을 때, 그는 원산지의 가격이 광저우보다 낮다는 것을 발견했다.[42] 도자기를 광저우로 운송하면 가격이 인상되었고, 해외로 수출하면 가격이 또 올랐다. 그럼에도 그 가격 인상폭은 네덜란드 동인도회사의 판매 가격을 중국 국내 가격과 크게 동떨어지게 만들 정도는 아니었다. 네덜란드인들이 지불한 잔 받침의 개당 가격인 은 0.7푼은 선방이 베이징에서 지불한 잔 받침 가격과 정확히 일치한다. 두 거래에서 잔 받침의 품질이 비슷했는지는 알 수 없지만, 찻잔 가격 또한 비슷하다. 선방의 찻잔 가격 은 1.2푼은 회사에서 저급의 취안저우 찻잔을 대량 구매할 때 가격인 0.8센트와 최고급 찻잔 가격인 은 2.7푼 사이에 위치한다. 취안저우 찻잔의 경우 더 나은 비교 대상은 선방의 술잔 가격일 것인데, 그 가격은 은 0.5푼이었다. 이러한 비교가 매우 느슨하기는 하지만, 중국 수출업자들이 네덜란드인들에게 부과한 가격이 국내 가격과 크게 동떨어지지 않았음을 시사한다. 사실 폴커 자신도 네덜란드 동인도회사 기록에서 발견한 가격이 이렇게 낮을 것이라고는 예상하지 못했다.

더 넓은 관점에서 보면, 네덜란드인들이 중국 도자기 구매에 지출한 은의 양은 상당했지만, 막대한 수준은 아니었다. 네덜란드인 구매자들은 무역의 다른 부분에서 가격이 좋은 경우, 이윤 폭을 높이기 위해 시장의 하위 부분으로 거래 대상을 옮기는 경향이 있었다. 그러나 다른 유럽인들은 시장의 상위 부분에서 구매했다. 세계 일주 항해 중 1598년에 마카오에 들

---

42 Lavin, Mary., *Mission to China : Matteo Ricci and the Jesuit Encounter with the East*, London : Faber, 2011, pp.77 – 79. Archivum Romanum Societatis Iesu (Jap. Sin. 101)에 있는 루지에리(Ruggieri)의 "Relaciones"에서 인용.

렀던 피렌체의 상인 프란체스코 카를레티Francesco Carletti는 최고급 품질의 접시와 대접 650개를 구입하는 데 은 20냥이라는 큰 금액을 지출했다. 이를 하이루이가 추정한 일상용 도자기 120개당 은 1냥과 비교하면, 카를레티가 지불한 금액은 하이루이 추정치의 약 4배에 달한다. 이는 외국인 구매자에 대한 과잉 부과의 사례일 수도 있지만, 하이루이가 지방 관청에 비치한 저렴한 식기류보다 훨씬 고급의 상품을 구매했기 때문일 가능성이 더 높다. 카를레티는 또한 은 14냥에 청화백자 항아리 5개를 구매했는데, 이 가격은 당시 네덜란드 동인도회사가 기록한 구매 가격을 훨씬 웃돌았다. 1612년 반탐과 1636년 타이완의 네덜란드인 무역 거점에서 회사가 몇 개의 대형 도자기를 구매했던 사례를 제외하면 말이다. 아마도 카를레티의 구매가 증명하는 것은, 네덜란드인들이 남중국해 밖에서 이윤을 남길 수 있는 일상용 도자기를 대량 구매하면서도 고급 시장에서도 동시에 거래했다는 사실일 것이다.[43]

중국의 도자기가 모두 해로를 통해 반출된 것은 아니었다. 선더푸는 만력 연간에 그의 조부와 부친이 베이징에 주재할 때 그곳에서 어린 시절을 보냈고, 아시아 내륙으로 떠나기 위해 준비하는 모습을 지켜보았다. 선더푸에 따르면 어떠한 사신단이든, 여진족이든 몽골족이든 남아시아인이든, 귀로에 무엇을 가져갈지를 선택할 때면 모두가 한마음이었다. "그들은 도자기에만 관심이 있었다"라고 선더푸는 기록했다. 베이징을 출발하

---

43 이와 관련하여, Ho, Chui-mei(何翠媚)는 17세기 초 명나라 도자기 수출의 16퍼센트만이 유럽으로 갔지만, 유럽이 무역 가치의 50퍼센트를 차지했다고 보았다(Ho, Chui-mei., "The Ceramic Trade in Asia, 1602 - 82," In *Japanese Industrialization and the Asian Economy*, ed. A.J.H. Latham and Heita Kawakatsu, 35 - 70, London : Routledge, 1994, pp.48 - 49).

는 일부 사절단은 수십 대의 수레에 도자기를 가득 실었다. 선더푸는 도시 북단의 외국인 숙소에서 일꾼들이 도자기를 수레에 쌓아 올려 지상에서 9미터나 높이 쌓는 모습을 지켜보았다고 회상한다. 그는 특히 일꾼들이 실은 모든 도자기에 모래, 콩, 밀알 등을 뿌린 뒤 수십 개씩 엮고는 물을 뿌려 곡식과 콩이 부풀어 오르게 하여 꽉 채운 것에 감탄했다. 그렇게 하면 단단히 포장된 묶음을 땅에 내던져도 도자기가 깨지지 않았다고 한다. 선더푸는 "그들이 지불한 가격은 평상시 가격의 10배였다"라고 덧붙였다.[44] 사신단은 엄청난 가격을 치렀지만, 귀국 후 판매 가격이 그 이상 큰 폭으로 인상되었기에 넉넉한 이윤을 남길 수 있었다. 이는 네덜란드인들이 이해했던 바와 정확히 일치한다.

대외 무역이 물가에 미친 영향

중국 상품의 경쟁력 있는 가격이 그것들이 판매된 시장에는 어떤 영향을 미쳤을까? 스페인 제국은 몇 가지 흥미로운 증거를 제공한다. 스페인은 필리핀과 아메리카의 식민지에서 재정적 이익을 기대했지만, 이 식민지들 간에 태평양을 가로질러 발전한 경제 관계로 인해 어려움을 겪었다. 스페인은 아메리카와 필리핀을 서로 격리시켜 한 곳에서의 이익이 다른 곳으로 새어나가지 않고 마드리드에 있는 제국의 중심으로 모이도록 하

---

44 沈德符, 『萬曆野獲編』, p.680. 나는 이 문장이 사절들이 베이징에서 지불한 가격을 의미한다고 생각하지만, 그들이 팔기를 기대한 가격을 의미할 수도 있다.

고자 했다. 그러나 태평양 건너편, 특히 중국 제조품이 동쪽으로 이동하고 아메리카 은이 서쪽으로 흐르는 루트의 이윤이 대서양 양측을 건너는 루트의 그것보다 더 컸다. 스페인 왕실은 아메리카의 은이 아시아 상품과 교환되어 서쪽 마닐라로 흐르는 대신 스페인의 소비를 충당하기 위해 동쪽 스페인으로 흐르기를 원했다. 아메리카에서 이루어지는 소비는 히스패닉 중심의 관점에서 스페인에 아무런 기여도 하지 않았고, 오히려 스페인의 대아메리카 수출을 방해하여 본국으로 돌아가야 할 부를 줄이기도 했다.

1602년, 라플라타강Rio de la Plata('은의 강')의 주교 마르틴 이그나시오 데 로욜라Martin Ignacio de Loyola가 스페인 방문 중 필립 2세가 그에게 제기한 질문에 대한 답변을 작성했다. 이 답변에서 로욜라는 인디아스(인디아스 평의회의 관할 아래 있는 영토. 즉 멕시코와 페루, 혹은 남아메리카를 의미한다)를 "스페인에 종속되고 복종하게 유지하는 것"의 중요성을 주장했다. 이러한 의존성을 보장하는 한 방법은 정치적 및 종교적으로 강제하는 것이었으나, 로욜라는 스페인과 아메리카 식민지 간의 활발한 상업 관계가 이러한 의존성을 유지하는 데 필수적임을 인식했다. "상업이 중단되면 교류도 중단될 것이며, 교류가 중단되면 몇 세대 내에 그곳에는 기독교도가 없을 것입니다." 그러나 상업은 제국의 자원을 더 수익성 있는 루트로 유출시키는 경향이 있었다. "이 상업과 교류에 가장 해를 끼치는 것은 상업 측면에서 … 다른 왕국으로의 유출입니다."[45] 로욜라가 상업을 언급할 때 특히 염두에

---

45 "Letter from Fray Martin Ignacio de Loyola," in Blair and Robertson, *The Philippine Islands, 1493–1803*, vol.12, Cleveland : Arthur H. Clark, 1903 - 9, pp.58 - 59. 일부 철자와 구두점이 현대 문법에 맞게 수정되었고, 작은 오류 하나가 수정되었다. 비록 이그나시오 데 로욜라는 예수회 창시자의 조카였지만, 그는 예수회가 아닌 프란치스코회 소속으로 서품을 받았다.

둔 것은 아메리카에서 스페인 직물이 판매되는 것이었으며, 이는 마닐라에서 유입되는 중국 직물과의 경쟁으로 인해 타격을 받고 있었다. 그의 추정에 따르면, 매년 200만 페소의 은이 이 직물을 구매하기 위해 아메리카에서 필리핀으로 유출되고 있었다.[46] 태평양을 건너는 무역의 영향으로 "이 모든 부가 중국인의 소유로 넘어가고 스페인으로 오지 않아서 왕실 세금의 손실과 필리핀 거주민들의 피해가 발생하고 있습니다. 시간이 지나면 가장 큰 손실은 아메리카 자신들에게 되돌아올 것입니다." 로욜라는 마닐라에서 구매자가 구매할 수 있는 양을 제한하도록 왕에게 요청했다. 또한 아시아로 은이 유출되는 것을 완전히 금지하여 마닐라에서 발생하는 물가 상승을 막고 스페인 상인들의 절망을 해소하고자 했다. 그는 "섬의 주민들만이 거래할 수 있었던 20년 동안 그들은 1,000퍼센트의 이익을 얻었으나, 중국 비단과 상품의 가격이 상승하면 이제는 100퍼센트의 이익도 얻지 못할 것입니다"라고 적었다.[47] 태평양을 건너 서쪽으로 은의 흐름을 줄이고 아메리카의 구매자들을 배제하여 필리핀의 구매자들을 보호함으로써 이들의 생계를 보호하고 마닐라의 가격을 낮출 수 있으며, 이러한 조정은 멕시코에서 중국 직물의 가격을 상승시켜, 스페인 직물을 더 경쟁력 있게 할 것이라고 했다.

로욜라의 답변에 이어, 편지에는 1602년 5월 15일과 25일에 아메리카 스페인령 식민지의 총독 가스파르 데 주니가 이 아세베도Gaspar de Zúñiga y

---

46 6년 후, 페드로 데 바에자는 마닐라에서 멕시코로 유입되는 은의 양을 연간 250만에서 300만 레알로 추정했으며, 이는 로욜라가 제시한 양의 3분의 1에 해당한다. Boxer, C. R., *The Great Ship from Amacon,* Lisbon : Centro de Estudoes Historicos Ultramarinos, 1960, p.74.

47 "Letter from Fray Martin Ignacio de Loyola," in Blair and Robertson, *The Philippine Islands, 1493–1898*, vol. 12, p. 60.

Acevedo가 작성한 두 편의 편지에서 발췌한 내용이 첨부되어 있다. 첫 번째 편지에서 주니가는 아메리카와 마닐라 간의 무역에서 리마Lima 상인들에 대한 어떠한 제한에도 반대했다. "그들은 그것이 반드시 필요하다고 여기며, 그것이 중단되면 완전한 파괴를 의미할 것이라고 생각한다." 상인들이 직면하고 있다고 느낀 문제는 "중국에서 페루 왕국으로 가져온 상품"이 아니라 스페인이 영국 해적으로부터 그들의 선박을 보호하는 데 실패했다는 점이었다. 그들은 또한 수입 관세가 너무 높고 세관 결제에 소요되는 시간이 너무 많다고 불평했다. 또 다른 문제는 리마에서 은이 출발하여 상품이 돌아오는 주기가 최대 3년까지 걸릴 수 있으며, 그 상품이 판매되기 전 세관을 통과하는 데 또 다른 1년 반이 소요될 수도 있다는 점이었다. 주니가는 다음과 같이 결론을 내렸다. "과거에는 같은 기간 동안 두 번 처리될 수 있었던 것을 이제는 4년에 한 번만 이익을 얻을 수 있게 되었다." 그 결과, "이전에 매우 부유하고 충분한 신용을 가졌던 리마의 상인들은 채무자가 되었으며" 그들의 부채는 세비야 상인들의 이익을 감소시켰다. 세비야 상인들은 "중국 상품에 대해 비난의 목소리를 높였다. 그들은 그것이 자신들이 겪는 손실의 원인이라고 생각한다."[48] 리마의 상인들은 그들 중 일부가 스페인에 투자하기보다 갤리온 무역에 더 적극적으로 참여하기 위해 북쪽 멕시코로 이동했다는 것을 인정했다. 그러나 그들은 스페인이 해상 무역을 보호하기 위해 필요한 인프라를 제공하지 못하고 있다고 설명했다. 또한 그들은 태평양을 건너는 무역의 영향이 과장되었으며, 스페인

---

48 주니가의 편지가 "Letter from Fray Martin Ignacio de Loyola"에 부록으로 포함되었다. *The Philippine Islands, 1493–1898*, vol.12, pp.61–63.

에서 아메리카로 오는 직물이 중국에서 온 것보다 더 많다고 주장했다. 그들이 스페인 직물이 아닌 중국 직물을 거래하는 이유는 스페인에서 이루어지는 선적 투자 주기가 너무 느려서 중국 무역이 훨씬 더 수익성이 높기 때문이었다.

리마의 상인들은 두 가지 추가적인 이유로 중국 상품을 거래하는 것을 정당화했다. 첫 번째 이유는 중국 직물이 스페인 직물과 경쟁하지 않는다는 점이었다. 중국 직물은 "매우 가난한 사람들, 흑인과 남녀 물라토들, 중국-페루 혼혈 어린이들, 많은 인디언들(페루 원주민), 그리고 유럽-원주민 혼혈 어린이들이 착용하며, 그 수가 매우 많다"고 했다. 중국의 직물, 아마도 아마 섬유로 짠 직물이나 면직물이었을 가능성이 큰 이 직물은 가난한 사람들이 저렴한 비용으로 옷을 장만할 수 있게 했다. 다시 말해, 부유한 사람들과 유럽인을 위한 시장과 가난한 사람들, 노예들, 그리고 원주민들을 위한 시장이 별도로 존재했으며, 이 두 시장 사이에는 겹치는 부분이 거의 없었다. 상인들은 또한 "중국의 비단은 인디언들의 교회에서도 많이 사용되어 교회들이 그로 인해 장식되고 단정해졌다. 이전에는 스페인의 비단을 구입할 능력이 없어 교회들이 매우 허전했던 것에 비하면 큰 개선"이라고 덧붙였다. 결과적으로 모두에게 번영이 찾아왔다. "상품이 더 많이 들어올수록 왕국은 불안감이 줄어들고, 상품의 가격은 더 저렴해질 것이다. 수입세와 관세가 상품의 양에 비례하여 증가하기 때문에 왕실 수입도 더 많아질 것이다." 이러한 근거로, 상인들은 "중국과의 무역을 개방하고, 매년 두 척의 배로 100만 두카트(두카트는 대략 중국의 냥과 동등)를 보내고, 이 100만 두카트로 리마의 칼라오 항구에 상품을 가져올 수 있도록 허용해 달라"고 요청했다. 이 상품은 이후 600만 두카트로 판매될 수 있으며, 왕에게는 10퍼센트의 세금이 귀속될 것이다. 상인들은 왕이 원한다면 100만 두카트 대신 50만 두카트로 제한하는 것도 감수할 수 있다고 양보했는데, 이는 총독이 지지한 제안이었다. 그들 요청의 핵심은 "중국 상품이 스페인의 상업을 어떠한 방식으로도 해치지 않으며, 페루에는 특히 매우 많은 가난하고 평범한 사람들에게 확실한 이익이 있을 것이다. 그리고 인디언들의 교회를 장식하기 위해서도 중국에서 온 상품이 있어야 한다"는 것이었다.[49]

총독 주니가의 두 번째 편지는 화폐 공급의 문제를 다룬다. 그는 페루에서 겪는 "화폐의 부족"을 지적하면서, 이 부족 현상은 "부분적으로 매년 중국으로 가져가는 매우 큰 금액에서 비롯된다"고 인정하면서도, 문제는 왕실의 화폐 주조 한도에 있다고 판단했다. 스페인이 은의 흐름을 자국 쪽으로 돌리고 싶다면, 페루가 더 많은 은을 주조할 수 있도록 허용해야 한다는 것이다. 주니가는 필리핀 총독이 "마닐라로 오는 화폐가 많기 때문에 상품들이 매우 비싸다"고 그에게 알렸다고 언급한다.[50] 문서의 후반부에는 마닐라의 상품 가격이 50퍼센트 상승했다는 메모가 나온다. 그러므로 총독은 "이 모든 것이 이교도에게 가서 결코 돌아오지 않는 돈이며, 따라서 이 나라[페루]와 저 나라[스페인]에 반대하며, 두 나라의 상업을 크게 약화시킨다"는 로욜라의 우려에 동의하면서도, 스페인 직물을 감당할 수 없는 이들을 위

---

49 주니가의 편지가 "Letter from Fray Martin Ignacio de Loyola"에 부록으로 포함되었다. *The Philippine Islands, 1493–1898*, vol.12, pp.64-65.

50 주니가의 편지, 1602년 5월 25일, "Letter from Fray Martin Ignacio de Loyola"에 부록으로 포함되었다. *The Philippine Islands, 1493–1898*, vol.12, pp.57-75.

해 중국 직물의 수입을 제한하지 않는 것이 좋다고 조언했다.

화폐 공급의 연간 변동 효과를 고려하지 않는다면,[51] 스페인 관리들 사이의 이러한 논의는 마닐라에서 중국 상인들이 판매한 것이 주로 고급 사치품이 아니라 비단과 면직물과 같이 널리 이용 가능한 상품이었음을 시사한다. 이 상품들은 유럽 제품과 경쟁할 수 있을 만큼 저렴하게 가격을 책정할 수 있었기 때문에 외국 시장에서 잘 팔렸다. 이러한 경쟁의 성공은 멕시코 북부의 은 광산 지역에 있는 소규모 상점 주인인 후안 아구도Juan Agudo와 도밍고 데 몬살베Domingo de Monsalve의 상품 목록에 나타난 중국 상품으로 예를 들 수 있다. 이 목록은 그들의 사망 후 1641년에 작성되었으며, 아구도가 보유한 상품 중에는 3야드의 비단 태피터tabí de China('중국 비단'), 2야드의 백색 숄, 그리고 파란 태피터로 만든 두 개의 가터가 포함되어 있었다. 몬살베는 수작업으로 느슨하게 방적한 비단 5온스와 꼬은 비단 1파운드를 보유하고 있었다.[52] 서쪽으로 흐르는 은은 동쪽의 아메리카로 저렴한 중국 상품을 가져왔다. 명조가 끝나기도 전에, 저가의 중국 직물은 멕시코에서 일상적인 상품이 되었다.

이러한 발견들은 중국 내부의 물가가 다른 지역과 비교했을 때 충분히

---

51 화폐 공급량의 변동이 시스템 내 다른 지역의 가격에 영향을 미쳐 이러한 화폐를 보유한 상인들에게 부담을 주었다. 에드먼드 스콧(Edmund Scott)은 영국 동인도회사의 반탐 주재원으로서 이러한 효과를 관찰했다. 1604년 4월 22일, 반탐에 도착한 중국 정크선이 구리 주화를 실어왔고, 이로 인해 반탐의 구리 주화 가치가 하락했다. 스콧이 이를 언급한 이유는 그가 현지에서 거래를 위해 상당량의 구리 주화를 준비해 두었기 때문이다. 구리 주화의 유입은 상품의 실제 가격을 상승시키고 은 레알의 비용도 증가시키는 효과를 가져왔다. Scott, Edmund., *An Exact Discourse of the Subtleties, Fashions, Policies, Religion, and Ceremonies of the East Indians,* London : Walter Burre, 1606, E1.

52 Boyd-Bowman, Peter., "Two Country Stores in XVIIth Century Mexico," *Americas* 28, no.3, January 1972, p.242, p.244, p.247.

낮아서 명나라의 상품을 전 세계에 수출하고 거래할 수 있었음을 나타낸다. 이는 중국의 제조업자와 수출업자뿐만 아니라 다른 지역의 수입업자와 소매업자에게도 이익이 되었다. 이러한 무역은 은의 공급이 세계 경제와 명나라 경제를 중개할 수 있을 만큼 충분했기 때문에 가능한 일이었다.

무역에 대한 지지

리마의 상인들은 마닐라에서 중국 상품을 거래하는 것이 "모두의 번영"에 기여하며 "왕실 수입의 증가"를 가져온다고 주장했다. 토마스 먼도 이에 동의했을 것이다. 국제 무역의 비즈니스 혜택을 경험한 상인으로서 그는 은을 수요가 있는 곳으로 이동시켜 최적의 조건으로 상품을 구매하고, 그 상품을 수요가 있는 시장으로 운송 및 판매하여, 그렇게 얻은 은이 처음 지출한 은을 초과하는 이익을 얻는 행위의 가치를 이해했다. 그것은 중상주의자의 꿈이었다. 상품 교환을 부를 증가시키는 메커니즘으로 사용하는 것이다. 토마스 먼에게 이익 증가는 단지 회사의 이익뿐만이 아니었다. 그는 더 많은 사람들이 무역을 통해 생계를 유지할 수 있게 되었으며, 강화된 세수로 인해 국가도 혜택을 받는다고 주장했다.

무역에 대한 이러한 주장은 당시 중국 문서 기록에서 찾아볼 수 없는데, 그 이유는 그 아이디어가 낯설었기 때문이 아니라 무역을 옹호할 수 있는 공공 영역이 존재하지 않기 때문이다. 중국 상인들은 그들이 다루어야 할 대중이 없었고 상인 자신들의 견해와 거래 내용을 그들만 알았으며, 거래가 완료되면 경쟁자나 호기심 많은 세금 당국자들이 추적할 수 없도록 문서 흔적을 남기지 않고 파기했다. 사적 이익과 공공 이익의 융합에 대한 토마스 먼의 사고방식에는 두 가지를 분리하고 동시에 둘 모두 존중하는 공공 담론이 필요했다. 명대 관리들은 그러한 특권이 없었다. 허용된 담론에서는 항상 공공선의 미덕이 사적 이익의 악덕을 압도했다. 이 이분법은 해금 정책이 시행되던 시기에 뚜렷하게 강화되었다. 비록 금지령이 1567년에 부분적으로 해제되었지만, 만력과 천계 연간을 통해 여러 번 수정되고 재시행되었다. 1620년대 중반에 푸젠에서 광둥으로 항해하던 중국 배가 해금령을 위반하여 나포되었을 때, 그 화물에는 후추, 소목, 승마 뿌리와 같은 동남아시아 상품이 포함되어 있어 그 값이 거의 은 1만 냥에 달했으며, 이는 오로지 사적인 부를 공공선에 반하여 이동시키는 것으로만 간주될 수 있는 밀수품이었다. 이 사건을 기록한 광저우부 추관推官 옌쥔옌顔俊彦은 화물 일부가 손상되었음을 발견했지만, 화물의 가치 저하를 이유로 처벌을 경감시키려 하지 않았다. 밀수라는 범죄를 경감시킬 사유가 되지는 않았기 때문이다.[53] 그러나 명대 후기에는 외국 무역을 바라보는 시각이 변화하여 사적 부가 공공선과 경쟁하고 또 위협한다는 기존의 유교적 관점을 재고해야 한다는 주장도 등장했다. 외국 무역이 모든 사람들의 부를 증가시킴으로써 실제로 공공선에 기여한다는 것이다.

1639년 4월, 상상조차 할 수 없었던 왕조의 붕괴가 5년 앞으로 다가온 시점에, 푸위안추傅元初는 숭정제에게 상소문을 올려 1638년에 다시 부과

---

53 顔俊彦, 『盟水齋存牘』, p.702.

된 해상 무역 제한 조치를 해제해 달라고 요청했다.[54] 푸위안추에 대해서는 지방지의 '순적循績' 부분에 실린 짧은 전기 외에는 알려진 바가 거의 없다. 푸위안추는 취안저우의 엘리트 가문 출신이었다. 푸젠 취안저우는 송대부터 명 초까지 대부분의 외국 무역이 이루어지던 곳이었다. 이 가문이 소유하고 있던 많은 희귀 골동품은 가문의 부와 높은 지위를 드러낸다. 푸위안추는 학자로서도 명성을 누렸다. 그는 1628년에 과거 시험에 합격했고, 공과급사중工科給事中으로 일하다가 1638년 2월 관리 임명에 관한 문제로 황제를 불쾌하게 해 퇴직했다. 지방지는 "그가 직무 중 사망했다"고 기록하고 있는데, 이는 그가 복직했었음을 가리킨다. 그렇지 않았다면 그가 14개월 후에 황제와 소통하는 것은 불가능했을 것이다.[55]

그의 상소문은 널리 주목을 받았다. 푸위안추는 해적 문제를 인식했고, 해안을 폐쇄하는 것이 해적을 차단하는 매력적인 수단이라는 점을 이해했다. 그러나 그는 황제가 외국인과의 무역을 허용할 경우 중국이 얻을 수 있는 큰 이점을 지적했다. 서쪽으로는 동남아시아인들이 중국에서 수요가 있는 산단목, 후추, 상아와 같은 사치품을 제공했으며, 동쪽으로는 필리핀의 유럽인들이 은을 가지고 있었다. 두 집단 모두 자신들이 가진 것과 직접 생산할 수 없는 것을 가지고 중국과 무역을 원했다. 이러한 바람은 50

---

54 顧炎武,『天下郡國利病書』, 권26, pp.33a-34a. 푸위안추의 상소는 Chang, Pin-tsun., "The Sea as Arable Fields: A Mercantile Outlook on the Maritime Frontier of Late Ming China." In *The Perception of Maritime Space in Traditional Chinese Sources*, ed. Angela Schottenhammer and Roderich Ptak, Wiesbaden : Harrassowitz, 2006, p.20, pp.24-25에서 논의되었다.

55 『晉江縣志』(1765), 권10, pp.70b-71a; 권8, p.58b에 푸위안추의 이름이 성공적인 시험 합격자 명단에 포함되어 있다. 쉐룽춘(薛龍春)은『王鐸年譜長編』에서 1637년 11월 17일과 1638년 1월 14일의 항목에 푸위안추에 대한 몇 가지 세부 사항을 제공하고 있다. 푸위안추의 면직은 장팅위(張廷玉)의 『明史』, p.6863과 p.6672에 기록되어 있다.

년 전에 조정 관리들이 귀 기울이지 않았던 장한의 주장과 동일한 것이었다. 특히 푸위안추는 외국인 구매자들이 후저우湖州의 비단 직물과 징더전의 도자기를 원한다고 지적했다. 그는 명조가 이들 제조품을 구매하도록 허용해도 아무런 손실이 없다고 주장했다. 양쪽 모두 이익이 컸기 때문에 해금은 무역을 범죄화하고 이익을 밀수업자들에게 넘기는 것 외에는 아무것도 달성하지 못했다. 푸위안추는 해상 무역을 재개하지 않으면 귀중한 관세 수입을 포기해야 한다고 주장했다. 그는 무기나 군수 물자 등『대명률』이 국외 반출을 금지한 것을 제외하면, 취안저우의 상인들이 판매할 수 있는 모든 중국 제품을 수출하는 것이 가장 좋으며, 이는 강남의 비단 생산자와 강서의 도자기 생산자에게 혜택을 줄 것이라고 보았다.

푸위안추는 상소문 말미에서 해금 해제의 세 가지 이점을 열거했다. 첫째, 명나라는 북부 국경의 군사 방위를 지원하기 위한 수입이 필요한데, 해상 무역의 관세 수입을 통해 그 재원을 마련할 수 있다. 둘째, 해안 지역의 토지는 희소하고, 사람들은 빈곤에서 벗어나기 위해 무역에 의존할 수밖에 없으므로, 외국인과의 무역은 빈곤을 완화할 수입을 제공할 것이다. 셋째, 관리들이 해안 경비 자금을 마련하기 위해 밀수업자들과 부패를 저지를 유혹에 빠지지 않게 될 것이다.

푸위안추가 아무런 맥락 없이 이러한 주장을 펼친 것은 아니었다. 그는 불법적인 부를 야기하고, 범죄 활동을 부추기며, 국가를 외국인들의 정탐에 개방한다는 이유로 외국 무역을 규탄하는 이들에 반대하여 이 상소문을 썼다. 비슷한 맥락에서 토마스 먼 또한 아시아에서의 영국동인도회사

무역에 반대하는 이들, 즉 외국 무역이 영국의 은화를 소모하고 낭비성의 사치품 소비자들만 이익을 본다고 주장하는 이들에 반대하여 그의 변론을 펴냈다. 그러나 차이점도 있었다. 푸위안추는 보수적인 관료들, 즉 외국 무역이 중국을 약화시킬 수 있는 쐐기가 될 것이라고 생각하는 이들에 반대했지만, 토마스 먼은 외국 무역의 이익이 회사에만 돌아가고 공공에는 돌아가지 않는다는 대중적 여론에 반대했다. 토마스 먼이 대중 여론에 반대했던 반면, 푸위안추는 자신이 여론을 대변하고 있다고 자신했다. 그는 상소문 말미에 "이것은 한 관리의 말이 아니라, 실제로는 푸젠성의 여론"이라고 주장했다.[56] 그는 취안저우와 장저우의 사대부와 평민 모두와 대화했고, 모두가 자신의 견해에 동의한다고 결론지었다.

　토마스 먼과 푸위안추는 또 다른 방식으로 연결될 수 있는데, 그들 모두가 자신의 주장에서 은을 언급했다. 푸위안추는 상소문에서 4차례 은을 언급했다. 첫 번째는 1567년 월항을 외국 무역에 개방하자 이전에는 존재하지 않았던 관세 수입이 연간 은 2만 냥 이상 발생했다는 점을 황제에게 상기시키기 위해서였다. 두 번째는 후저우 비단 100근의 가격이 후저우에서는 은 100냥이지만 필리핀에서는 200냥이라는 것을 지적하기 위해서였다. 징더전 도자기와 푸젠의 과자 및 건과일의 이익도 마찬가지라고 그는 주장했다. 세 번째 언급은 첫 번째를 반복하는데, 이번에는 이익이 아니라 손실의 관점에서였다. 그는 특히 푸젠인들과 네덜란드인 사이에 일어났던 타이완 지역 해상 무역을 언급하며, 이 불법 무역의 수익이 곧 명나라의 손실로 이어져 연간 은 2만 냥의 피해가 발생했다고 주장했다. 네 번째 언급 또한 세

56　顧炎武, 『天下郡國利病書』, 권26, p.34a.

번째를 반복하는데, 해외 무역을 재개하면 명나라 군사비 2만 냥을 되찾을 수 있다는 것이다. 서로 다른 경로와 가정을 통해 도달했지만, 푸위안추와 토마스 먼은 해외 무역이 국가와 국민의 부를 감소시키는 것이 아니라 증가시킨다고 주장했다는 공통점이 있다. 푸위안추는 황제에게 해외 무역이 밀수를 종식시키고 군사비를 충당하게 해 줄 것이라는 점을 강조했다. 반면 토마스 먼은 영국 국민을 대상으로 국제 무역이 국민에게 비용을 들이지 않고 부를 창출할 수 있게 해 줄 것이라고 주장했다. 그들 각각의 주장이 정확한지 여부는 다른 문제이다.

이 두 목소리가 공유하고 있던 것은 물가 압박을 받고 있는 시대에 이루어진 발언이었다는 점이다. 1621년 영국은 불황에 빠져 있었다. 1639년 명나라는 훨씬 더 큰 곤경에 처해 있었다. 10년 전에 중국 전역에 걸쳐 기온이 하락하기 시작했다. 이 추위가 시작되고 8년째인 1637년에는 대부분 지역에 가뭄까지 덮쳐 1644년까지 이어진 치명적인 상황이 전개되었다. 푸위안추의 고향인 푸젠은 1639년에 기근에 시달렸고, 이어서 1640년에 전염병이 발생했다. 이 재난들은 재정과 생계 위기를 극복하기 위해 관리들이 어떠한 정책을 채택해야 할지에 대한 불확실성을 불러일으켰다. 국경 봉쇄가 합리적인 대응이라고 생각한 이들에 반대하여, 푸위안추는 어려움이 가중되는 상황에서 문을 걸어 잠그는 것은 조정이 가장 마지막에 취해야 할 조치라고 주장했다. 그는 푸젠성 주민들 사이에 널리 퍼진 빈곤, 그리고 북방 국경의 군대에 필요한 비용을 충당하기 위해 고갈된 지방의 재정에 대해 언급했다. 국가는 자금이 필요했고, 사람들은 수입이 필요했으며, 무역은 둘 다를 위한 길을 열어 주는 것이었다.

영국에서는 토마스 먼의 견해가 지배적이었는데, 이는 왕권의 이익이 공사의 이익과 일치했기 때문이다. 중국에서는 푸위안추의 견해가 관철되지 못했다. 그렇다고 해서 전자의 경우 입장이 확고부동했거나, 후자의 경우 완전히 신뢰를 잃었던 것은 아니다. 영국 화폐coins가 충분히 가치가 있다면 동인도회사가 은을 해외로 가져가는 것이 국가 경제에 해를 끼치지 않는다는 것을 대중에게 계속 확신시켜야 했다.[57] 토마스 먼의 글은 기억되었지만, 푸위안추의 글은 잊혔다. 그의 글이 전해지는 것은 청대에 활동한 구옌우顧炎武가 그의 거대한 국정 방침집인 『천하군국이병서天下郡國利病書』에 포함시켰기 때문이다. 동인도회사의 의견은 영국 정부가 귀 기울여 주었지만, 구옌우의 말은 오직 동료 학자들의 귀에만 들렸다(그의 대작은 1811년이 되어서야 출판되었다). 두 정치 체제는 서로 다른 길을 걸었다.

마젤란의 교환?

일부 경제사 연구자들은 명말의 기록적인 물가 상승의 원인이 화폐 공급량의 변동에 있었다고 제시했다. 만력 연간부터 시작된 외국 은의 유입이 먼저 있었고, 이어서 숭정 연간에 그러한 유입이 차단되었기 때문이라는 것이다. 곡물 가격이 곡물과 화폐의 공급 사이의 균형에 달려 있다는

---

57 이 논쟁은 1660년대에 더욱 격렬한 형태로 다시 등장했다. Chaudhuri, K. N., *The Trading World of Asia and the East India Company, 1660–1760,* Cambridge : Cambridge University Press, 1978, p.8.

것은 분명하다. 수요가 증가하면 곡물 가격이 상승할 수 있지만, 경제 내 화폐의 양이 증가할 때도 마찬가지다. 그러나 화폐 공급의 축소는 가격에 양방향으로 영향을 줄 수 있다. 이것은 동인도회사가 아시아 수입품의 대금 결제를 위해 은을 해외로 가져가는 정책을 비난하는 주장들의 근거가 되었고, 바로 토마스 먼이 대응해야 했던 부분이기도 하다. 중국으로의 은 유입 측면에서는, 태평양 지역 은 공급원(일본과 아메리카 대륙 포함)으로부터 새로 유입된 은 규모가 1600년 이전 중국 내부의 은 공급량 증가율의 8배 였고, 17세기 초반에는 20배에 달해 중국 내 가격 상승을 초래했다는 주장이 제기되었다.[58]

이러한 주장들은 중국이 국경을 넘어 일어나는 일에 영향을 받지 않는다는 오래된 관념을 바로잡는 중요한 시도였다. 그러나 은이 화폐 공급에 미친 영향이 과연 물가를 변동시켰는지는 여전히 논쟁의 여지가 있다. 만력 연간 중반에 마르틴 이그나시오 데 로욜라는 페루산 은이 마닐라 시장으로 흘러들어가 중국 상인들이 중국에서 가져온 상품의 가격을 상승시켰다고 보았다. 그는 마닐라로 은을 보내는 것을 중단하여 가격을 이전 수준으로 되돌려야 한다고 주장했다. 로욜라는 마닐라에서 중국으로 이어지는 아메리카 은의 유입이 중국 내 물가 상승을 초래했는지에 대해서는 의견을 제시하지 않았지만, 1990년대 중국사의 세계사적 전환 이후 일부 역사가들은 그렇다고 주장해 왔다. 명 말의 물가가 이러한 효과에 대한 증거가 될 수 있는가?

---

58 이 주장에 대한 가장 명확한 수정은 von Glahn, Richard., *Fountain of Fortune: Money and Monetary Policy in China, 1000–700,* Berkeley : University of California Press, 1996, pp.113 – 141에 있다.

3장 은, 물가, 그리고 해상무역   187

이 질문에 답하기 전에, 이 해석을 주도하는 역사학적 모델에 대해 반추해 볼 가치가 있다. 이 모델은 '콜럼버스 교환'이라는 개념에 의존한다. 콜럼버스 교환이란 환경사 연구자인 알프레드 크로스비Alfred Crosby가 제노바 출신 항해가 크리스토퍼 콜럼버스Christopher Columbus의 항해 이후 대서양을 넘나들며 이루어진 생물과 기타 물질의 교환을 설명하기 위해 만든 용어이다.[59] 1929년에 경제학자 얼 해밀턴Earl Hamilton은 귀금속, 특히 은의 유럽 유입이 물가를 교란시키고 스페인 경제를 불안정하게 만들었으며, 그를 비롯한 여러 연구자들이 16세기 유럽의 가격 혁명이라고 불리는 현상을 촉발할 만큼 대규모였다고 제시했다.[60] 정치 철학자 장 보댕Jean Bodin은 1560년대 초반에 이미 이 주장을 제기하여, 현재 화폐수량설로 알려진 관점을 예견했다.[61] 크로스비와 마찬가지로 해밀턴이 콜럼버스의 교환으로 인해 대서양 양쪽에서 획기적인 변화가 일어났다고 주장한 것은 옳았지만, 아메리카 은의 유입이 유럽에서 급격한 물가 상승을 유발했다는 그의 논문은 여러 면에서 도전을 받았다.

경제학자 존 먼로John Munro는 유럽 세 지역의 화폐, 물가, 임금에 대한 간결한 설명에서 대서양을 건너는 은의 유입이 130년에 걸쳐 연간 1퍼센트에서 1.5퍼센트의 인플레이션에 기여했다고 인정한다. 그러나 이는 인플

---

59 Crosby, Alfred., *The Columbian Exchange : Biological and Cultural Consequences of 1492*, Westport, CT : Greenwood, 1972.

60 Hamilton, Earl., "American Treasure and the Rise of Capitalism." *Economica* 27, 1929, pp.349 – 357.

61 Munro, John., "Money, Prices, Wages, and 'Profit Inflation' in Spain, the Southern Netherlands, and England during the Price Revolution Era, ca. 1520 – ca. 1650." *Historia e Economia* 4, no.1, 2008, p.15에서 인용됨.

레이션이 이미 진행 중이었던 시점 이후에 발생한 일이었다. 콜럼버스의 교환은 인플레이션의 요인이었지만, 많은 요인 중 한 요인에 불과했다. 또한 스페인에서 그 영향은 이전에 생각했던 것보다 적다는 것이 밝혀졌다. 먼로는 가격 혁명이 "본질적으로 화폐적 현상이지만, 각 지역 경제의 특정한 실질적 요인이 작용한 결과이자 어느 정도는 지역 화폐 평가 절하의 결과로 나타난 국가적 또는 지역적 변동을 가진 현상"이라고 요약했다.[62]

그럼에도 콜럼버스 교환은 1520~1521년에 스페인 왕국을 위해 태평양을 횡단한 포르투갈 항해사 페르디난드 마젤란Fernão de Magalhães을 기리며 '마젤란 교환'이라고 불릴 수 있는 개념을 형성하는 데 영향을 미쳤다. 은은 멕시코 아카풀코Acapulco에서 마닐라로 대량으로 운송되어 그곳에서 중국 제품과 교환된 후, 장저우漳州로 이동하여 명나라 경제에 침투했다. 콜럼버스 교환이 역사가들이 생각했던 것보다 신뢰도가 낮아지고 있는 반면, 마젤란 교환은 더욱 취약한 기반 위에 서 있다. 첫째, 이론보다는 사실의 차원에서 아메리카보다 아시아, 특히 일본에서 중국으로 더 많은 은이 도달했다. 둘째, 태평양을 가로지르는 무역로를 따라 운항하는 마닐라 갤리온선이 중국 상품과 아메리카 은의 교환을 위한 중요한 통로를 만들었지만, 명나라에 도달한 은은 대서양을 건너 유럽으로 간 후 동인도회사와 같은 기관에 의해 아시아로 재운송되는 경우가 더 많았던 것으로 보인다. 마지막으로, 명나라 경제는 유럽 전체 경제와 거의 동등할 정도로 충분히 컸기 때문에 유입된 은을 상업적 교환 시스템에 통합할 수 있었고, 그로 인해 불안정해지지는 않았다.

---

62 Munro, "Money, Prices, Wages, and 'Profit Inflation,'" p.18.

이러한 점들이 연간 10만 킬로그램 이상의 은이 유입되었음에도 명나라 경제에 전혀 영향을 미치지 않았다는 것을 의미하지 않는다. 그러나 그 영향은 아직 실증적으로 입증되지 않았다. 내가 이전 장의 말미에서 언급했듯이, 은의 풍부함이 물가를 상승시키는 효과를 감지할 수 있었던 유일한 부분은 사치품 시장이었다. 만력 연간의 관찰자들은 제한된 시장에 새로운 구매자들이 대거 진입함에 따라 그림 가격이 급격히 상승했다고 설명했다. 여기서 제기되는 질문은 그들 새로운 구매자들이 어디서 왔는가가 아니라, 이들이 어떻게 사치품 시장에 참여할 수 있을 만큼 많은 은을 보유하게 되었는가이다. 나는 해외에서 유입된 은의 증가로 인해 예술품 가격이 상승했다는 명백한 증거를 찾지 못했다. 관련 증거를 찾기 위해서는 명 후기 예술 시장에 대한 새로운 연구가 필요할 것이다. 새로운 구매자들의 등장과 그들의 은 사용에 관하여 현재 내가 제시할 수 있는 가장 강력한 논리적 가설은, 예술품을 독점하는 능력이 감소함에 따라 지위에 위협을 느낀 문화 엘리트들이 경멸했던 '부적격'의 구매자들은, 확장하는 상업 경제에서 '새로운' 부를 얻은 사람들이었고, 그 부를 단순히 상대적으로 비활성 자산인 토지에 저장하는 대신 물리적 은으로 보유하기를 선택했으며, 그들은 경제적 자본을 높이 평가된 품목의 문화적 자본으로 교환하는 데 매우 만족스러워했고, 필요할 때는 이러한 품목을 현금으로 쉽게 전환할 수 있었다는 것이다. 1567년 이후 합법적인 해상 무역이 증가하고 수십 년 동안 이러한 고급 사치품 소비의 급증이 비판적 논평을 불러일으킨 것은 이 가설의 타당성을 뒷받침하는 증거일 수 있다.

그러나 이 책의 주제는 예술품 가격이 아니라 곡물 가격이다. 왕조 말기에 곡물 가격을 상승시킨 요인을 이해하기 위해, 이제 우리는 사치품 경제에서 기근 경제로 시선을 돌려야 한다. 명 말의 물가 상승을 초래한 주요 요인이 유입된 은이라는 주장은, 내가 다음 두 장에서 제시할 주장보다 훨씬 약하다. 나의 주장은 전 지구적 무역이 아니라, 전 지구적 기후가 명나라의 곡물 가격을 치명적인 수준으로 끌어올렸다는 것이다.

4장

기근 시기의 곡물 가격

마침내 내가 이 책을 통해 다루고자 한 핵심 현상, 즉 기근 시기에 곡물 가격이 어떻게 상승했는지에 도달했다. 기근 시기의 곡물 가격은 1450년 이전 명대 문서에서 일관되게 등장하는 경우는 없었다. 그러나 그 이후 두 세기에 걸쳐 누적되어 18세기 이전 중국에서 가장 긴 일련의 가격 정보를 형성하게 된다. 일반적인 가격과 달리 기근 가격은 예외적이다. 기근 가격은 기록된 시점과 장소의 특수한 상황을 반영하지만, 이 기록들은 사람들이 곡물에 대해 지불할 것으로 예상하는 금액과 곡물을 구입하기 위해 지불해야 하는 금액 사이의 차이를 명나라 관찰자들이 모두 이해할 수 있는 수준으로 제시하고 있다. 우리가 이처럼 변칙적인 가격을 사용해 명대 물가사를 쓸 수 있는 이유는, 이 자료들을 긴 리본처럼 엮어 보면, 15세기 중반에서 17세기 중반까지의 심각한 기후 악화 기간 동안 사람들이 느꼈던 압박과 혼란, 고통을 명대 문서의 다른 어떤 지표보다도 더 명확하게 보여 주기 때문이다. 또한 이러한 가격은 페르낭 브로델을 다시 인용하자면, 가능한 것과 불가능한 것의 한계를 거의 직접적으로 보여 준다. 대부분의 사람들이 감당할 수 없는 수준으로 곡물 가격이 상승했을 때, 이러한 가격은 생존 가능과 불가능의 견고한 경계를 표시했으며, 누구도 그 경계의 잘못된 편에 있기를 원하지 않았다. 그 경계를 무너뜨린 것은 화폐 공급이 아니었다. 그것은 우리가 소빙하기의 중요한 단계 동안, 농업 생산의 자연조건이 악화된 것이었다.

이 시기에 곡물 가격은 농업 번영과 인간 생존, 그리고 정치적 안정의 가장 신뢰할 수 있는 척도였다. 1420년에 영락제가 티무르 제국의 통치자 샤루크 미르자의 사절단을 접견하며 페르시아의 상황에 대해 물을 때, 그는 그들 나라의 곡물 가격을 먼저 물었다. 사절단이 곡물 가격이 저렴한 편이라고 하자, 영락제는 이를 샤루크가 하늘의 은총을 받고 있다는 증거라고 선언했다.[1] 낮은 곡물 가격은 풍요를 의미했으며, 이는 하늘의 은혜를 나타내는 확실한 신호였다. 이는 황위 찬탈자인 영락제가 민감하게 여겼던 신학적 문제였다.[2] 접견 당시 명나라의 곡물 가격도 낮았다. 몇 년간 폭우가 내린 뒤인 1406년에 발생한 대기근과 1415년과 1416년의 홍수를 제외하면 기온은 정상 범위에 있었고 풍부한 강우가 좋은 수확을 보장했다.[3] 농업의 번영은 영락제가 대운하를 재건하고, 수도를 그의 아버지가 통치하던 난징에서 베이징으로 이전하며, 인도양으로 외교 목적의 함대

---

1 사절단의 공식 연대기 작가 기야수딘 나카쉬(Ghiyasu'd-Din Naqqash)가 기록한 내용. Abru, Hafiz, ed., *A Persian Embassy to China*, trans. K. M. Maitra. ed. L. Carrington Goodrich, New York : Paragon, 1970, p.62.

2 영락제가 그의 찬탈자 신분을 완화하려는 시도에 대해서는 Brook, Timothy., *Great State : China and the World*, New York : HarperCollins, 2020, pp.85 - 88을 참조.

3 내가 영락제 시기의 물가 기록을 찾은 해는 1404년과 1405년이다. 「饒州府志」(1872), 권31, p.29b; 「潛書」(1618), 「潛山縣志」(1784), 권1.

를 여러 차례 보내는 등 많은 비용이 드는 프로젝트를 수행할 수 있는 수단을 제공했다. 영락제가 1424년에 사망하고 그로부터 15년이 지난 후부터 명나라의 행운은 서서히 사라지기 시작했다. 그러나 그의 재위 기간 동안에는 곡물이 저렴했다. 그는 하늘의 선택을 받았다.

명나라 사람들은 황제와 마찬가지로 곡물 가격이 안정적이고 공정하게 유지될 때 세상이 잘 돌아가고 있다고 믿었다. 천치더가 "풍작과 번영의 시기" 동안의 곡물 가격에 대해 찬미한 것은 세상이 이와 같아야 한다는 공통된 이해를 표현한 것이었다. 모든 사람들은 가격이 계절에 따라 변동된다는 것을 받아들였으며, 수확 직후에 가장 낮아지고, "청황부접靑黃不接", 즉 묵은 곡물이 다 떨어지고 햇 곡물이 아직 수확되지 않은 시기에 가장 높아진다고 생각했다.[4] 다음 수확이 이루어지면 가격이 정상으로 돌아갈 것이라는 기대가 있었다. 그러나 15세기 중반부터, 이러한 기대는 수십 년마다 발생하는 흉작으로 인해 단기적으로 가격의 불확실성이 초래되면서 약화되었다. 왕조 말기까지 장기적으로도 이러한 불확실성이 지속되었다.

곡물 가격

명조가 창건된 1368년에 황제는 절도죄 처벌 수위를 정할 때 참조할 수 있도록 가격 평가 목록을 작성하라고 명령했다. 절도의 처벌은 도난당한 물건의 가치에 기초하여 결정되었다. 이 목록에는 다섯 가지 곡물의 가격

---

4   예를 들면 吳宏, 『紙上經綸』, 권6, p.3b.

이 포함되어 있다. 가장 비싼 것은 1두당 은 3.125푼(동전 31.25문)의 가격인 쌀이다. 다음으로 밀이 1두당 2.5푼(동전 25문)이다. 세 번째로 가격이 높은 것은 좁쌀과 콩으로, 각각 1두당 2.25푼(동전 22.5문)이다. 목록에 있는 가장 저렴한 곡물은 1두당 1.5푼(동전 15문)의 수수와 1.25푼(동전 12.5문)의 보리 이지만, 당시 사람들은 이것들을 인간이 섭취하기에 적합한 식품으로 여 기지 않았다.[5] 이 가격들을 확인해 줄 다른 증거는 없지만, 부인하는 증거 도 없다. 새로운 정권이 대중의 눈앞에서 그 합법성을 확립할 필요성이 있 었기에 이러한 평가 가격이 정확하고 공정했다고 판단할 수 있다. 이것이 내가 명 초의 곡물 가격에 대한 합리적인 추정치로서 이 수치를 반복하게 되는 이유다.

명대 문헌에서 곡물 가격에 대한 언급이 드물다는 것은 이후 우연히 나 타나는 자료들에서도 대체로 이러한 가격들이 계속 유지되었음을 시사함 과 동시에, 그 어떤 해에 대해서도 이렇게 명확한 가격 정보를 가지고 있 지 않다는 뜻이다. 예를 들어, 앞 장에서 언급된 1608년 광둥의 가격에 대 한 마드리드 상인 페드로 데 바에자의 보고에 따르면, 그곳의 쌀 가격은 3.5푼에서 4푼 사이였다.[6] 놀랍게도 이 가격 범위의 하한선은 2세기 반 전 의 평가보다 겨우 0.25푼 높다. 천치더 역시 만력 연간 초반 자신의 어린 시절을 회상하며 "곡물 1두의 가격이 3푼에서 4푼이었다"고 주장했다. 이 가격 범위의 상한선인 4푼은 16세기의 일반적인 쌀 가격을 더 잘 나타내 는 추정치일 가능성이 높지만, 앞의 두 관찰자 모두 이것이 상한선에 가깝

---

5 『大明會典』, 권179, p.4a, 관의 공식 환율에 따라 은과 동으로 환산된 가격.

6 Boxer, C. R., *The Great Ship from Amacon,* Lisbon : Centro de Estudoes Historicos Ultramarinos, 1960, pp.184–185.

다고 증언하고 있다. 다른 예로, 1566년 가정제에게 제출된 보고서에서는 곡물 가격이 싼 경우 1두당 4푼 이하로 유지되지만, 비싼 경우에는 6푼 이상으로 올라갈 수 있다고 언급했다.[7] 그럼에도 1580년대 만력제에게 제출된 보고서에서는 "강남 지역의 쌀 가격은 1석당 30푼을 넘지 않는다(1두당 3푼)"고 했다. 보고서를 제출한 관리인 자오용셴趙用賢은 다른 지역은 가격이 조금 더 높을 수 있지만 양자 삼각주에서는 "쌀 가격이 매우 저렴하다"고 주장했다.[8] 몇 년 후인 1588년에 자오용셴은 내각에 "수확 후 쌀 가격이 최고조에 달해도 1석당 50푼 또는 60푼을 넘지 않는다(1두당 5푼에서 6푼)"고 보고했다. 이는 쌀의 정상 가격에서 상당히 상승한 것으로 보일 수 있지만, 그렇지 않다. 자오용셴이 이 보고서를 작성할 당시는 1587년 첫 번째 만력 연간의 대기근 직후 강남의 쌀 가격이 하락하기 시작했을 때였기 때문이다. 그는 쌀 가격이 1석당 1.6냥, 즉 1두당 16푼까지 치솟았다고 언급했다.[9] 천치더가 쌀 가격의 적절한 범위를 3푼에서 4푼으로 기억한 것은 틀리지 않았다.

그러나 곡물 가격이 항상 그 범위 안에 머물지는 않았다. 시인 런위안샹任源祥은 "만력 연간 초기에 1석의 곡물은 40에서 50푼(1두당 4에서 5푼)이었고 모든 것이 저렴했다"고 회상했다.[10] 같은 시기의 다른 작가들은 표준 쌀 가격이 1두당 5푼이라고 언급했다. 예를 들어, 1530년대 초에 탕순즈唐

---

7 萬士和,「條陳南糧缺乏事宜疏」,『萬文恭公摘集』, 권11, p.8b(岸本美緒,『淸代中國の物價と經濟變動』, 東京 : 硏文出版, 1997, p.226에서 인용됨).

8 趙用賢,「議平江南糧役疏」,『皇明經世文編』, 권397, p.9a-b. 자오용셴의 이 관찰은 양역(糧役)을 은으로 전환할 시의 유리한 환율을 계산하는 맥락에서 이루어졌다.

9 趙用賢,『松石齋集』, 권27, p.8a, p.10b.

10 任源祥. 岸本美緒,『淸代中國の物價と經濟變動』, p.226에서 인용.

順之는 쑤저우 지역의 표준 쌀 가격이 1두당 5푼이라고 관찰했다.[11] 명나라가 붕괴된 후 1660년대를 돌아보며, 루원형陸文衡은 젊은 시절 쑤저우에서 1석의 쌀이 "단지 50푼 또는 60푼이었다"고 회상했다.[12] 또 다른 쑤저우 작가인 류번페이劉本沛는 청나라 창건 이전의 수십 년을 돌아보며, 만력 연간 말에 쌀이 1두당 5푼이었으며, 1622년에 가격이 오르기 시작했다고 회상했다.[13] 1624년 상하이 외곽 지아딩현嘉定縣에서 발생한 기근에 관한 당시 보고는 '풍년'의 쌀 표준 가격이 1두당 5푼이었다는 것을 확인해 준다.[14] 이러한 증언들은 참고할 가치가 있지만, 많은 경우에는 작가들이 왕조 말기에 곡물 가격이 급등하기 이전의 삶을 상기시키기 위해 인용한 회고적인 가격들이다.

이들 산발적인 자료들을 바탕으로, 명 초에 쌀 가격이 1두당 은 3푼으로 시작해 한 세기 이상 거의 그대로 유지되었다고 말할 수 있다. 16세기 후반에 은 3푼은 쌀의 일반적 가격으로 제시되기보다는 4푼까지 올라가는 쌀 가격 범위의 하한으로 자주 언급된다. 때때로 이른 시기에 쌀 가격으로 5푼이 언급되기도 하지만, 이 가격은 1621년대까지 일관되게 기록된 가격은 아니었다. 이 장에서 나중에 살펴볼 것처럼, 만력 연간 동안 두 차례의 생계 위기를 겪은 이후, 사람들은 곡물 가격이 항상 일정하게 유지되리라는 기대를 버리게 되었다.[15]

---

11 唐順之, 「與李龍岡邑令書」, 『唐荊川先生文集』, 권5, p.22a.

12 陸文衡, 『嗇菴隨筆』, 권3, p.5a, 岸本美緒, 『淸代中國の物價と經濟變動』, p.230에서 인용.

13 劉本沛, 岸本美緒, 『淸代中國の物價と經濟變動』, p.230에서 인용.

14 『嘉定縣志』(1881), 권3, p.13b.

15 다른 곡물은 명나라 후기에도 쌀보다 저렴했으며, 1368년에도 마찬가지였다. 그러나 이 장에서는 쌀 가격에 초점을 맞추었다.

지방지에 기록된 기근 시기의 곡물 가격

이 책에서 사용된 기근 곡물 가격의 주요 출처는 지방지라고 불리는, 반半공적 성격을 띤 지역 역사와 지리에 대한 기록이다. 지방지는 흔히 여러 권으로 된 꽤 두꺼운 책으로 출판되는데, 한 지역의 역사나 각종 통계, 공공 사무, 인물 정보 등을 연대순으로 담고 있다. 가장 일반적인 기록 단위는 인구가 수만 명 수준인 현縣으로, 명나라 행정의 최하위 단위이다. 지방지는 새로운 판본에서 종종 상당한 개정이 이루어졌으며, 이상적으로는 60년 주기로 출판되었다. 가격 보고가 지방지의 주된 목적이 아니라는 점이 일부 연구자들에게는 실망스러운 부분이지만, 지방지는 현지의 사건들을 완전하고 영구적인 기록으로 남기려 했으며, 그 안에는 재난과 기이한 현상뿐만 아니라 지방의 여러 성취와 영광도 포함되어 있다.[16] 따라서 현지 가격이 정상에서 크게 벗어날 때면 이러한 가격은 역사적 기록에 포함될 가치가 있다고 간주되었다. 이러한 지향성 덕분에, 곡물 가격에 대한 지방지의 언급은 곡물 가격이 어떻게 정상 가격에서 크게 벗어났는지를 보여 주는 것이라고 할 수 있다.

기근의 발생만이 지방지 편찬자들이 곡물 가격을 기록하게 만드는 유일한 상황은 아니다. 풍년이 들어 곡물 가격이 극도로 낮아진 경우에도 마찬가지였다. 명 초 두 세기 동안, 풍년 때의 쌀 가격은 대체로 1두당 은 2푼

---

16 청대 사가 장쉐청(章學誠)은 지방지에서 물가 자료가 부족하다고 지적하며, 편찬자들에게 곡물과 상품 가격을 포함시킬 것을 권장했다. Wilkinson, Endymion., *Studies in Chinese Price History*, New York : Garland, 1980, p.2, p.5. 기상 보고서는 물가 자료보다도 드물다. 『邵武府志』(1543) 권1, pp.5b - 11a는 예외적인 사례이다.

으로 보고되었는데, 이는 정상 가격의 3분의 2에서 절반 정도였다. 풍년 가격은 시간이 지남에 따라 점차 상승하여, 1570년경에는 정상 가격이 4푼 또는 그 이상인 지역에서 2푼과 3푼이 동일한 빈도로 나타나기 시작했다.[17] 좁쌀의 풍년 가격은 쌀보다 낮았고, 몇 가지 예외를 제외하고는 2푼을 넘지 않았다.[18] 풍년 가격이 종종 동전으로 기록되기도 하는데, 명 초에는 동전 7~10문에서 시작하여 16세기 후반에는 20~30문으로 상승했다. 동전 기준의 가격은 은 기준의 가격보다 더 가파르게 상승했다. 이는 소매가격(동전)과 도매가격(은) 사이의 차이를 반영할 가능성이 있다. 밀의 풍년 가격은 1490년대에 10문으로 상승하고, 16세기에는 약간의 시차를 두고 쌀값에 뒤이어 상승했다. 그러나 17세기까지도 동전 30문에 도달하지는 않았다.[19]

풍년의 물가는 소비자에게는 혜택이 될 수 있지만, 수확의 일부를 판매하여 소득을 얻는 생산자에게는 재앙이 될 수 있었다. 동일한 논리를 뒤집어 보면, 기근 가격은 소비자에게는 재앙이지만 생산자에게는 횡재가 될 수 있었다. 명대 자료에서 극단적인 가격 변동이 소비자와 생산자 사이에 차별적 영향을 끼친 점에 대해 기록한 사례는 단 하나도 없다. 따라서 기근과 풍년의 가격은 판매자가 아닌 소비자의 관점에서 기록되었던 것으로

---

17 1568년과 1589년 사이의 기록은 다음과 같이 시간 순서대로 예를 들 수 있다. 『歸化縣志』(1614), 권10; 『海澄縣志』(1633), 권14, p.2a; 『福建通志』(1871), 권271, p.34a; 『杭州府志』(1922), 권84, p.23a; 『廬州府志』(1885), p.93, 권10b.

18 예를 들면 『樂亭縣志』(1755), 권12, p.13a; 『杭州府志』(1784), 권56, p.17a; 『延安府志』(1802), 권6, p.1b; 『永平府志』(1879), 권30, p.26a 등.

19 1613년과 1618년 사이 동전 30문의 사례는 다음과 같다. 『雄縣新志』(1930), 권8, p.45b; 『齊河縣志』(1673), 권6; 『濟南府志』(1840), 권20, p.17b.

보인다. 풍년 가격은 소비자에게 식량을 더 저렴하게 구입할 수 있게 했고, 기근 가격은 식량을 더 비싸게 만들었다. 곡물 생산자가 가격 왜곡을 어떻게 경험했는지에 대한 언급은 없다. 그러나 기후 조건이 매우 심각하여 곡물을 수확할 수도 없는 극단적인 기근 상황에서는 생산자와 소비자가 동일한 위치에 있게 된다. 이 시점이 바로 기록될 만한 기근이 발생한 시점이다. 이때 생산자와 소비자가 모두 견딜 수 없는 높은 가격에 직면하게 된다.

모든 전근대 농업 경제에서 기근의 가능성은 늘 존재했다. 명나라 사람들이 다른 사람들보다 유리했던 점은 공공의 이익을 적극적으로 옹호하고 기근 시기에 곡물 가격을 조정하기 위해 곡물 저장 체계를 유지하는 행정 체제하에 살았다는 것이다. 명조를 창건한 주위안장은 기근 시 곡물 가격에 취약한 가난한 사람들의 상황을 명확히 인식하고 있었다. 『명사』「태조본기太祖本紀」에 따르면, "지정 4년(1344)은 가뭄, 메뚜기 떼, 대기근, 전염병이 창궐한 해였다. 태조가 17세일 때 부모와 형이 차례로 죽었다. 그는 너무 가난하여 그들을 묻을 수조차 없었다."[20] 주위안장이 24년 후 1368년에 명조를 창건하고서, 그는 곡물 가격을 낮고 안정적으로 만들겠다고 결심했다. 그는 물가 안정이 중국의 과거 황금시대의 특징이라고 믿었다. 그는 학림학사에게 임명장을 수여하면서 "당나라가 천하를 지배할 때, 날씨는 계절에 맞았고 수확은 풍부했다. 곡물 1두의 가격은 동전 3문이었고, 모든 가정과 사람들에게 충분했다. 짐은 이를 듣고 가슴이 뛰며 이렇게 만

---

20 張廷玉, 『明史』, p.1.

들어야겠다고 생각했다."[21] 그는 이러한 부분에서 자신의 왕조가 과거 위대한 왕조들과 일치하기를 열망했다.

실제로는, 주위안장은 곡물 1두의 가격을 동전 3문으로 낮추는 것을 기대할 수 없었다. 그가 바랄 수 있는 최대치는 다른 상품의 가격에 비해 곡물 가격이 일반 사람들의 구매력 내에서 유지되는 것이었다. 주위안장은 당나라의 번영을 좋은 날씨와 연관지어, 좋은 정부가 있으면 좋은 날씨가 따른다는 믿음을 표현했다. 하늘은 백성들의 안정적인 생계를 유지하는 데 헌신하는 통치자를 축복한다고 믿었던 것이다. 그러나 그는 나쁜 날씨가 닥칠 때를 대비해 곡물 창고를 건설하고 곡물을 비축해야 할 역할도 이해했다. 통치 3년 차에 그는 모든 주현에 4개의 영구적인 곡물창고를 건설하도록 명령했다.[22] 주위안장은 곡물 가격을 동전 3문으로 강제로 낮출 수는 없었는데, 이는 현재 시장 가격에 따라 곡물을 판매하여 생계를 유지하는 농부들을 가난하게 만들 수 있는 조치였기 때문이다. 그러나 그는 행정기관 전체에 곡물 가격이 결코 감당할 수 없을 정도로 상승하면 안 된다는 목표를 부과할 수 있었다. 그 결과 광저우 지방지에 기록된 바와 같이, 지방관에게 부과된 임무에는 "물가를 안정시키는 것"이 포함되었다.[23]

관리들도 일반 사람들만큼 물가 상승을 두려워했다. 관리들은 굶주리지 않겠지만, 백성들이 먹을 것이 없다면 절박한 사람들이 소요를 일으키

---

21 朱元璋, 『明太祖集』, p.153. 영락제가 1422년에 양쯔강 북쪽의 기근에 대한 상소문에 응답하며 마찬가지로 당대(唐代)의 곡물 가격을 언급했다. 『明太宗實錄』, 권247, p.1b.

22 Brook, Timothy., *The Confusions of Pleasure : Commerce and Culture in Ming China*, Berkeley : University of California Press, 1998, pp.70-71.

23 『光州志』(1660), 권11, p.26a.

고 부유한 가문의 곡물을 약탈할 수 있으며, 이는 관리가 지역 질서를 유지하지 못한다는 인식을 낳고 결국 그의 경력을 끝장낼 수 있다. 무질서에 대한 두려움은 현실적이었다. 16세기 초 기근 구제에 관한 중앙 관리의 상소문에 따르면, 기근 동안 질서가 무너질 수 있다는 불안은 곡물 가격 상승과 함께 증가했다.[24] 지방 관리가 기근이 닥쳤을 때 가격을 안정시키기 위해 사용할 수 있는 간단한 방법은 현 창고의 곡물을 방출하는 것이었는데, 이는 창고에 곡물이 남아 있을 경우에만 가능했다. 명조가 망한 지 한 세기 후, 산둥성의 『핑위엔현지平原縣志』의 편찬자는 현의 창고에서 곡물을 방출할 수 있었다면 가격이 그토록 감당할 수 없는 수준으로 오르지는 않았을 것이라고 주장했다.[25] 이론적으로는 사실이지만, 실제로는 대부분의 지방 창고가 명조가 멸망하기 전에 이미 비어 있었다. 다른 방법은 지역의 부유한 가문들에게 호소하여 그들의 곡물을 기부하게 하거나 감가판매하도록 하는 것이었다. 1630년의 기근 동안 쑹장松江의 지부知府는 이 방법을 사용하여 바라던 반응을 이끌어 냈다. "여러 의로운 자들이 모여 가격 조정을 위해 각자 제공한 곡물의 양을 장부에 기록했는데, 각각 1만 석 이상이었다. 이에 올해 곡물 가격은 치솟지 않았다."[26]

이러한 대응 조치들은 최악의 위기 상황을 제외하면 대개 가격을 낮추

---

24 謝遷,「兩淮水災乞賑濟疏」, 陳子龍, 『皇明經世文編』, 권97, p.9b.

25 『平原縣志』(1749), 권9, p.7b.

26 『松江府志』(1630), 권13, p.74a. 그해 쌀 가격은 1두당 동전 130문까지 올랐으며, 이는 평상시의 기근 가격인 100문보다 높지만, 10년 동안 수백 문으로 상승하기 시작했던 때의 가격보다는 낮았다. 간략한 지방지 기록에서는 지부(知府)가 누구인지 언급되지 않았지만, 그의 지도력을 추정할 수 있다. 1638년에 지방 신사들이 자신의 곡물 비축을 제공하지 않아 봉기가 일어난 사례에 대해서는 『吳江縣志』(1747), 권40, p.32b를 참조.

기에 충분했다.[27] 이러한 조치들이 없거나 실패하면, 그 결과는 사람들이 유랑과 굶주림에 이르고, 그 너머로는 도적질과 심지어 식인에까지 이르는 것이었다. 이는 명대 사람들이 상상할 수 있고 실제로 발생했던 최악의 상황이었다. 이런 일이 발생하면 모든 종류의 극단적인 물가 기록이 나타났다. 한 가지 유형은 부모가 자식을 파는 가격이 극단적으로 하락하는 것이다. 곡물로 환산된 소년의 가격은 2두에서 3승升까지 내려갈 수 있었다.[28] 또 다른 극단적인 사례는 곡물 가격이 너무 비싸져 먹을 것이 사람이 되는 경우였다.[29] 식인 행위를 유발하는 가격은 장소, 시간, 상황에 따라 달랐다. 1588년 허난성의 한 현에서는 곡물 가격이 1두당 동전 200문이 되면 식인 행위가 시작되었다. 같은 현에서 1640년에 기근이 발생했을 때는 좁쌀 가격이 1두당 동전 1,500문에 이를 때까지는 기아 상태의 사람들이 식인 행위에 돌입하지 않았다.[30] 같은 성의 다른 지역에서는 한 해 전 메뚜기 떼가 창궐했을 때, 1두당 은 1.5냥에 이르자 인육을 먹기 시작했다.[31] 산둥성의 한 지방지는 1640년에 인육을 먹기 시작한 가격을 은 2냥으로 기록했다.[32]

---

27 명나라의 국가 개입과 상업 공급의 관계에 대해서는 Brook, Timothy., *The Confusions of Pleasure : Commerce and Culture in Ming China*, Berkeley : University of California Press, 1998, pp.102-104, pp.190-193을 참조.

28 吳應箕, 『留都見聞錄』(秦佩珩, 「明代米價考」, 『明淸社會經濟史論稿』, 鄭州 : 中州古籍出版社, 1984, p.204에서 인용).

29 1523년과 1589년의 기근 동안의 식인 기록은 『鹽城縣志』(1875), 권17, p.2b; 『廬州府志』(1885), 권93, p.10b 등이 있다. 1615년과 1616년 산동 기근 동안의 식인 기록은 徐泓, 「介紹幾則萬曆四十三,四年山東饑荒導致人相食的史料」, 『明代硏究通訊』6, 2003 참조.

30 『原武縣志』(1747), 권10, p.5a, p.6a.

31 『汶上縣志』(1932), 권1, p.5b, p.6a.

32 『夏津縣志』(1741), 권9, p.9b.

지방지에는 이러한 비참한 사실들이 기록되었다. 한 예로, 1639년에 〈이상한 기근〉에 대한 항목의 끝에서 허난성『구시현지固始縣志』의 편찬자는 이 가격들을 할주割註로 다음과 같이 기록했다. "조糶(구시에서는 좁쌀을 의미) 1두의 가격은 동전 3,500문, 밀은 2,500문, 보리는 2,000문이었다."[33] 또 다른 예로, 『산시통지山西通志』의 편찬자는 2년 후 기근의 영향을 은으로 기록하면서 다시 할주로 다음과 같이 기록했다. "밀 1두는 은 0.8냥 혹은 0.9냥에서 1.2냥으로, 심지어 1.5냥이나 1.6냥까지 올랐다." 또한 지방지로서 매우 드물게 식용유와 돼지고기 가격도 기록했는데, 모두 1담擔당 은 8~9푼이었다.

재앙적인 가격은 편찬자들이 경제 상황을 추적하기 위한 목적이 아니라 트라우마를 기록하기 위한 예외적인 사실들이며, 실제로 기록할 가치가 있다고 여겨질 만큼 특별해야만 했다. 흉조로 간주된 이러한 가격은 보통 '상이祥異', '재상災祥'과 같이 〈길조 및 이변〉 또는 〈재난 및 길조〉라는 제목의 절에서 인간 세쌍둥이나 머리가 둘 달린 송아지와 같은 천지인축天地人畜의 이변들과 함께 별도로 분류되어 책의 뒷부분에 자리 잡았다.[34] 지방지의 장점 중 하나는 길조이든 불길하든 그 사건의 연도, 때로는 월일까지 날짜를 명시하는 관행이다. 더욱 상세한 사건의 기록이 존재한다면, 그것은 보통 할주로 항목에 추가되었다. 이러한 방식으로 천치더가 기록

---

33 『固始縣志』(1659), 권9, p.24b. 이 현의 농업에서 좁쌀의 위치에 대해서는 권2, p.25a를 참조.

34 『浙江通志』의 편찬자는 독자들에게 상서(祥瑞)만을 기록할지, 아니면 전통에 따라 재이(災異)만 기록할지 결정해야 한다고 설명했다(후자는 『春秋』의 전통으로 거슬러 올라갈 수 있다). 이는 편찬자에게는 어려운 일인데, 전실을 기록하는 것이 정치적 영향을 미치기 때문이다. 그는 모든 것을 기록하고 독자들이 스스로 판단하도록 하는 것이 최선의 방법이라고 생각했다. 『浙江通志』(1561), 권63, pp.17b – 18a.

한 1641년과 1642년 기근의 회고록이 현대 역사학자들에게 전해지게 된 것이다.

지방지에 기록된 가격 자료의 특별한 가치는 기근의 강도를 수치화할 수 있다는 점이다. 편찬자가 사망자 수를 기록하는 경우는 거의 없는데, 이는 쉽게 집계될 수 있는 통계가 아니기 때문일 것이다. 따라서 가격은 재난의 규모를 나타내는 유일한 지표가 된다. 명확히 하자면, 모든 기근 기록에 기근 가격을 포함하는 것이 표준적인 관행은 아니었다. 편찬자는 가격이 "급등"하거나 "가파르게 상승"했다고 언급할 수는 있었지만, 가격이 얼마나 상승했는지 기록할 의무는 없었다. 가격이 기록된 경우, 이는 재난의 심각성을 알리기 위한 장치였다. 기근 가격을 기록한 예는 드물지만, 그것은 다른 가격들과 비교하고 일정 수준의 통계 분석에 적용할 수 있는 값들을 제공한다. 이러한 극단적인 가격은 종종 가격이 그 수준에 이른 이유를 설명하는 간략한 주석과 함께 제공되었다. 가장 흔한 이유는 '홍수' 또는 '가뭄'이지만 가끔은 단순히 "이유 없음"으로도 기록되었다.[35]

지방지에 보존된 가격 정보의 종류를 설명하기 위해, 1633년『하이청현지海澄縣志』에 기록된 기근에 대해 살펴보자. 하이청현은 1567년, 가정제가 사망하기 직전에 월항을 중심으로 설립되었다. 이어서 융경제가 항구를 다시 해상 무역에 개방하기로 동의했다. 1633년의『하이청현지』에 따르면 하이청현은 1615년 봄에 갑작스러운 쌀 부족을 경험했다. 6월 초에 쌀 1두의 가격이 20푼으로 치솟았다. 지현 타오룽陶鎔은 현의 곡물 창고에서 구제용 곡물을 대출하여 대응했다. 이 조치는 주민들을 일주일간 먹여 살

---

35 예를 들면『平湖縣志』(1627), 권18, p.23a.

렸고, 저장성에서 남쪽으로 오는 곡물 운송선이 도착해 현지 시장에 곡물을 보충할 시간을 벌어 주었다. 타오룽은 현지에 저장된 곡물에 장기간 의존하지 않아도 되었기에 운이 좋았다고 할 수 있다. 창고에는 현지 시장에 대한 신뢰가 회복되고 곡물 상인들이 상업용 곡물을 현지로 들여올 때까지 일주일 동안 버틸 수 있는 정도의 쌀만 보관되어 있었다. 곡물이 하이청현에 도착하자 "곡물 가격이 정상으로 돌아왔다". 타오룽이 곡물을 일부 가지고 있었기에 운이 좋았지만, 이 시기의 주요 기근 구제는 정부의 구제 노력을 보완하는 시장의 능력과, 관에서 제시한 도매가격에 일정 금액을 상인이 추가하도록 허락해 주는 등의 방법을 통해 정부가 제공할 수 없는 것을 상인이 제공할 수 있도록 장려하는 방식에 더 의존하고 있었다.[36] 1630년 하이청현에 다시 기근이 발생했을 때, 현지의 공급은 수요 증가를 완화하기에 충분하지 않았고 다른 곳에서 공급이 도착하지 않았다. 지방지에 따르면 "1두의 곡물이 은 20푼에 달했고, 굶주린 사람들의 시체가 도로에 널려 있었으며, 사람들은 나뭇잎을 뜯어 먹었다. 가격이 정상으로 돌아오는 데 1년이 걸렸다."[37]

나는 명, 청, 그리고 민국 시대의 약 3,000권에 달하는 지방지를 훑어보면서, 파편적인 기록들로부터 이 장의 기반이 되는 777건의 기근 곡물 가격 자료들을 추출했다. 그러나 이 가격 기록들이 알려 주는 내용은 완전히 명확하지 않다. 이 가격들이 실제로 누군가가 지불한 가격이었는지, 아니

---

36 16세기 중반의 기근 정책에서 큰 영향을 미친 푸젠 관리 린시위안(林希元)은 상인들이 운송 비용과 수수료를 위해 1석당 가격에 은 2푼 추가하도록 허용했다. 구매자가 이 추가 비용을 부담했고, 정부의 기근 구제 비용은 전혀 증가하지 않았다(陸曾禹, 『康濟錄』, 권3上, pp.48a~b에서 인용). 저자는 린시위안과 왕상중(王尙綱)을 명나라 기근 구제 정책의 두 주요 설계자로 인정한다.

37 『海澄縣志』(1633), 권18, p.4a, p.5b.

면 대부분의 사람들이 곡물을 구매할 수 없는 수준을 표시하기 위한 것인지 알 수 없다. 내가 읽은 지방지의 편찬자 중 누구도 기근 가격의 성격이나 그 가격이 어떻게 도출되었는지에 대해 언급하지 않았다. 그저 그 가격들은 지역의 역사적 사실로서 나타난다. 이러한 애매함에도 불구하고 이 가격들은 명대 역사의 한 자료 집합으로서 다른 어떤 자료들과는 달리 구체성과 일관성을 가지고 있다.[38]

기근 가격의 분포

지방지에서 보고된 기근 곡물 가격은 네 가지 방식으로 분류할 수 있다. 곡물의 종류, 화폐 단위, 장소, 그리고 연도이다. 대표적인 곡물로는 주로 좁쌀과 쌀이 있으며, 일부 밀도 포함된다. 아주 가끔 메밀, 보리, 귀리와 같은 저렴한 곡물의 기근 가격이 나오기도 하지만, 그 빈도가 매우 드물어 자료에서 제외했다. 이 장에서 추적된 곡물 중 쌀이 가장 많다. 좁쌀 가격이 2번 언급될 때 쌀은 7번 언급되며, 밀 가격이 1번 언급될 때 쌀은 9번 언급된다. 지방지 항목에서 기근 가격이 적용된 곡물이 어떤 것인지 종종 명시되지 않고, 단순히 '미※'라는 일반적인 용어가 사용된다. 지방지의 다른 항목을 살펴보면 현지에서 '미'가 가리키는, 가장 가능성 높은 곡물이 무엇인지 알 수 있으며, 그렇지 않은 경우에는 중국 농업을 800밀리

---

38 자구이룽(賈貴榮), 펜위첸(馿宇騫)의 지휘하에 한 팀의 재난 역사학자들이 지방지의 재난 부분을 스캔하여 『地方志災異資料叢刊』이라는 제목으로 발표하고, 중국 역사상의 재난 자료를 완전하게 수집하려 하고 있다.

미터 등우선(연간 강수량이 같은 지점을 연결한 선)으로 나누는 관례에 비추어, 대략 산둥성의 남부 경계를 따라 북쪽은 좁쌀, 남쪽은 쌀로 구분했다.[39] 마지막으로, 극단적인 가격은 은과 동전 모두로 기록되었지만, 은화로 표시된 가격이 동전 가격보다 약 7대 4의 비율로 많이 나타났다.

지방지에 기록된 기근 가격 정보는 주로 명나라 동부와 북부 지역에서 나왔다. 남직예(오늘날의 난징 주변 양쯔강 삼각주 지역)에서는 보고된 정보의 20퍼센트, 북직예(오늘날의 베이징 주변 화북 평원 지역)에서 15퍼센트, 저장성에서 11퍼센트, 그리고 허난성에서 9퍼센트가 나왔다. 가장 적게 보고된 지역은 남서부 지방으로, 윈난성 7건, 광시성 6건, 구이저우성 4건, 그리고 쓰촨성 3건이었다. 이러한 두 극단 사이에는 북서부, 서부, 그리고 동남부 지역의 지방지에서 나온 가격 자료가 있다. 이러한 분포는 명대 중국 전역에 걸쳐 기후가 고르게 영향을 미쳤다는 주장에는 한계를 부여하지만, 이 책의 전반적인 주장을 약화시키는 정도는 아니라고 생각된다.

가격 자료의 분포가 지역 기후 변화의 반영이 아니라 자료 생성의 인위적 결과에 따른 것인지를 검증하는 한 방법은 지방지의 지역 분포와 가격 자료의 지역 분포를 비교하는 것이다.[40] 비교 결과, 남직예와 북직예가 각각 지방지의 14퍼센트와 10퍼센트를 차지하며, 이는 이들 지방의 기근 곡

---

39 Brook, Timothy., "The Spread of Rice Cultivation and Rice Technology into the Hebei Region in the Ming and Qing," In *Explorations in the History of Science and Technology in China,* ed. Li Guohao et al., Shanghai : Chinese Classics, 1982, p.660. 존 로싱 벅(John Lossing Buck)의 분석에 따랐다. 벅은 화북 지역의 좁쌀 및 겨울 밀 재배와 화중·화남 지역의 쌀 재배를 구분했다. 명대 화북 지역의 주요 식량 작물은 좁쌀이었으나, 벅이 설정한 지리적 경계는 여전히 적용 가능하다.

40 이 연구를 위해 나는 王德毅 편, 『中華民國臺灣地區公藏方志目錄』, 臺北 : 漢學硏究資料及服務中心, 1985, pp.1-98, pp.101-239의 각 성 지방지 총수를 사용했으며, 명나라 경계를 조정했다.

물 가격 자료가 지방지의 비율보다 대략 50퍼센트 더 많이 나타난다는 것을 보여 준다. 저장성과 허난성 역시 기근 가격 자료가 지방지의 비율을 약 25퍼센트 초과한다. 따라서 지방지의 지리적 분포가 가격 자료의 지리적 분포에 다소 영향을 준다. 이러한 왜곡은 어느 정도 인구 분포를 반영한다. 이는 양 극단의 비교에서 잘 드러난다. 가격 정보가 많은 남직예는 명대 인구의 가장 큰 비율인 약 17퍼센트를 차지하고, 정보가 적은 광시, 윈난, 구이저우 세 성은 인구가 가장 적다. 반면, 이 극단 사이에 위치한 지방들에서는 인구와 자료 수량 사이에 별다른 상관관계가 없다. 명대 인구의 7퍼센트만을 차지하는 북직예는 두 번째로 많은 기근 가격 자료를 갖고 있는데, 이는 수도가 그곳에 위치하고 왕조의 안정에 대한 관심이 높았기 때문으로 추정된다.[41] 물론, 가격 자료의 분포에 영향을 미치는 가장 큰 요인은 기근의 발생이며, 이는 인구가 더 밀집된 동부 지방과 환경적으로 더 취약한 북부 지방에서 보다 크게 작용했을 수 있다. 이와 관련한 연구는 아직 수행되지 않았다.

이 책에서 수행하는 분석에서 지리적 분포보다 중요한 것은 기근 곡물 가격의 시간적 분포이다. 공간은 이러한 가격이 설정된 무대일 수 있지만, 시간은 그 가격이 전개되는 리듬을 조직한다. 연대기는 14세기의 유일한 자료인 1373년 1건의 가격 자료로 시작하여 왕조가 멸망한 지 3년 후인 1647년의 11건의 자료로 끝난다. 나머지 765건의 극단적인 가격 자료는

---

41 각 성의 인구에 대해서는 李德甫, 『明代人口與經濟發展』, 北京 : 中國社會科學出版社, 2008, p.127 참조. 그의 자료는 1578년 인구 조사에서 제공된 (신뢰할 수 없는) 공식 수치를 기반으로 한다. 1578년의 조사에 대해서는 梁方仲, 『中國歷代戶口·田地·田賦統計』, 上海 : 上海人民出版社, 1980, p.341을 참조.

1403년부터 1646년까지 244년 중 142년에 걸쳐 흩어져 있다. 연대기의 세부 사항들은 지루할 수 있지만, 증거는 세부 사항에 있으며, 이러한 세부 사항이 많을수록 명대를 살아가는 고난에 대해 더욱 명확하게 이야기할 수 있다.

첫 번째 자료인 1373년 이후 1403년, 1404년, 1428년에 각각 자료가 등장한다. 이 4건의 가격 자료가 명 초 70년 동안의 기근 가격의 전부이다. 명 초에 자료가 적은 이유는 기록 보관 및 지방지 발행의 관행이 정착되는 데 수십 년이 걸렸기 때문이다. 그러나 다른 출처에서도 가격 변동에 대한 언급이 없다는 점은 명나라 초기의 시기가 안정적인 가격의 시기였음을 시사한다. 1440년대 초에 이르러서야 처음으로 소규모의 가격 집계가 나타나는데, 1440년부터 1442년 사이 4건의 가격 보고가 있다. 첫 번째 대규모 집계는 1450년부터 1456년 사이에 등장한다. 이 기간에는 이전 80년간의 자료 수를 훨씬 웃도는 20건 이상의 극단적인 곡물 가격 자료가 있다. 이처럼 연간 세 차례씩 재난 시기의 가격을 기록하는 것은 16세기와 17세기의 기록에 비해 현저히 적지만, 이러한 기록이 이루어진 당시는 경태제의 통치 기간과 정확히 일치하며 곡물 부족이 심각한 시기였음을 알 수 있다. 명의 저자 중 누구도 이를 지적하지 않았지만, 나는 1450년대의 가격 위기가 지역의 이례적인 곡물 가격에 대해 기록을 남기는 관행을 시작하게 만들었다고 제안하고 싶다.

경태 연간 이후 기근 가격의 기록 빈도는 불규칙하다. 1464년부터 1467년까지 5건, 1471년부터 1472년까지 5건, 그리고 1478년부터 1479년까지 4건의 보고가 있다. 다음으로 급증한 시기는 1480년대이다. 1481년부터 1489년까지 9년간 나는 39건의 기근 가격 기록을 발견했다. 1년의 공백 후, 1491년과 1492년에 다시 6건의 기록이 이어졌다. 1492년 이후 수십년 동안 극단적인 가격에 대한 기록은 불규칙하게 나타나며, 1507년부터 1510년 사이와 1512년부터 1516년 사이에 소규모의 기록 집계가 다시 나타난다. 다음 기록의 급증은 25년에 걸쳐 퍼져 있다. 1520년부터 1526년 사이 34건, 1528년부터 1532년 사이 24건, 1534년부터 1541년 사이 20건, 마지막으로 1544년, 1545년, 1546년 세 해 동안 전례 없는 43건의 보고가 있다. 1550년에 1건의 보고가 있고, 1552년부터 1554년 사이에 17건의 또 다른 기록군이 있으며, 그 후 3년의 공백을 거쳐 1558년부터 1562년까지 5년간 20건의 보고가 있다. 다음 22년 동안은 가격 기록이 산발적으로 발견되며, 1580년대 후반에는 새로운 정점에 도달하여 6년 동안 74건의 기록이 있다. 이 흐름은 1596년부터 1625년까지 30년에 걸쳐 다섯 번의 기록군 등장이라는 작은 흐름으로 이어진다.

숭정제는 1627년 황위에 올랐고, 그가 자살하고 왕조가 붕괴된 1644년까지 21년 동안 한 해도 빠짐없이 극단적인 곡물 가격에 대한 기록이 있었다. 총 316건에 달한다. 나는 이 자료들에 명조 멸망 후 3년간 18건의 자료를 추가했다. 이는 명조 치세를 벗어나지만 숭정 연간 위기의 막바지 상황을 확인하는 데 도움이 된다. 1627년부터 1647년까지 시기 중 1639년부터 1642년까지 4년 동안은 기근 가격에 대한 보고가 연평균 56건으로 급증한다. 명대는 물론, 중국 역사의 다른 어떤 시기에도 이러한 규모의 재난이

| 표 4.1 | 기근 곡물 가격이 기록된 연도(1440~1647)

연호	통치 기간	한파 시기	건조 시기	공식적인 기근 기록 시기	기근 가격의 연속 출현 시기	기근 가격 기록 횟수
정통	1436~1449	1439~1440	1437~1449	1438~1445	1440~1442	4
경태	1450~1456	1450~1455	1450~1452	1450~1457	1450~1456	20
성화	1456~1487	1481~1483			1481~1489	39
홍치	1488~1505		1482~1503		1491~1492	6
정덕	1506~1521	1504~1509		1507~1514	1507~1510	7
가정	1522~1566	1523		1524	1520~1526	34
		1529		1529~1531	1528~1532	24
		1543		1538	1534~1541	20
		1545	1544~1546	1545	1544~1546	43
				1553	1552~1554	17
			1558~1562		1558~1562	20
만력	1573~1620	1587	1585~1589	1587~1588	1585~1590	74
		1595~1598	1598~1601	1598~1601	1596~1602	23
		1605	1609		1606~1609	14
		1616~1620	1614~1619	1615~1617	1614~1620	23
천계	1621~1627				1622~1625	10
숭정	1628~1644	1629~1643	1637~1643	1632~1641	1627~1647	334
이 표의 합계					94	712
전체 합계					144	777

발생한 적이 없었다. 천치더가 두 차례나 글을 쓴 것도 놀라운 일이 아니다. 이 연대기 자료는 〈표 4.1〉에 요약되어 있다. 자료군에 포함된 777건의 가격이 모두 이 표에 포함된 것은 아니고, 시기가 연속되는 712건의 자료만이 여기에 포함되었다. 나는 주요 농업 위기와 가격 압박을 강조하기

위해 이렇게 구성했다.

　이제 기록된 가격들을 살펴보자. 명대 대부분 기간 동안 쌀의 일반적인 가격은 동전 기준으로 1두당 25∼30문이었다. 16세기 말까지 가장 자주 언급된 기근 가격은 동전 100문으로, 정상 가격의 3∼4배에 해당한다. 이는 기근 시기의 '표준' 가격이라고 할 수 있다. 15세기에는 200문의 가격이 일부 기록되기도 한다. 매우 드물게 1,000문의 가격이 기록되기도 했으나, 이는 1두의 가격을 1석 단위 가격으로 잘못 기록한 것일 수 있다. 1540년대에는 동전 200문이 100문과 함께 두 번째 '표준' 기근 가격으로 등장한다. 17세기 초 이후에는 1,000문이 가장 자주 보고된 가격이다. 1630년대 말에는 수천 문의 가격이 자주 나타난다. 가장 많은 기근 가격이 발견되는 1640년에는 대부분의 가격이 1,000문에서 2,000문 사이에 분포했으나, 일부는 1만 문까지 올랐다. 이 수준은 1641년 24건의 기록에서도 계속되었고, 대부분이 1,000문에서 5,000문 사이였다. 1642년에는 기록의 수가 줄어들고 가격도 대체로 600문에서 700문 사이로 감소했다. 그러나 1643년에 기근 가격이 다시 수천 문으로 상승했다. 1643년에는 동전으로 표시된 가격이 1건 발견되는데, 이는 4,000문이었다. 다음 해인 1644년, 명조가 몰락한 해에는 곡물 가격이 다시 수천 문으로 상승하여, 평균적으로 1두당 약 2,000문을 조금 넘었다. 이 두 세기의 가격을 〈그래프 4.1〉의 첫 번째 그래프 A로 표시했다.

　이어서 은으로 표시된 가격을 살펴보자. 명대 대부분의 시기에 쌀 1두의 정상 가격은 은 3∼4푼이었으나, 만력 연간과 그 이후에는 4∼5푼으로

A

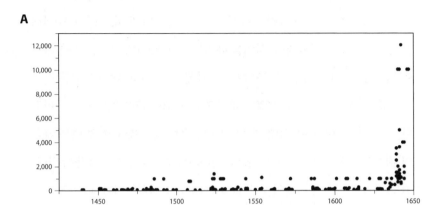

B

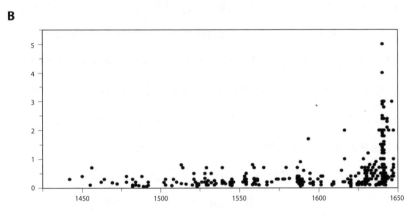

| 그래프 4.1 | 동전 및 은 기준 기근 곡물 가격(1440~1647)

(A) 연도별 동전 기준 가격의 이변량 적합
(B) 연도별 은 기준 가격의 이변량 적합

상승했다. 그러나 동전으로 표시된 가격과 달리, 은으로 계산된 기근 시의 '표준' 곡물 가격은 나타나지 않는다. 1540년대까지 가격은 은 10푼에서 20푼 사이에서 변동했다. 평균은 약 15푼으로 정상 가격의 3배에 달한다. 1545년부터 30푼의 가격 기록이 나타나기 시작했으며, 이후 1580년대까지 가격은 16푼에서 30푼 사이를 유지했다. 1580년대 말에는 기근 가격이 더욱 높아졌다. 이후 가격이 다소 하락했으나 1610년대까지 30푼 수준으로 회복하지는 않았다. 1620년대에 기근 가격이 15푼 미만으로 떨어졌다. 그러나 1630년에는 50푼 또는 그 이상으로 상승했다. 1639년은 가격이 처음으로 1두당 은 1냥에 이르고 심지어 그 이상으로 올라간 해였다. 일부 지역에서는 쌀 가격이 0.5냥(50푼) 아래로 유지되었지만, 다른 지역에서는 2냥을 초과하기도 했다. 1640년에는 가격 기록이 83건에 달했으며, 범위는 0.5냥에서 4냥 사이였다. 1641년 44건의 가격은 0.3냥에서 3냥 사이의 다소 낮은 범위를 보여 주었다. 1642년 15건의 가격은 0.3냥의 하한선을 유지하며 위로는 0.5냥을 넘지 않았다. 천치더가 1640년대 초반에 보고한 쌀 가격 2건, 즉 1640년의 0.2냥 이상, 1641년의 0.4냥은 여기서 제시한 개요와 완벽하게 일치한다. 천치더는 1642년의 가격을 기록하지 않았는데, 이는 당시 퉁샹현에서 살 수 있는 쌀이 없었기 때문이다. 1643년 7건의 가격(쌀 5건, 좁쌀 1건, 밀 1건) 중 높은 것은 2.4냥에 달했고, 평균은 1.6냥이었다. 1644년의 쌀 가격은 2건만 발견되며, 평균은 1.2냥이었다. 〈그래프 4.1〉의 그래프 B는 1440년대부터 1640년대까지 은으로 표시된 기근 시 쌀과 좁쌀 가격의 변동을 나타낸 것이다.

이제 자료를 얻었으니, 해석할 차례이다.

하늘, 기후, 그리고 기근

곡물은 화폐로 교환될 때 가격이 매겨진다. 이 교환에 영향을 미치는 세 가지 주요 요소는 판매 가능한 곡물의 공급량, 그것을 구매하려는 사람들의 수, 그리고 그 목적을 위해 사용 가능한 화폐의 공급량이다. 수요의 증가는 가격을 상승시킬 수 있으며, 화폐 공급의 급증도 가격을 올릴 수 있지만 단기적으로는 그렇게 큰 영향을 미치지 않는다. 단기적으로 곡물 가격을 상승시키는 것은 공급의 감소이다. 앞 장에서 언급했듯이, 명 말에 은의 유입이 곡물 가격에 큰 영향을 미치고 있다는 결정적인 증거는 없다. 이 장에서 분석의 초점은 기후 변동이 곡물 공급에 미치는 영향에 맞춰져 있다. 이러한 접근 방식을 취하면서 나는 중세 영국 경제사를 연구한 역사학자 크리스토퍼 다이어Christopher Dyer의 결론을 반영한다. 그는 "곡물 가격은 화폐 공급을 포함한 여러 요인에 의해 영향을 받지만, 수확의 질이 가격 급등의 주요 원인을 제공한다"고 결론지었다.[42] 당연한 말이지만, 수확의 질을 결정하는 요인인 기온과 강수량은 기후가 제공하는 것이다. 따라서 나는 명대 곡물 가격의 주요 변동을 기후 변화와 일치시키는 접근 방식을 취할 것이다. 이제 잠시 명나라의 기후 역사로 넘어가 보자.

중국 왕조의 통치자들은 환경 변화에 주의를 기울였다. 비록 그들은 자

---

42 Dyer, Christopher., *Standards of Living in the Later Middle Ages : Social Change in England c.1200–1520*, Cambridge : Cambridge University Press, 1989, p.264. 남중국의 기후와 곡물 가격의 관계에 대해서는 Marks, Robert, "'It Never Used to Snow': Climate Variability and Harvest Yields in Late-Imperial South China, 1650 – 1850," In *Sediments of Time : Environment and Society in Chinese History*, ed. Mark Elvin and Liu Ts'ui-jung, pp.435 – 444, Cambridge : Cambridge University Press, 1998 을 참조.

신의 관심을 직접적으로 표현하지는 않았다. 그들의 걱정은 기근이 기후 변화의 영향이 아닌 하늘의 불만이 표현된 것이라는 사상에서 비롯되었다. 오직 황제만이 하늘과 소통하고 그 변화를 해석할 권한을 가지고 있었기 때문에, 공식 역사 기록은 하늘이 황제와 그의 백성에게 내린 재앙이 인간의 실패가 유발한 하늘의 개입 증거라는 것을 남겨야 할 의무가 있었다. 각 왕조의 이러한 기록들은 후속 정권이 앞 왕조의 몰락 후에 작성한 정사正史에 요약되었다. 1930년대부터 중국 역사가들이 기후 역사를 연구하기 시작한 이래, 정사는 기후 역사 연구의 첫 번째 참고 자료가 되었다.[43] 정사의 기술은 흥망의 서사를 선호한다. 대체로 역동적인 창립자와 그의 추종자들에 의한 부상으로 시작해 결정력이 없는 통치자와 무능한 관료들로 인해 왕국에 혼란의 안개가 드리워지는 것으로 끝난다. 명조는 이 서사 구조에 잘 맞는다. 강력한 창립자의 지도 아래 시작하고 황제의 오판, 관료들 내부의 다툼, 백성의 반란이라는 퍼펙트 스톰 속에서 붕괴되었다.

모든 왕조의 이야기에는 그 부침을 표시하는 하늘, 땅, 인간의 동요에 관한 설명이 동반된다. 명 초기에 편찬된 『원사元史』의 저자들은 「오행지五行志」를 시작하면서 "인간, 하늘, 땅은 세계의 삼극三極을 이룬다. 각자가 재앙과 행운의 발생에서 저마다의 역할이 있다"라고 관찰함으로써 이

---

43 관찬 사료와 청대 유서(類書)인 『古今圖書集成』을 사용하여 기후 재난을 종합적으로 연구한 첫 번째 연구는 찬가오융(陳高傭)의 『中國歷代天災人禍表』(上海 : 上海暨南大學, 1939 ; 上海 : 上海書店, 1986)이다. 이후 사토 다케토시(佐藤武敏)는 『中國災害史年表』(東京 : 國書刊行會, 1993)에서 본기(本紀) 중의 자료를 추가했다. 쑹정하이(宋正海)는 『中國古代自然災異相關性年表總匯』(合肥 : 安徽教育出版社, 2002)에서 관찬 사료와 실록 및 지방지의 자료를 사용했다.

왕조의 「기교도」
용이 출현할 때 나타난다고 인식되던 기상학적 특징을 잘 포착했다. 북경 고궁박물원 소장.

서사에서 기후에 역할을 부여한다.[44] 모든 것이 잘 진행될 때, 하늘은 대기 조건이 온화하도록 보장한다. 모든 것이 혼돈에 빠질 때, 하늘은 경고를 받아야 할 자들의 마음에 두려움을 불러일으키기 위해 폭풍과 천상의 공포들을 풀어놓는다. 이것이 이상 기후 현상이 기록할 만한 가치가 있으며, 왕조의 역사에서 독자적인 장을 차지하기에 충분한 이유다. 하늘은 왕조의 실패를 판단하여 기온 변화를 거듭하고, 비를 내리고, 폭풍을 몰아치게 하고, 번개를 내리치고, 용이 지상을 황폐하게 만들도록 한다. 하늘은 유교적 우주론에서 재앙을 초래하는 유일한 존재가 아니다. 땅도 같은 일을 하늘의 신호에 따라 수행한다. 땅은 지진을 일으키고, 홍수를 풀어놓고, 벌레들을 창궐시킨다. 인간은 부모를 살해하고, 통치자를 암살하며, 전쟁을 일으키는 등 나머지 일을 한다. 이 모두가 혼란스러운 우주 질서의 징후이자 대리인이며, 새로운 정권의 필요성을 알리는 역할을 한다.

정사 편찬자들은 이러한 재앙들을 기후 변화의 결과가 아닌 왕조 치세와 황실 운명의 지표로 기록했다.[45] 홍수, 한파, 눈, 서리, 우박, 천둥, 메뚜기 떼의 창궐, 용의 목격, 전염병, 천상의 북소리, 안개, 강의 흐름 변화, 시커먼 장기瘴氣, 겨울의 부족한 강설량, 도시 화재, 하늘의 불, 과도한 강우, 쥐의 습격, 얼음 폭풍, 가뭄, 흰 장기瘴氣, 회오리바람, 폭풍, 지진, 산사태, 기근 등, 그들이 후대를 위해 남긴 사건의 기록들은 기후사 연구자들이 찾는 것들을 포괄한다. 이 사건들은 농업에 있어 두 가지 핵심 요소

---

44 宋濂,『元史』, p.1053.

45 역사가들은 역사적으로 중요한 기록을 남기는 책임을 매우 중시하였으며, 이로 인해 그들의 기후 변동 보고서도 일관성을 갖추게 되었다. 19세기에 룽원빈(龍文彬)은『명사』의 천문과 오행이 여러 재난을 완전히 기록할 수 없었다"(『明會要』, p.4)고 불평했지만, 그는 공식 기록에서 무언가 더 보충할 수 없음을 발견했다.

인 기온과 물에 큰 영향을 미치므로 중요하다. 각 항목은 간결하게 날짜, 장소, 사건만을 기록하고, 서술이 한 줄을 넘지 않는다. 그러나 편찬자들이 이 사건들을 분류하고 연대기순으로 나열한 것은 환경 추세를 재구성하기에 편리한 자료들을 만들어 냈다. 일부 항목은 다른 것들보다 더 임의적이고 근거가 부족한 것처럼 보일 수 있지만, 모든 항목은 왕조사에 포함될 정도로 중대한 사건이라는 암묵적인 기준을 충족해야 했다. 이러한 정사 편찬의 맥락은 자료에 일정한 일관성을 부과하고, 자료의 가치를 향상시킨다.

나는 이전 연구에서 몽골과 명나라 시대의 4세기에 걸쳐, 기후 변화와 환경의 압박에 관한 패턴을 재구성하기 위해 역대 역사 기록들의 재해 기록을 폭넓게 활용했다. 그리고 이를 14개 성省 및 부府의 지방지에 수록된 재해 연표와 함께 사용했다.[46] 〈그래프 4.2〉는 1260년 대원의 건국부터 1644년 명의 몰락에 이르는 기간 동안 문헌 자료에서 발견한 기온 및 강수량의 변동을 보여 준다. 일부 정보는 독자들이 극단적인 곡물 가격과 기후 변동을 연계해 이해할 수 있도록 〈표 4.1〉의 세 번째에서 다섯 번째 열에 추가되었다. 이 연구는 해당 기간 동안 중국이 유럽 역사학자들이 소빙하기라고 부르는 비정상적인 기후 조건을 겪었음을 시사한다.[47] 몽골과 명

---

46 성급으로는 『安徽通志』(1877), 권347; 『福建通志』(1871), 권271; 『甘肅新通志』(1909), 권2; 『湖北通志』(1921), 권75; 『湖南通志』(1885), 권243; 『山西通志』(1734), 권30; 『四川通志』(1816), 권203; 『浙江通志』(1735), 권109 등이 있다. 부급으로는 『濟南府志』(1840), 권20; 『臨淸州志』(1674), 권3; 『松江府志』(1630), 권47; 『蘇州府志』(1642), 권12; 『雲中郡志』(1652), 권12; 『真定府志』(1762), 권7이 있다. 남부와 서남부는 이 표본에서 표현되지 않았다.

47 Grove, Jean. "The Onset of the Little Ice Age." In *History and Climate: Memories of the Future*, ed. P. D. Jones et al., New York : Kluwer, 2001, pp.160–162.

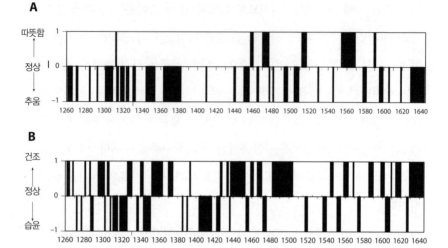

| 그래프 4.2 | 중국의 이상 기온과 강수량 연도(1260~1644)
(A) 따뜻한 연도와 추운 연도 (B) 건조한 연도와 습한 연도

나라 시대의 중국은 대부분 추운 나라였다. 문헌 기록에 따르면, 1250년에서 1450년 사이에 중국은 비정상적으로 따뜻한 해가 1312년 단 한 해였다. 반면, 200년 중 60년은 비정상적으로 추웠다.

1450년 경태제의 즉위 첫해에 기온이 급감했으며, 1456년에 폐위될 때까지 비정상적으로 낮은 기온이 지속되었다. 이 시기는 다른 지역에서 수집된 기후 지표와 놀라울 정도로 일치한다. 나이테 자료를 바탕으로 1976년에 천문학자 존 에디John Eddy는 1450년에서 1550년 사이에 태양 활동의 감소가 지구를 더 추운 단계로 몰아넣었다고 주장했다. 그는 이 시기를 19세기 천문학자인 구스타프 스푀러Gustav Spörer를 기려 스푀러 극소기라고 명명했다. 15세기 후반 동안 중국이 경험한 추운 기온은 스푀러 극소기가 북반구 전체뿐만 아니라 중국에도 적용되었다는 것을 시사한다. 이 추운 기온은 1450년대에 뉴질랜드에서 비스마르크 군도와 자바를 거쳐 루손과 일본에 이르는 태평양 남서부 지역에서 발생한 광범위한 화산 폭발로 인해 더욱 심화되었을 수 있다.[48] 태양 복사의 차단이 지역에 끼친 영향은 매우 강력하여, 1454년 여름에는 양쯔강 삼각주의 운하가 얼음으로 막혔다. 그해 겨울에는 항구가 얼어붙어 운하의 배들이 움직일 수 없었고, 1미터 깊이로 쌓인 눈 아래에서 동물들이 죽어 갔다.[49] 추운 날씨는 1550년대 중반까지 간헐적으로 중국을 괴롭혔으며, 그 후 명나라는 1554년부터 1568년까지 15년간 지속된 따뜻한 날씨를 경험했다. 이는 3세기 동안 가장 긴 이상 고온 기간이었다. 그 후, 기후는 다시 추워졌다. 1569년부터 1644년까지 온도가 정상 범위를 초과해 상승한 해는 단 세 해뿐이었다. 예를 들어, 1577년에는 한파가 너무 심해서 양쯔강 삼각주의 호수가 얼어붙어 얼음이 10미터나 되었다.

20여 년 뒤인 만력 연간 중반, 1597년에서 1598년으로 넘어가는 겨울에 베이징에서 대운하를 따라 남쪽으로 여행한 예수회 선교사 마테오 리치는 겨울 기온의 심각성에 대해 언급했다. 그는 "겨울이 시작되면 중국 북부의

---

48 iebert, Lee, Tom Simkin, and Paul Kimberley., *Volcanoes of the World*, 3rd ed., Berkeley : University of California Press, 2011, p.239, p.324. 또한 Atwell, William., "Volcanism and Short—Term Climate Change in East Asian and World History, c.1200 – 1699," *Journal of World History* 12, no.1, 2001, pp.50 – 55 참조.

49 『江都縣志』(1881), 권2, p.13b. Atwell은 "Time, Money, and the Weather : Ming China and the 'Great Depression' of the Mid—Fifteenth Century," *Journal of Asian Studies* 61, no.1, February 2002, pp.84 – 85에서 중국 외부 북반구 지역의 여름 이상 현상을 통해 15세기 기후를 약간 더 따뜻하게 제시했다.

모든 강들이 너무 단단하게 얼어붙어 그 위를 항해할 수 없게 되고, 마차가 그 위를 지나갈 수 있다"고 관찰했다. 리치는 "왜 중국 북부의 큰 강들과 호수들이 겨울에 두껍게 얼어붙는지"에 대해 의아해했다. 그는 이것이 "타타르의 눈 덮인 산들과 가까워서" 그럴 것이라고 추측했다. 마치 한파가 예외가 아니라 특정 지역의 영구 조건인 것처럼, 중국 우주론의 관점으로 보면 하늘의 작용이라기보다는 땅의 작용인 것처럼 말이다.[50] 리치가 북반구 온도가 전 세계적으로 떨어지기 직전인 1577년에 유럽을 떠나지 않았다면, 중국의 추운 날씨에 대한 지역적 설명이 필요하지 않다는 것을 깨달았을지도 모른다. 영국의 템스강이 얼었던 것처럼 중국의 대운하가 얼었다.[51] 비록 같은 해에 일어난 일은 아니었지만, 두 곳 모두 예상치 못하게 추웠다. 명의 마지막 반세기 동안 이례적으로 온난한 기온으로 기록된 해는 1602년 한 해뿐이었고, 23년 동안 이상 한파가 기록되었다. 1629년에 기온이 더욱 떨어져 1644년과 그 이후까지 비정상적으로 낮은 상태를 유지했다.[52]

---

50 Gallagher, Louis, ed., *China in the Sixteenth Century : The Journals of Matthew Ricci, 1583–1610*, New York : Random House, 1953, p.14, p.316.

51 1590년대가 북반구 전체의 추운 10년이었던 것에 대해서는 Parker, Geoffrey., "History and Climate: The Crisis of the 1590s Reconsidered," In *Climate Change and Cultural Transformation in Europe*, ed. Claus Leggewie and Franz Mauelshagen, pp.119 – 155, Leiden : Brill, 2018을 참조.

52 많은 사람들이 이 기온이 추가로 하강한 시기를 언급했는데, 예를 들면 Zhang Jiacheng and Thomas Crowley., "Historical Climate Records in China and Reconstruction of Past Climates," *Journal of Climate* 2, August 1989. Zhang Jiacheng(張家誠)은 *The Reconstruction of Climate in China for Historical Times*, Beijing : Science Press, 1988 p.98, p.107에서 추운 시기와 따뜻한 시기로 구성된 전체적인 패턴을 주장하고, 정기적이고 주기적인 가뭄 단계를 가정했지만, 이는 나의 발견과 일치하지 않으며, 나의 데이터도 이 가설을 지지하지 않는다. 거취안성(葛全勝)의 연구에 따르면, 이 시기의 연간 기온은 약 1℃, 여름 기온은 2℃ 정도 하강했다(Ge Quansheng, Jingyun Zheng, Yanyu Tian, Wenxiang Wu, Xiuqi Fang, and Wei-Chyung Wang., "Coherence of Climatic Reconstruction

명대의 강수량은 기온보다는 변동성이 다소 적었다. 그러나 전반적으로 강수량은 적은 경향이 있었다. 기록에 따르면 가뭄이 우세했으나, 비가 많이 내린 해가 전혀 없었던 것은 아니다.[53] 14세기 중반부터 시작하여, 15세기 초 영락 연간에 습한 해가 도래하기 전까지는 기후가 정상적이거나 건조했다.[54] 왕조의 전반기를 통틀어, 46년은 건조했고 28년은 비가 많이 왔다. 강수량이 정상으로 돌아온 것은 1504년이었다. 이후 1517년부터 1519년, 1536년부터 1539년 동안 다량의 강수가 있었다. 그러나 1544년, 중국은 3년간 심각한 가뭄을 겪었다. 저장성의 지방지에 따르면 "호수가 완전히 말라 붉은 흙으로 변했다". 곡물 가격이 치솟았으며, 당시 쌀 1승이라도 구입한 사람은 집으로 가져가는 길에 살해당할 위험이 있었다.[55] 1544년부터 명 왕조가 끝날 때까지 한 세기 동안, 중국은 31년간의 심각한 가뭄과 14년간의 비가 많은 날씨를 경험했다. 최악의 가뭄은 1585년부터 1589년, 1614년부터 1619년 사이에 발생했다. 『명사』에 따르면 1615년에는 들판이 너무 메말라 풍경이 불타 버린 것처럼 보였다.[56] 그러나 가뭄은 아직 최악의 상황이 아니었다. 그것은 왕조의 마지막 7년 동안 일어났으

---

from Historical Documents in China by Different Studies," *International Journal of Climatology* 28, no.8, 2008, p.1014.)

53　중앙기상국은 1470년 이래로 지방지에서 수집된 기록을 기반으로 한 연간 강수량 지도를 작성하여 이 발견을 확인했다. 中央氣象局氣象科學硏究院, 『中國近五百年旱澇分布圖』, 北京 : 地圖出版社, 1981.

54　이 개요는 유럽의 상황과 밀접하게 관련된다. Alexandre, Pierre., *Le climat en Europe au Moyen Age: Contribution a l'histoire des variations climatiques de 1000 a 1425, d'apres les sources narratives de l'Europe occidentale*, Paris : Ecole des Hautes Etudes en Sciences Sociales, 1987, pp.776-782 참조.

55　『紹興府志』(1586), 권13, p.32b.

56　張廷玉 편, 『明史』, p.485.

며, 중국은 수 세기, 아마도 천년 만에 가장 긴 극심한 가뭄을 경험했다.[57]

1450년대에서 1640년대 사이의 중국은 이전보다 지속적으로 더 추웠고 간헐적으로 더 건조했다는 것을 문서 자료를 통해 알 수 있다. 추운 기후와 건조함의 결합은 곡물 농업에 치명적이었다. 상업 유통의 중단을 포함한 인적 요인들이 기근을 촉발할 수 있지만, 이 두 세기 동안의 중국은 대부분 노동력이 풍부하고, 곡물이 비축되어 있으며, 시장이 기능했다. 대규모 폭력은 침략과 왕조를 전복시킨 반란에 국한되었다. 기근 곡물 가격이 시사하는 규모와 속도로 재앙이 발생했다면, 그것은 극단적인 기후 현상의 맥락에서 발생했음이 틀림없다.

여 섯 번 의 위 기

기후 변동에 관한 기록의 불필요한 요소를 줄이고 기후 변화가 인간에 미치는 영향을 강조하기 위해, 극심한 온도 또는 강수량 이상이 환경 위기, 기근, 사회적 곤란과 일치했던 여섯 차례의 기간을 식별했다. 이러한 열악한 조건의 기간을 나는 '위기'*라는 용어로 표현한다. 각 위기에는 그것이 발생한 통치 시대의 명칭을 부여했다. 만력 연간의 두 차례 위기를

---

* 원문은 'sloughs'이다. '위기'로 번역될 수 있는 'crisis'가 아닌 'sloughs'를 선택한 저자의 단어 선택을 고려하면, 'sloughs'의 번역에 어울리는 '진창', '구렁텅이', '수렁' 등으로 직역할 수도 있다. 그러나 본 번역에서는 의미를 직접적으로 전달하는 '위기'로 번역했다. 대신 이와 같이 부기해 둔다.

57 강수량 변동과 엘니뇨 남방 진동(ENSO)의 상관관계에 대해서는 Brook, Timothy., "Nine Sloughs : Profiling the Climate History of the Yuan and Ming Dynasties, 1260 – 1644," *Journal of Chinese History* 1, 2017, pp.43 – 45 참조.

'만력 I'과 '만력 II'로 구분했다.

'영락 위기(1403 - 1406)'에 대한 기근 곡물 가격은 거의 기록이 남아 있지 않기 때문에, 다음 위기인 '경태 위기(1450~1456)'부터 서술을 시작한다. 앞서 언급했듯이, 경태 연간의 첫해인 1450년부터 지방지에 기근 가격의 기록이 어느 정도 규칙적으로 나타나기 시작한다. 경태제는 그의 이복형제인 정통제가 1449년 몽골 군대에 인질로 잡힌 후 그를 대신해 황위에 올랐다. 정통제는 나중에 베이징으로 돌아와 사실상 가택 연금 상태로 살다가 그의 파벌이 1456년 경태제로부터 황위를 탈환하여 다시 황제가 되었다. 경태제가 물러나기 직전인 1455년에는 대기근이 있었다. 경태제의 통치 기간에 최악의 기후를 맞았기 때문에 그를 지지하던 세력이 쉽게 밀려날 수 있었다. 기후 변화만이 황제를 폐위시키는 원인은 아니었지만 그의 통치 기간 발생한 쿠데타를 환경의 압박과 무관한 것처럼 다루는 것은 무책임한 일이다.

15세기의 나머지 기간 동안 스푀러 극소기가 지속되어 날씨는 추우면서도 건조했다. 이러한 조건은 1480년대 초반과 1510년대 후반에 심화되었으나, 경태 연간과 같은 위기를 촉발하지는 않았다. 다음 큰 위기는 1544년 가뭄이 찾아오면서 발생했다. 그다음 해에 한파가 발생해 피해를 더욱 가중시켰다. 1544년부터 1545년까지의 환경 위기 기간을 '가정 위기'라고 명명했다. 1550년대 후반에 심각한 가뭄이 다시 찾아왔으나, 기온은 정상을 유지하거나 그 이상을 기록했고 위기는 완화되었다.

1580년대, 만력제 즉위 15년째 되는 해에 한파가 다시 찾아왔다. 이 시기는 소빙하기의 전 세계적 심화와 맞물려 16세기 최악의 기근을 초래했는데, 나는 이를 '만력 제1 위기(만력 I, 1586~1589)'로 지칭했다.[58] 위기는 1586년 북부에서 시작되어 1587년 한 해 동안 악화되었고, 이는 난징과 저장성으로 확산되어 기근, 홍수, 메뚜기 떼, 전염병을 불러왔다. 1588년이 되자 중국 대부분 지역이 파괴되었다. 광시성의 관리들은 "사람들이 사람을 먹고, 굶어 죽은 자의 시체가 아무렇게나 버려져 있다. 도시와 시골 곳곳에서는 진정한 재능을 가진 화가라 할지라도 그릴 수 없는 광경이 펼쳐지고 있다"고 보고했다.[59] 유럽도 이 시기에 심각한 기근 위기를 겪었으므로, 이 위기가 전 세계적인 규모였음을 알 수 있다.[60] 1589년에 기온이 올랐으나, 그다음 해까지 가뭄이 해소되지는 않았다. 1594년 봄에 허난성에 기근이 닥칠 것을 우려하며 만력제가 황귀비 정씨와 나눈 대화에서 알 수 있듯이, 재난이 다시 돌아올 것이라는 두려움이 있었다. 그러나 지속적인 한파는 다음 해에 시작되었고, 가뭄은 그로부터 3년 후에 시작되었으며, 이때는 '만력 I' 때처럼 극심한 위기를 불러오지는 않았다.

1610년대에 날씨가 다시 춥고 건조해져 중국은 '만력 제2 위기(만력 II, 1615~1620)'에 접어들었다. 1614년은 일부 지역에서는 가뭄이, 다른 지역에서는 홍수가 발생한 해였다.[61] 1615년 가을까지, 각지에서 구제 요청이 조

---

58 Dunstan, Helen., "The Late Ming Epidemics: A Preliminary Survey," *Ch'ing-shih wen-t'i* 3, no.3, November 1975, pp.8-18에서 이 기근을 조사했다.

59 『明神宗實錄』, 권197, p.3a, p.11a.

60 Le Roy Ladurie, Emmanuel., *Histoire humaine et comparee du climat.* Vol. 1, *Canicules et glaciers* (XIIIe - VIIIe siecle), Paris : Fayard, 2004, pp.225 - 237.

61 Marks, Robert., *China : Its Environment and History*, Lanham, MD : Rowman and Littlefield, 2012, p.188에서는 1614년을 남중국 기후의 전환점으로 보았다.

정으로 쇄도했다. 11월 25일, 두 대학사가 만력제에게 "상황은 지역마다 다르지만, 모든 보고서는 재난에 휩싸인 지역, 도망 중인 사람들, 마음대로 활보하는 도적들, 도로에 널린 굶주린 사람들의 시체들에 대해 묘사하고 있습니다. 하나같이 황상의 은혜를 받기를 간청하고 있습니다"라고 설명했다. 1616년 산둥성에서 황제에게 전달된 또 다른 기근 보고서는 구제수단이 소진되고 민간 질서가 붕괴되었다고 보고하면서 구체적으로 90만명 이상이 굶주림에 직면해 있다고 추산했다. 그러나 1594년에 허난성 기근을 예상하여 보내진 도설圖說과 달리, 만력제의 개인적인 반응을 이끌어내지 못했다.[62] 그해 후반에 기근은 양쯔강 유역까지 퍼졌고, 이듬해에는 광둥성으로, 그다음 해에는 북서부와 남서부로 확산되었다.

'만력 Ⅱ' 시기의 통찰력 있는 관찰자는 우잉지吳應箕이다. 우잉지는 난징에서 200킬로미터 떨어진 양쯔강 강변의 구이치貴池에 거주했다. 그는 '만력 Ⅱ' 시기가 시작한 1615년부터 1644년 베이징이 만주족에 의해 함락된 해까지 여덟 번에 걸쳐 난징으로 가서 향시鄕試를 치렀으나, 매번 낙방했다. 역사학자들에게 다행인 것은 그가 난징에서 체류한 경험을 기록으로 남긴 점이다. 우잉지는 난징에서 경험한 기근 가격도 언급했다. 우잉지는 그가 알고 있는 이전의 재난들과 가격 왜곡 상황을 연관 지어 기술했다. "왕조가 시작된 이래, 난징에서 쌀 가격이 비싸진 것은 가정과 만력 연간에 한두 번 있었으며, 1석당 은 2냥에 이르렀다"며 그가 들은 바를 적었다. 이는 '가정'과 '만력 Ⅰ'의 위기를 가리키는 것이다. 우잉지는 1588년 '만력 Ⅰ' 때 1석당 은 1.6냥에 이르렀다고 적으며, "그러나 이는 한두 달 동안

---

62 『明神宗實錄』, 권538, p.2b; 권539, p.9b; 권540, p.7b; 권542, p.2b.

만 지속되었다"고 기록했다. 우잉지는 이 정보를 '만력 II' 시기에 난징에서 만난 유명한 수필가 구치위안顧起元으로부터 얻었다. 구치위안은 1.6냥이 관창官倉에서 곡물을 팔던 가격이었는데, 그럼에도 시장 가격은 2냥에이르렀다고 전했다. "노인들은 지난 200년 동안 난징에서 곡물 가격이 이수준에 이른 적이 없다고 말했다." 구치위안이 말한 것은 사실이었다. 이는 난징 주민들이 겪어 본 가장 높은 가격이었다. 다행히 이 가격은 오래지속되지 않았고, 만력 II는 끝이 났다.

만력제가 사망한 1620년은 춥고 건조한 날씨가 완화되기 시작하던 시기였다. 천계제가 통치한 7년은 명조에서 가장 최악으로 평가받는 시기이지만, 기이하게도 그 시기에 날씨는 거의 정상으로 돌아왔다. 1627년에 천계제가 사망한 뒤 그의 16세 동생이 숭정제가 되었는데, 이때 기후가 다시 악화하기 시작했다. 이해부터 최고가는 매년 갱신되었다. '만력 II' 시절에는 구치위안과 우잉지가 곡물 가격이 정상으로 돌아올 것이라는 기대감을 가질 수 있었다. 그러나 우잉지가 숭정 연간의 재난을 회상하며 글을 쓸 때, '만력 II'의 가격은 이후에 일어날 것에 비하면 괜찮은 수준이었다. "1640년, 1641년, 1642년을 거쳐 은 3.6냥에 달했고, 가격은 계속해서 올랐다. 주변 부현에서는 상황이 더욱 심각했다." 우잉지는 '숭정 위기(1638~1644)' 시기를 돌아보며 '만력 II'를 높은 가격에 시달리기는 했지만곧 가격이 정상적인 수준으로 떨어질 것이라고 기대할 수 있었던 때로 여겼다. 당시에 그는 "도시 주민들은 메밀이나 보리가 무엇인지조차 잊어버린 상태였다. 이제 이 곡물들은 1석당 동전 5,000문에 판매되고 있다. 그러나 산둥과 허난에서는 좁쌀의 가격이 1두(1석이 아니라 1두이다!)당 1만 문에 이른다"고 관찰했다. 이는 베이징보다 12배나 비쌌다. 난징의 가격이 끔찍한 반면, 베이징에서의 생활은 "비교하면 천국에서 사는 것과 같다"고 우영지는 평가했다.[63] 기대가 어떻게 변할 수 있는지를 보여 주는 사례이다.

우잉지가 1644년에 강을 따라 남하하여 과거 시험을 보러 갔더라면, 그는 더 이상 존재하지 않는 정권을 위해 일할 자격을 갖추게 되었을 것이다. 그는 자신이 명조 가격 체제의 붕괴를 목격하면서도, 동시에 명조 정치 체제의 붕괴를 목격하고 있다는 것을 알지 못했다. 베이징은 1644년 4월에 농민 반란군에게 함락되고, 그 후 청나라 군대에 의해 점령되었다. 난징은 다음 해도 버텼지만, 결국 남쪽으로 진격한 청군에게 항복할 수밖에 없었다. 만주족의 군사적 점령이 중국 전역에 확립되었다.

물가 상승의 압박

곡물의 가격은 한 해 동안의 곡물 재배 조건에 따라 달라지며, 이 조건은 산업화 이전 경제에서는 주로 기후에 의해 결정되었다. 소빙하기 동안 독일에서 기후가 물가에 미친 영향을 연구한 발터 바우어른파인트Walter Bauernfeind와 울리히 보이텍Ulrich Woitek은 기후 압박하에서 곡물 가격의 변동 폭이 다른 상품의 그것보다 두 배라는 사실을 발견했다. 이는 곡물이 식단

---

63 顧起元『客座贅語』, 권1, p.30b; 吳應箕, 『留都見聞錄』, 권2, p.13b.

과 전체 경제에서 차지하는 중심적인 역할을 고려하면 놀라운 일이 아니다. 그들은 기후가 온화한 시기보다 악화된 기간에 물가에 더 큰 영향을 미친다는 사실도 발견했다.[64] 나는 중국을 대상으로 기후를 이용해 물가를 도출하기보다, 기근 가격을 이용해 기후 변화를 감지하고 그 결과를 통해 경제적 및 사회적 삶에 대해 분석하고자 한다. 물가 자료는 곡물 생산 및 소비에 영향을 미치는 경제적 지표일 뿐만 아니라, 사람들 사이의 관계는 물론 사람과 환경 간의 관계를 맺는 과정에서 자신과 가족을 부양하거나 부양하지 못하는 사회적 사실을 문서화한 것이기도 하다. 기후가 불안정한 시기에 극단적으로 높은 곡물 가격은 사회적 관계를 취약하게 만들며, 이는 홍수에서 메뚜기 떼, 전염병에 이르기까지 기후가 유발할 수 있는 재앙의 복합적인 영향으로 인해 더욱 심화되는 경우가 많다. 더불어 물가와 기후 사이의 상관관계가 일정하지 않다는 점을 지적해야 한다. 그 이유 중 하나는 기후가 광범위한 영향을 끼치는 반면, 물가 경향은 지역적이기 때문이다. 한편으로는 곡물 거래가 가격 변동을 감소시킬 수도 있다. 그러나 심각한 기후 혼란은 수확을 광범위하게 파괴하므로 지역 자원이 해당 지역의 부족을 보충할 수 없게 만든다.[65]

명조의 마지막 반세기 동안에 기후가 가격에 미친 영향은 두 번의 '만력 위기(만력 Ⅰ, 만력 Ⅱ)'와 '숭정 위기'에서 가장 명확하게 나타난다. '만력

---

64 Bauernfeind, Walter, and Ulrich Woitek., "The Influence of Climatic Change on Price Fluctuations in Germany during the 16th Century Price Revolution," *Climatic Change* 43, no.1, 1999, p.307, p.320.

65 지역적 대규모 추세를 기후와 일치시키는 어려움에 대해서는 Brook, Timothy., "Differential Effects of Global and Local Climate Data in Assessing Environmental Drivers of Epidemic Outbreaks," *Proceedings of the National Academy of Sciences* 114, no.49, 2017.12.5 참조.

Ⅰ'은 갑작스럽고 심각하여 명대 사람들이 이전에 경험하지 못한 수준의 가격으로 치솟았다. 그러나 시기가 짧았기 때문에 가정 연간 후반기에 축적된 곡물과 부가 비교적 빠른 회복을 지원할 수 있었다. 또한 이는 명조의 전반적인 행정을 위기 감시 상태로 전환시키는 긍정적인 효과를 가져왔고, 1594년에 만력제와 황귀비 정씨가 기근 구호에 관여하게 만들었다. '만력 Ⅰ' 시기의 78건에 비해 '만력 Ⅱ' 시기는 20건의 적은 가격 자료를 남겼다. 가장 급격한 상승은 1616년에 두드러진 쌀과 좁쌀의 은 가격이었다. 그러나 다른 지표들은 기근이 1619년까지, 혹은 더 나아가 9건의 높은 은 기준 물가 자료들이 발견된 1620년까지 지속되었음을 시사하고 있다.

'만력 Ⅱ' 시기가 끼친 가장 큰 영향은 기근으로 인한 중국 내 곡물 가격의 상승이 아니라 만리장성 북쪽에 있는 여진족의 부상이었다. 여진을 통합한 누르하치는 1615년까지 명나라에 조공을 바치고 있었으나 가뭄과 한파가 그의 전술을 바꾸도록 만들었다. 그는 특히 동북 요동 지역에서 생산되는 곡물을 놓고 명나라와 경쟁했다. 춥고 건조했던 1618년에 그는 요동 동부를 공격하여 그 지역을 완전히 장악했다. 이듬해 봄에 이루어진 명나라의 반격은 1619년 4월 14일 사르후 전투에서 실패로 끝났다. 그러나 만주족이 중국을 침략하고 정복할 기회를 포착하기까지는 또 다른 사반세기가 흘러야 했다.

다음 위기는 빠르게 찾아왔다. 천계 연간 말기에 짧은 한파가 있었다. 천계제 통치의 마지막 해인 1627년의 1월, 양쯔강 삼각주에는 거의 2미터 깊이의 눈이 내렸다. 『쑹장부지松江府志』의 보고에 따르면 "대나무와 나무

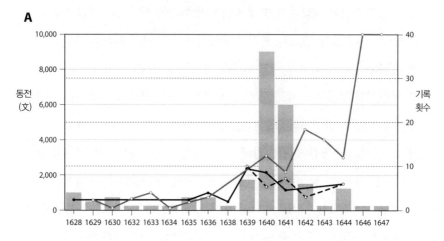

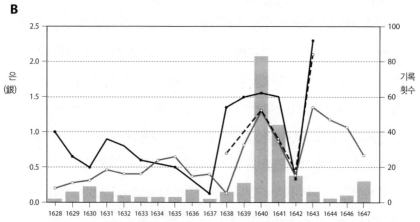

| 그래프 4.3 | 기근 곡물 가격과 기록 횟수(1628~1647)

(A) 동전으로 측정한 쌀, 조, 밀 가격
(B) 은으로 측정한 쌀, 조, 밀 가격

가 부러졌고, 많은 새와 동물이 죽었다." 이듬해인 숭정제의 통치 첫해에 가뭄이 시작되었다. [66] 다음 해에는 전국적으로 기온이 급격히 떨어졌다. 쑹장부에서 처음으로 심각한 흉작이 발생한 것은 1632년으로, "곡물 가격이 치솟았고 사람들은 굶주렸다." 1634년과 1635년에는 상황이 약간 완화되었지만, 1637년에 기온이 다시 떨어졌다. 그해 1월, 날씨는 "극도로 추워져 황푸강黃浦과 마오 호수泖湖가 얼었다." 이러한 상황은 '숭정 위기 (1638~1644)'를 초래했는데, 이는 천년 만에 닥친 가장 심각한 7년이자 명나라 최악의 7년이었다. [67] 북중국이 먼저 타격을 입었다. 큰 불황은 1640년에야 양쯔강 삼각주에 도달했는데, 이때 대규모 메뚜기 떼와 대가뭄이 닥쳤다. 이른 시기에 심은 곡물들은 물 부족으로 들판에서 시들었다. 6월에 농민들이 콩 작물을 심었지만 7월의 폭우로 모두 쓸려갔다. 이후 농민들은 세 번째 작물을 심었는데, 그해 나머지 기간 동안 비 한 방울 내리지 않아 모두 말라죽었다. 그해 겨울, 천치더가 설명한 기근이 시작되었다. 『쑹장부지』에는 1641년의 모래폭풍, 메뚜기 떼, 심각한 가뭄, 그리고 가격 상승이 기록되어 있다. "쌀과 좁쌀의 가격이 급등했고, 굶주려 죽은 사람들의 시신이 거리에 널려 있었다." 메뚜기 떼는 1642년 봄에 다시 나타났다. 1643년 여름 동안은 비 한 방울 내리지 않았다. [68] 777건의 기근 시기 곡물

---

66 『松江府志』(1818), 권80, p.18b.

67 숭정 연간의 대가뭄에 대해서는 Zheng, Jingyun, Lingbo Xiao, Xiuqi Fang, Zhixin Hao, Quansheng Ge, and Beibei Li., "How Climate Change Impacted the Collapse of the Ming Dynasty," *Climatic Change* 127, no.2, 2014를, 명나라 멸망에 기후 이상이 영향을 미쳤다는 주장에 대해서는 Cheng, Hai, Lawrence Edwards, and Gerald Haug., "Comment on 'On Linking Climate to Chinese Dynastic Change : Spatial and Temporal Variations of Monsoonal Rain,'" *Chinese Science* 55, no.32, November 2010 참조.

68 『松江府志』(1818), 권80, pp.18b – 20a.

가격 자료들 중 32퍼센트가 1638년에서 1644년 사이의 7년에 집중되어 있다(〈그래프 4.3〉 참조). 1644년에 날씨가 다소 정상으로 돌아왔음에도, 기근 때문에 발생한 반란군이 서북부에서 몰려와 베이징을 점령하고 황제를 자살로 몰아넣었다. 이어 만주족이 만리장성을 넘어 중국을 청나라로 흡수했다.[69] 정치적 불안정은 기후 불확실성의 뒤를 이어 발생했고, 명나라가 멸망한 후에도 3년 동안 불안정한 가격이 계속 보고되었다.

'숭정 위기' 시기의 기근 가격 자료는 중국 전역에 고르게 분포되어 있지 않으며, 가격도 지역마다 다르게 나타난다. 이 10년 동안 은 기준 물가가 높은 지역과 낮은 지역을 구분한다면, 가혹한 북부와 농업이 번성하는 양쯔강 계곡 및 그 이남 지역으로 나눌 수 있을 것이다. 1638년 남부의 쌀 1석당 은 가격은 18푼을 초과하지 않았으나, 북부에서는 70푼이 최저 가격이었다. 북부와 남부의 차이는 1639년에 줄어들었는데, 남부 가격의 상한선은 20푼으로 올라가고 북부 가격은 50푼으로 내려갔다. 1640년에는 북부와 남부의 기근 가격이 50푼에서 나뉜다. 북부는 더 높고 남부는 더 낮았다. 남부의 가격 상한선은 1641년과 1642년에 50푼을 유지했으나, 북부의 가격은 80푼에서 시작해 그 이상으로 올랐다. 1643년과 1644년에는 북부와 남부의 차이가 더 확대되었다. 남부의 기근 가격은 40푼 이하로 유지되었으나, 북부에서는 2냥이 기근 시기의 곡물 최저 가격으로 보고되었다.

---

69 이 기간 동안의 인위적 재난에 대한 기후의 영향을 모델링하려는 시도로 Xiao, Lingbo, Xiuqi Fang, Jingyun Zheng, and Wanyi Zhao., "Famine, Migration and War: Comparison of Climate Change Impacts and Social Responses in North China in the Late Ming and Late Qing Dynasties," *Holocene* 25, no.6, 2015 참조.

동전 기준 가격은 은의 그것과 달리 명확한 지리적 구분을 보여 주지 않는데, 이는 아마도 동전 기준 가격이 지역 내의 물자 부족을 더 직접적으로 표현하는 반면, 은 기준 가격은 지역의 도매율과 같은 것을 표현하기 때문일 수 있다. 숭정 연간 북부의 동전 기준 가격 추이를 요약하면 다음과 같다. 화북 평원의 남쪽 끝에 있는 네이치우현內邱縣의 지방지(『네이치우현지內邱縣志』)에서 발췌한 연대순 기록은 다음과 같다.[70]

- 1628~1629년: 2년간 가뭄이 계속되었다. 곡물 1두 가격이 동전 160문이었다.
- 1635년: 기근. 곡물 1두 가격이 동전 200문이었다.
- 1638년: 여름에는 밀 수확이 없었다. 가을에는 좁쌀 수확이 없었다. 곡물 1두의 가격이 동전 500문이었다.
- 1640년: 봄 가뭄. 100가구 중 모든 가구가 비었다. 사람들은 뿌리를 캐고 나무껍질을 거의 모두 벗겼다. 여름에 밀 수확이 없었다. 곡물 1두의 가격이 동전 720문이었다. 8월과 9월에 비가 오지 않았다. 밀을 심지 못했다.
- 1641년: 6월까지 여전히 비가 오지 않았다. 곡물 1두의 가격이 동전 1,200문이었다. 시장에서 곡물을 홉合 단위로 판매했다. 사람들은 도망갈 곳이 없었다. 젊은 남녀가 만났을 때는 성교를 하기 위해서가 아니라 서로를 잡아먹기 위해서였다. 어머니는 자식을, 자식은 어머니를 먹었다. 남편은 아내를, 아내는 남편을 먹었다. 매일 사람들이 굶주림, 전염

---

70 『內邱縣志』(1832), 권3, pp.44b‒45b.

병, 처형으로 죽지 않는 날이 없었다. 아, 인간성이 이 정도로 파괴될 수 있다니. 6월 29일(양력 8월 5일)에 비가 오기 시작했다. 7월(양력 8월)에 메밀과 밀을 심었고, 그 가치는 동전 2,600문으로 치솟았으며, 나중에는 3,600문에 이르렀다. 10월(양력 11월)이 되자 사람들은 잡초를 먹기 시작했다. 아이 한 명은 곡물 1두에 팔렸다. … 고대부터 이러한 일은 전례가 없었다.

제프리 파커Geoffrey Parker가 17세기 세계적 위기에 대한 연구에서 지적한 바와 같이, 1640년대 초 동유라시아의 북반구는 서유라시아와 마찬가지로 극단적인 기후와 사회 및 정치적 혼란을 겪고 있었다.[71] 네이치우현과 기타 지역들이 겪은 '숭정 위기'는 이러한 세계적 현상의 일부였지만, 아마도 다른 지역보다, 그리고 이전 어느 때보다 상황은 더 심각했을 것이다. 그 기간 동안 태평양의 '불의 고리ring of fire'*에서 남동쪽 칠레부터 일본, 필리핀, 자바의 남서쪽에 이르기까지 화산 활동이 폭발적으로 증가했기 때문이다. 중국에는 화산이 거의 없지만, 동쪽 해안의 섬에 화산들이 줄지어 있다. '숭정 위기' 시기에 수십 개의 화산이 폭발하여 대기 중에 대량의 물질을 분출했다. 폭발의 물결은 1637년 일본 규슈와 이즈 제도에서 시작되었고, 이어서 1638년에는 홋카이도의 우수산과 자바의 라웅산이 폭발했다. 1639년에는 아시아에서 화산 폭발이 없었지만 이탈리아와 카보베

---

* 환태평양 조산대를 일컫는 말로, 태평양 주변을 둥근 띠처럼 둘러싸고 크고 작은 지진과 화산 활동이 빈번하게 일어나는 판의 경계 지역을 일컫는다.

71 Parker, Geoffrey., *Global Crisis : War, Climate Change and Catastrophe in the Seventeenth Century*, New Haven, CT : Yale University Press, 2013, pp.3－8의 여러 부분.

르데 제도에서 폭발이 있었고, 1640년에 다시 아시아에서 폭발이 시작되었다. 홋카이도의 고마가타케산, 민다나오의 파커산, 술라웨시 산기르섬의 아우산, 그리고 하와이의 마우나로아산이 폭발했다. 이듬해인 1641년에는 자바, 루손, 민다나오(다시 파커산), 일본에서 주요 폭발이 있었으며, 남극의 디셉션섬에서도 폭발이 있었다. 이어서 1642년에는 규슈의 사쿠라지마산과 이즈의 미야케지마산이, 1643년에는 파푸아뉴기니 해안의 카르카르섬과 마남섬, 그리고 1644년에는 일본 혼슈의 아사마산이 폭발했다.[72] 이 화산 활동의 물결은 지구 표면에 도달하는 태양 에너지를 차단할 뿐만 아니라, 1638년과 1639년, 그리고 1641년과 1642년에 걸쳐 엘니뇨 남방 진동*으로 알려진 기후 교란을 일으켜 몬순의 역전 현상도 초래했다. 일반적으로 중국과 동남아시아에 내리는 몬순 비가 태평양의 반대편으로 몰려가 아메리카 대륙에는 대홍수가, 중국에는 대가뭄이 발생했다.

기후 변화로 농부들은 논밭에서 곡식을 재배하는 데 필요한 적정 온도와 강수량을 잃었다. 이러한 상황은 명대 사람들의 생존 가능한 한계 수준을 넘어서는 것이었다. 흉작으로 인해, 이전에 보관한 곡물의 가격이 비현실적으로 높아졌다. 가뭄은 농경지뿐만 아니라, 곡물 상인들과 국가가 곤경에 처한 지역으로 식량을 운반할 수 있게 해 주었던 운하도 메마르게 했

---

* 페루와 칠레 연안에서 일어나는 해수 온난화 현상인 엘니뇨와 인도네시아 및 남태평양 동부 부근에서 해수면의 대기압이 변하는 남방 진동을 아우르는 용어이다. 이는 가뭄, 홍수 등 자연재해나 폭염과 같은 이상 고온을 일으킬 수 있다.

72 Siebert, Lee, Tom Simkin, and Paul Kimberley., *Volcanoes of the World,* 3rd ed., Berkeley : University of California Press, 2011, pp.244–245, p.324. 또한 Atwell, William., "Volcanism and Short-Term Climate Change in East Asian and World History, c.1200–1699," *Journal of World History* 12, no.1, 2001, pp.62–70 참조.

다. 기후 변화는 단순히 물가 상승을 초래하는 것이 아니라, 곡물이 생산되고 유통되는 전체 시스템을 변화시켰다.

따라서 명대 기근 곡물 가격의 역사는 기후 변화뿐만 아니라 기후 변동과 사회 상황 간의 상호 작용에 대한 일련의 시기별 지표를 제공한다. 명나라 마지막 10년 동안의 극단적으로 높은 가격은 경제 붕괴, 내란 및 외국의 침략을 촉발한 환경 위기의 일부였다. 기근 곡물 가격은 명나라의 멸망을 설명하지는 않지만, 기후를 배제한 상태에서 숭정 연간의 마지막 위기를 서술하는 것은, 셰익스피어의 말을 인용하자면, "바보가 들려주는 이야기로, 소리와 분노에 가득 차 있으나 아무 의미도 없다." 그보다 더 중요한 것은 가격이 명나라 멸망의 원인인 기후 변화를 자료로서 보여 준다는 점이다. 중국을 사로잡은 것은 도덕적 실패가 아니라 기후적 실패였다. 도덕적 해이가 초래한 파멸의 이야기가 그러한 것처럼, 기후 악화는 왕조의 몰락을 되돌릴 수 없게 만들었다. 천치더는 재앙을 하늘의 소행으로 여겼지만, 우리는 기후 변화에 그 책임을 돌린다. 우리가 어떠한 분석 틀을 적용하든, 자연이 그 공을 차지해야 한다. 아마도 다른 지도자나 다른 정부는 위기를 완화할 수 있는 방법을 고안해 냈을 수도 있지만, 곡물이 논밭에서 자라지 않을 때에는 거의 무의미한 가정이다. 가격 체제가 무너졌듯이 정치 체제도 무너졌고, 둘 다 회복되지 않았다.

5장

숭정 연간의 가격 급등

서문에서 나는 이 책을 천치더가 기록한 1640~1642년의 재난에 대한 확장된 각주로 간주할 수 있다고 언급했다. 이것이 전적으로 농담은 아니었다. 내가 한 일이 대체로 그렇기 때문이다. 천치더의 기록에 각주가 필요한 이유는, 그가 우리를 위해 글을 쓰지 않았기 때문이다. 이 책을 읽는 우리는 명대의 사람들이 아니다. 우리는 천치더가 상상조차 할 수 없는 세계에서 흩어져 살고 있다. 또한 우리는 명대로부터 4세기 후의 지구에 살고 있다. 그가 글을 썼을 당시에 기후 변화는 이해할 수 없는 것이었다. 심지어 중국 독자들도 4세기 전 천치더가 살았던 세계에 대해서는 낯선 외국인이나 다름없다. 천치더의 기록은 그의 동시대 사람들을 위한 것이다. 천치더는 그의 글이 통상현 사람들의 집단 기억에서 시간이 지날수록 희미해지지 않도록 하기 위해 고통의 시간을 기념한 것이라고 여겼으며, 만약 이 기억이 희미해진다면 그들에게 이롭지 않을 것이라고 확신했다.

　　천치더가 쓴 내용은 당시 독자들에게 즉각적인 의미가 있었을 것이다. 그들은 같은 가격 체제에 살고 있었고, 물건들이 얼마여야 하는지 혹은 적어도 과거에 얼마였는지를 알고 있었고, 천치더가 기록한 가격이 얼마나 충격적인지를 직감적으로 이해했다. 그의 기록이 우리에게도 직관적으로 이해된다면, 그것은 이 사건들이 발생한 더 큰 기후 맥락을 우리가 이해하기 때문이다. 명대 사람들이 그들의 경험을 하늘의 분노와 관련짓는 것과 우리가 그것을 소빙하기와 관련짓는 것 사이에는 상당한 차이가 있다. 앞장들은 물건의 비용이 얼마인지, 가정이 어떻게 비용을 감당하려고 애썼는지, 그리고 기후 변화가 수확을 파괴하고 가격을 상승시켰을 때 무슨 일이 발생했는지에 대한 중국적 맥락을 확립하는 데 초점을 맞추었다. 이 마지막 장에서 나의 목적은 천치더의 경험을 단순히 명조의 몰락이라는 주요 정치 사건의 상황뿐만 아니라 17세기 및 그 이후 중국 역사 전체의 긴 추세와 관련짓는 것이다. 역사학자로서 우리는 이 물가 기록을 어떻게 활용할 것인가? 그것이 정치 체제의 불안정화에서 어떤 역할을 했다는 점을 지적하는 것을 넘어서, 우리는 무슨 일이 일어났는지 어떻게 모델링할 수 있는가? '숭정 위기'는 단지 단기적인 중요성을 가진 7년간의 일탈이었던가? 아니면 17세기를 넘어 경험한 더 긴 변화 추세를 분석하는 데 중요한 역할을 차지하는 것은 아닌가?

생각할 수 있는 한 가지 모델은 3장에서 검토한 16~17세기에 유럽이 경험한 '가격 혁명'이다. 이 모델은 대서양을 건너 유럽으로 대량 유입된 은이 유럽 경제가 흡수할 수 없는 속도로 화폐 공급을 증가시켰고, 이로 인해 가격이 상승하게 되었다는 것이다. 이러한 높은 가격은 상품이 교환되는 조건, 노동의 대가가 지급되는 방식, 자본의 형성 방식을 변화시켜 광범위한 고통을 초래했다. 스페인 사람들이 신대륙에서 발견했다고 생각한 '엘도라도' 또는 황금의 땅은 역설적으로 무한한 부를 가져온 것이 아니라 경제적 혼란을 초래했다. 역사학자들은 17세기 유럽에서 가격이 상승했다는 것을 부정하지 않는다. 그들이 의문을 제기한 것은 이러한 상승을 초래했다고 주장하는 통화 이론, 즉 스페인 식민지인 아메리카로부터 은을 수입한 것이 가격 상승의 원인이라는 핵심 논제다. 경제사 연구자 존 먼로의 비판적 판단을 다시 인용하자면, 초기 근대 유럽의 인플레이션은 단지 화폐 공급 때문만이 아니라 화폐 주조, 인구 증가, 국가 재정 관행 등 여러 요인에 기인하며, 이러한 요인들은 각 지역 경제 상황에 따라 다른 영향을 미쳤다. 은의 유입이 모든 경제에서 가격을 상승시키거나 모든 가격을 동일한 비율로 움직이게 할 것이라고 예정된 것은 아니다.[1] 실제로 유럽에서 일어난 일을 면밀히 검토하면, '가격 혁명'이라는 고차원적인 이론은 무너진다.

데이비드 피셔David Fischer는 가격 혁명에 대한 하위 이론인 '가격 파동'을 제안했다. 그의 모델은 경제학자는 아니지만 역사적 대상들의 삶을 형성한 재정 환경을 검토할 필요성을 인식하는 역사학자들 사이에서 일정한 영향력을 가지고 있다. 피셔의 모델에 따르면, 가격은 '가격 파동'이라고 부르는 장기적인 과정을 통해 현저하게 상승하며, 이는 5단계로 전개된다. 피셔는 1단계 파동이 장기간의 번영과 인구 증가 기간에 가격이 천천히 상승하기 시작하면서 발생하며, 이를 통해 물질적 진보, 문화적 자신감

---

1   Munro, John., "Money, Prices, Wages, and 'Profit Inflation' in Spain, the Southern Netherlands, and England during the Price Revolution Era, ca. 1520 – a. 1650," *Historia e Economia* 4, no.1, 2008, pp.17 – 18.

및 미래에 대한 낙관론과 같은 것들이 생겨난다고 주장한다. 2단계에서는 가격 불안정과 정치적 혼란이 초래되는데, 보통 야심 찬 전쟁이나 왕조 간의 투쟁 상황이 벌어지며 가격은 피셔의 용어로 '이전 평형의 경계'를 돌파한다. 3단계에서는 국가와 개인이 상승하는 가격에 대응하여 화폐 공급 확대를 추구하게 된다. 이는 보통 화폐 공급 증가가 가격 상승을 유발한다는 일반적인 인과관계를 뒤집는 주장이다. 화폐 공급의 확대가 필연적으로 한계에 부딪히면서, 4단계에서는 가격 혼란, 시장 불안정, 실질 임금 하락, 재정 위기가 도래한다. 그 후 파동이 꺾이며 5단계로 접어드는데 이 단계는 체제 붕괴, 인구 감소, 가격 하락이 포함될 수 있다. 이는 결국 새로운 평형 상태로 이어진다.[2]

면로를 비롯한 학자들은 가격 인플레이션이 시작되는 방식과 장소의 특성을 무시하고 인구 변화에 중점을 두면서 화폐 변수, 국제 무역의 영향, 금융 기관의 역할을 배제하는 파동 모델을 비판한다. 또한 면로는 인플레이션 파동 이전과 이후의 기간을 평형 상태로 묘사하는 것이 적절한지에 대해서도 확신하지 않는다.[3] 이러한 한계가 있음에도 나는 파동 모델을 대입하여 '숭정 위기' 시기 및 그 이후의 가격 상승과 하락에 일정한 형태의 유사성이 있는지 묻는 것은 가치가 있다고 생각한다. 내 목적은 파동 모델을 지지하거나 중국을 가격 혁명 패러다임에 부합하게 만들기 위한 것이 아니다. 단지 지금까지 검토한 것을 재정리하고 17세기 물가 곡선

---

2 나는 피셔가 *The Great Wave*에서 내린 결론을 대략적으로 따랐다(Fischer, David Hackett., *The Great Wave: Price Revolutions and the Rhythm of History,* New York : Oxford University Press, 1996, pp.237 – 239).

3 Munro, John., "Review of David Hackett Fischer, *The Great Wave: Price Revolutions and the Rhythm of History,*" *EH .Net Review,* 24 February 1999, ehreview@eh.net, 2022년 6월 10일 접속.

의 형태를 고려하려는 것이다. 검토해야 할 몇 가지 질문들은 1630년대와 1640년대의 곡물 가격 급등이 가격의 점진적인 상승으로 시작되었는지, 숭정 연간의 급격한 가격 상승이 가격 체제로부터 영구적인 돌파를 이루었는지, 이러한 가격 상승이 피셔 모델의 3단계처럼 화폐 공급의 확장을 유도했는지, 이러한 단계들이 필연적으로 가격 혼란과 정치적 붕괴로 이어졌는지, 그리고 숭정 연간 이후 가격 하락이 새로운 균형 상태로 안정되었는지이다.

이 질문들에 대해 간단히 답한다면, 중국의 물가 기록과 피셔의 단계가 깔끔하게 일치하지는 않는다. 가장 심각한 불일치는 3단계에서 발생하는데, 이 단계는 급격히 상승하는 물가가 화폐 공급 확대 노력으로 이어졌을 것이라고 가정한다. 문제는 물가가 급등하기 전에 이미 은이 중국으로 유입되었고, '숭정 위기' 동안 곡물 가격이 은의 이동에 영향을 받았다는 증거가 없다는 것이다. 실제로 명조는 피셔 모델의 4단계에서 예측한 대로 붕괴되었다. 그러나 3단계의 불안정한 화폐 공급 확대가 없는 상황에서는 4단계가 3단계의 결과라는 논리를 명대에 적용할 수 없다. 이 두 부분을 모델에서 제거한다고 해도, 파동 모델의 첫 1, 2단계의 과정을 명대 자료에서 찾아야 하고 또한 5단계로 건너뛰어 명조 멸망 이후 물가가 평형 상태에 도달했는지 등을 고려해 볼 여지는 남아 있을 것이다.

피셔 모델의 1단계부터 시작하여, 명대 경제가 길고 완만한 장기간의 물가 상승을 보여 주는지 살펴볼 것이다. 이 가설을 검증하기 위해, 1368년부터 1590년 사이의 네 가지 물가 자료를 이용하여 명 초 2세기 동안의 장기 인플레이션율을 추정할 것이다. 두 번째로, 17세기 초반의 만력 연간 중반기 물가 자료를 검토하여, 숭정 연간의 물가 혼란에 앞서 더 빠른 물가 변동률을 감지할 수 있는지 조사할 것이다. 이러한 작업은 물가 상승 과정이 파동의 정점에 이르기 이전에 이미 진행 중이었는지, 그리고 숭정 연간의 물가 상승이 그 과정의 결과로 간주될 수 있는지 여부를 결정하는 데 도움이 될 것이다.

명조의 붕괴를 넘어, 우리는 숭정 연간의 곡물 가격 급등 이후의 상황을 모델을 통해 포착하는지 물을 수 있다. 숭정 연간의 물가 급등은 단기적인 이상 현상이었는가? 이것은 숭정 연간의 물가를 기반에 둔 새로운 파동의 가격 체제로 이어졌는가? 장기적으로 물가가 안정되었는가? 천치더는 자신이 경험하고 있는 물가 혼란이 일시적인 것이기를 바랐지만, 그는 혼란이 끝난 후 생존자들이 위기를 극복했다고 자축하며 "그런 다음 단지 이익 획득과 향락에 관심을 돌릴 것"이라고, 또한 아무 일도 일어나지 않은 것처럼 모든 것이 예전과 같은 방식으로 돌아가고 다음 위기가 왔을 때 그들은 준비되지 않은 채일 것이라고 우려했다. 숭정 연간의 사건들을 더 긴 맥락에서 살펴보기 위해, 우리는 1630년대부터 1690년대까지 양쯔강 삼각주 지역의 또 다른 저자인 예명주葉夢珠가 수집한 가격 자료를 참고할 것이다.

이 작업의 목적은 가격을 경제사의 독립 변수로 다루는 것이 아니라, 이를 활용하여 기후가 경제와 사회에 미친 영향을 평가하는 데 있다. 숭정 연간의 마지막 대위기를 기후 측면에서만 설명하는 것은 지나친 단순화가 될 것이다. 그러나 기후를 고려하지 않고 설명하는 것은 필수적인 맥락을 무시하는 것이다. 기후 변화를 이야기의 중심에 두는 일의 가치는 이 변화가 일반 사람들의 삶에 미친 영향을 집중 조명하는 데 있다. 과학자들은 우리가 지금까지 문서 지표를 통해 파악해 온 기후 변동을 물리적 지표를 통해 추적했다. 그러나 어떠한 기후 시뮬레이션도 1640년대 가격 재앙에 대한 예명주의 기록에서처럼 "사람들이 완전히 지쳐 버렸다"는 순간을 정확히 결정할 수는 없다.[4] 이것이 명대 기후사가 물가사 없이는 서술될 수 없으며, 물가사도 기후사 없이는 서술될 수 없는 이유이다. 각각은 서로에게 지역들에 대한 정밀한 자료를 제공하며, 두 연구는 동시에 전근대 사회가 기후에 얼마나 의존하고 있는지, 농민들이 사회 유지에 필요한 식량을 재배하는 일이 태양 에너지 양의 변동에 얼마나 취약한지를 우리에게 일깨워 준다. 인플레이션율을 살펴보는 것은 장단기적인 기후 변화의 맥락에서 물가 변동을 해석하는 데 도움이 될 수 있다. 왜냐하면 한 현상이 다른 하나를 통해 나타나기 때문이다.

명대 장기 물가 변동

기후 변화가 물가 상승을 초래했다는 가설을 검증하기 위해, 다른 인플레이션 또는 디플레이션 요인이 배경에서 작용했는지를 고려해야 한다. 인플레이션율을 파악하기 위해, 나는 1368년, 1451년, 1562년, 1590년의

4　葉夢珠, 『閱世編』, p.15.

네 가지 자료군의 물가를 비교할 것이다.

첫 번째 자료군이자 모든 비교의 기준이 되는 1368년의 자료인「계장시고計贓時估」는 명 초에 기록된 가격 목록이다. 이는 관리들이 도난당하거나 파괴된 물건의 가치에 따라 죄인의 처벌을 결정해야 할 때 참고한 것이다. 이 264개 상품의 가격 목록은 왕조가 창건된 해에 발행되어『대명회전』에 보존되었으며, 실제 거래에서 도출된 기록이 아닌 국가에 의해 할당된 가격 집합이다. 법제화된 기록이라는 성격에도 불구하고, 이 가격들이 실제로 사람들이 지불한 가격을 반영한다는 점에 대해서는 상당한 확신을 가질 수 있다. 이 목록은 새로운 정권의 정당성 및 법적 권위를 얻기 위해 발표되었다. 따라서 설정된 가격이 실제 비용의 공정한 근사치일 것이라는 대중적 기대에 부응해야 했다. 이 자료를 사용함에 있어 추가적으로 고려해야 할 것은 가격이 종이 화폐(보초)로 표시되어 있다는 점인데, 이는 몽골의 재정 도구였으며 홍무제 재위 기간 동안 빠르게 가치를 잃었다. 그러나 목록 내부에는 보초寶鈔 80관이 은 1냥에 해당한다는 등가 관계가 있으므로 보초로 기록된 가격을 대략적인 은 가격으로 환산할 수 있다.

두 번째 자료군은 1451년에 발행된 정부의 또 다른 공식 목록으로, 베이징 시내로 들어오는 상품에 부과된 관세 목록이다. 이 목록은 226개 상품에 대한 관세를 명시하고 있다. 상품에 대한 표준 관세는 3퍼센트의 종가세였다. 1449년 몽골과 격렬하게 대립하면서* 발생한 손실로 경제적 위기에 처하자, 명조는 재정을 바로잡기 위해 경태 연간에 베이징의 관세를

---

* '토목의 변'을 말한다. 1449년 명나라 정통제 때에 일어난 몽골 오이라트 부와의 전쟁으로, 이 전쟁에서 명군 50만여 명이 죽고 황제가 포로로 잡혔다.

기존의 두 배인 6퍼센트로 올렸다. 우리는 이 6퍼센트의 관세액에 16.7을 곱하여 1451년의 가격을 계산할 수 있다. 1368년의 목록과 마찬가지로, 이 목록의 가격은 1451년 당시에 실질적으로 화폐로서의 가치가 없고 순수한 회계 도구로 사용된 보초로 표시되어 있다. 공식적인 명목 가치가 변하지 않았다고 가정할 때, 두 목록이 동일한 화폐 단위를 사용했기 때문에 가격을 비교하는 작업이 비교적 간단하다.[5] 1451년 목록의 226개 상품 중에서 1368년 목록의 상품과 충분히 유사한 17개 항목을 확인했다. 이 가격들은 〈표 5.1〉(부록 C, '참고 표' 참조)에 수록되어 있다.

이 작업은 몇 가지 간단하지만 유용한 관찰 결과를 제공한다. 첫째, 1368년부터 1451년 사이에 가격은 변동했지만 모든 상품이 같은 방향으로 움직인 것은 아니다. 일부는 상승했고 일부는 하락했다. 둘째, 특정 유형의 상품 가격이 변동한 비율은 각 상품에 따라 크게 달랐다. 예를 들어, 금속의 경우 납의 가격은 44퍼센트 하락한 반면 구리의 가격은 180퍼센트 상승했다. 이 차이는 금속 조달의 어려움을 반영할 수도 있지만 에너지 비용의 증가를 나타낼 수도 있다. 납은 녹는점이 낮아서 구리와 같은 더 단단한 금속을 가공하는 것보다 저렴하다. 구리는 정련할 때 더 많은 에너지를 요구한다. 마찬가지로, 직물 가격의 변동도 일관되지 않다. 무늬 비단綾은 30퍼센트 하락한 반면, 더 섬세한 비단紗과 복잡한 삼편직 천三梭布은 각각 39퍼센트와 67퍼센트 상승했다. 이러한 차이는 생산 비용의 차이를 반영

---

5   1373년경에 법적인 목적으로 1관의 가치를 400문으로 하향 조정한 것이 이 가정을 복잡하게 만들었다(Farmer, Edward., *Zhu Yuanzhang and Early Ming Legislation : The Reordering of Chinese Society following the Era of Mongol Rule*, Leiden : Brill, 1995, p.186). 그러나 이 수정이 1451년 목록에 적용되었다는 증거는 없다.

할 가능성이 높다. 섬세한 비단과 삼편직 천은 무늬 비단보다 더 많은 노동력을 요구한다. 셋째, 하락한 가격보다 상승한 가격이 많았으며, 12대 5의 비율을 보였다. 이 83년의 기간 동안 변화의 평균을 계산하면, 가격은 대략 50퍼센트 상승했다. 연간 0.49퍼센트의 상승 비율은 상업 경제에서 예상할 수 있는 낮은 수준의 경미한 인플레이션과 일치한다.

세 번째 자료군은 1562년경에 기록된 두 가지 자료를 기반으로 한다. 하이루이가 저장성에서 지방관으로 재직 중에 재정 지출 매뉴얼을 작성할 때 정한 가격들과, 같은 해에 가정 연간에 오랜 기간 재임했던 대신인 옌쑹嚴嵩이 82세에 그의 아들이 왜구와 공모한 혐의로 고발되어 몰락하고 나서 장시성에서 몰수된 재산 목록이다. 3년 후 작성된 옌쑹의 재산 목록은 당시에 공개적으로 유포되지 않았으나, 나중에『천수빙산록天水冰山錄』(하늘이 빙하를 물로 바꾸다)이라는 제목으로 개인 소장본이 인쇄되었다.[6] 하이루이의 자료와 옌쑹의 재산 목록에서 1368년의 목록과 비교할 만한 14개 상품을 선정했다(부록 C,〈표 5.2〉참조). 하이루이의 항목 중 안락의자, 철솥, 칼은 1562년 즈음에도 1368년과 동일한 가격을 유지했다. 명목 가격의 변동이 없다는 것은 일반적인 제조 상품의 가격이 경미한 인플레이션에도 불구하고 상승하지 않았다는 것을 의미할 수 있다. 또한 이는 1368년과 1562년 사이에 실질 가격이 다른 상품들에 비해 하락했음을 의미한다.

6　『天水冰山錄』의 여러 현대 재판본이 있으나, 비판적으로 수정된 판본은 없다. 나는 1951년『明武宗外紀』(毛奇齡 편, 1982년 중쇄)에 수록된 판본을 사용했다. 가격 기록은 pp.157-164, p.170에 있다.『天水冰山錄』에 대한 평가는 Dardess, John., *Four Seasons : A Ming Emperor and His Grand Secretaries in Sixteenth-Century China,* Lanham, MD : Rowman and Littlefield, 2016, p.215; Clunas, Craig., *Superfluous Things : Material Culture and Social Status in Early Modern China,* Cambridge : Polity, 1991, pp.46-49; 巫仁恕,『品味奢華 : 晚明的消費社會與士大夫』, 臺北 : 中央研究院 · 聯經出版公司, 2007, pp.233-237 참조.

두 번째로 주목할 점은 일부 가격이 하락했음에도, 상승한 가격이 더 많다는 것이다. 표의 모든 항목을 합쳐 평균 가격 변동을 계산하면, 1360년대에서 1560년대 사이에 평균 31퍼센트 증가했다. 이는 연평균 인플레이션율 0.14퍼센트에 해당한다. 만약 가격이 상승한 상품만을 대상으로 분석하면, 2세기 동안 평균 79퍼센트 증가한 것이며, 연평균 인플레이션율은 0.30퍼센트에 불과하여 무시할 수 있는 수준이다.

이 표들의 결과를 결합하면, 명 초 1세기 동안 새로운 왕조가 경제를 적극적으로 재건하는 와중에 가격이 연간 약 0.5퍼센트 상승했음을 알 수 있다. 첫 2세기 동안을 계산하면, 그 상승률은 0.3퍼센트로 감소한다. 이 결과는 명나라 통치 초기에는 실질 가격이 상승했지만, 민간 상업 경제가 국가 경제와 함께 성장하면서 생산 비용이 감소하고, 상품의 유통이 빨라지며, 소매 판매가 확대되고, 임금이 정체됨에 따라 두 번째 세기에는 실질 가격이 하락했음을 나타낸다.[7] 그러나 이 가설은 제조품과 가공 재료에만 적용될 수 있으며, 명대 두 번째 세기에 실질 식품 가격이 하락했다는 증거는 없다.

이 네 번째 자료군을 활용하여 1368년 가격과 세 번째 비교를 할 수 있다. 이 자료군은 선방이 만력 연간 중반인 1590년경 베이징에서 기록한 가격이다. 선방의 기록이 매우 상세하기 때문에, 이번 경우는 72개 상품에 대한 훨씬 더 광범위한 가격 비교가 가능하다. 이 2세기 동안의 명목 가격 상승이라는 변수를 통제하기 위해, 나는 각 시기의 쌀 1두 가격을 기준 지

7 　岸本美緒, 『清代中國の物價と經濟變動』, 東京 : 研文出版, 1997, pp.220 - 227에서 확인된다. 비슷한 주장을 제시하는 리더푸(李德甫)는 16세기 인구 증가와 가벼운 디플레이션 상황을 언급했다(李德甫, 『明代人口與經濟發展』, 北京 : 中國社會科學出版社, 2008, pp.89 - 101).

수로 사용하여 명목 가격을 실제 가격으로 환산했다. 1368년 쌀 1두의 가격은 3.125센트였다. 1590년의 확실한 가격은 존재하지 않는다. 선방은 여러 가지 다른 가격을 지불했지만, 나는 비교 목적으로 은 5푼의 가격을 설정했다. 결과는 〈표 5.3〉에 나타나 있다(부록 C, '참고 표' 참조). 표의 중간 부분은 선방의 관아에서 구입한 두 가지 주요 곡물인 쌀과 밀에 할당되어 있다. 두 자료군을 비교하면, 1368년 이후 두 곡물의 명목 가격이 60퍼센트 상승했음을 알 수 있다. 중간 부분 위에는 명목 가격이 곡물 가격보다 적게 상승한 31개 상품이 나열되어 있으며, 이는 상대적으로 그들의 실질 가격이 하락했음을 의미한다. 중간 부분의 아래에는 곡물 가격보다 더 상승한 39개 상품이 있다. 15개 상품의 실질 가격이 25퍼센트에서 88퍼센트 사이로 상승했고, 9개 상품은 실질 가격이 2배가 되었으며, 15개 상품은 2배 이상 상승했다.

이 결과로부터 과일과 설탕 같은 사치품을 제외한 일상적인 식품 가격은 곡물 가격만큼 크게 상승하지 않았음을 관찰할 수 있다. 상대적으로 이들은 더 저렴해졌다. 그러나 차, 술, 식초의 실질 가격은 2배로 증가했다. 직물을 보면, 특히 비싼 직물을 제외한 전반적인 추세는 상업적 직물 생산이 16세기 동안 집중됨에 따라 가격이 더 저렴해졌다. 일상 제조품의 실질 가격도 마찬가지로 하락했다. 가격 하락이 가장 큰 품목은 후추였다. 그러나 후추는 명대 소비에서 특수한 면이 있다. 1368년 이전에 후추는 명대 식단의 일부가 아니었다. 동남아시아 조공 사절이 황제에게 바쳐야 하는 이국적인 상품이었고, 점차 중국 요리에서 자리를 잡아갔다. 나중에 황제는 급여를 대신해 후추를 관리들에게 배분했다. 명 초에 매우 인기 있는 외국 수입품이었던 후추는 15세기 후반에는 시장에 과잉 공급되었고, 16세기에는 수입 대체*로 인해 밀려났다. 후추는 값비싼 사치품에서 저렴한 일상 향신료로 전환되었다.

쌀과 밀의 가격 상승보다 실질 가격이 더 많이 오른 다른 몇 가지 상품들 중 목재와 숯에 주목할 필요가 있다. 특히 만력 연간 초에 명나라의 많은 지역에서 대규모로 이루어진 삼림 벌채가 에너지 가격을 상승시키고 있었다. 이는 연료 가격에 영향을 미쳤을 수 있다. 마찬가지로 거의 모든 종류의 종이 가격도 높았다. 명대 동안 더 많은 공식 문서가 제출되고, 더 많은 책이 인쇄되며, 더 많은 편지가 작성되면서 종이에 대한 수요가 의심할 여지 없이 증가했다. 더 나은 품질의 종이에 대한 수요가 공급보다 더 빠르게 증가한 것으로 보인다. 1560년대 지방 행정에 관한 기록에서 하이루이는 정부의 종이 사용 증가에 대해 언급하며 이에 강하게 반대했다.

상사가 절약에 주의를 기울인다면, 관련 없는 책자, 문서, 비교표 등은 줄여야 한다. 공문은 무겁고 아름다운 필기 용지가 아닌, 단순하고 평범한 종이를 사용해도 충분하다. 새로운 책자를 추가하지 말고, 공문은 하나의 봉투에 통합할 수 있다. 또한, 부서가 다르다고 각각 봉투를 사용하는 것도 줄여야 한다. 현에서 부까지의 거리가 멀지 않다면, 종이 한 장을 봉투로 사용하고 이를 판지에 붙이지 않아도 된다. 이러한 절차를 비교 장부에 기록하면 종이를 절약할 뿐만 아니라 편리하게 열람하고 검사할 수 있다. 이 모두 하지 못할 이유

---

* 종래 수입해 오던 상품을 국내에서 생산한 상품으로 대체하는 것을 말한다.

가 없다. 소비되는 천분의 일, 심지어 만분의 일 냥도 백성들의 골수에서 뽑아
낸 것이다. 천분의 일, 만분의 일을 절약하면 모든 면에서 이익이 될 것이다.[8]

하이루이는 합리적인 아이디어를 갖고 있었지만, 실제로는 그가 생각
한 만큼 심각하지 않을 수 있는 문제의 만병통치약으로 부풀리는 재주가
있었는데, 이 호언豪言에서 정확히 그런 행동을 하고 있다. 그럼에도 하이
루이의 솔직한 의견은 조정에서 종이를 과도하게 사용하는 것이 왜 종이
가격, 특히 다른 지역보다 관청이 더 많은 종이를 소비하는 베이징에서 종
이 가격이 상승했는가를 일부 설명해 준다.

중간 부분에 있는 쌀과 밀의 가격 상승을 보면, 222년 동안 명목 가격이
60퍼센트 상승했다는 점에서 연평균 인플레이션율을 0.21퍼센트로 계산
할 수 있는 근거를 제공한다. 이 비율은 낮거나 무시할 만한 수준으로, 모
든 전근대 농업 경제에서 찾아볼 수 있는 비율이다. 네 가지 자료군의 이
러한 비교는 대략적으로 천치더의 낙관적인 기억이 사실임을 확인해 준
다. 그는 만력 연간 초에 물가가 너무 낮아서 가난한 사람들조차 상인들이
다른 물품의 대가로 수령하지 않는 곡물을 내버렸고, 콩과 밀을 그들의 식
단에 포함시키기보다 가축에게 먹였다고 회상했다. 심각한 인플레이션으
로 인해 식품 가격이 감당할 수 없을 만큼 오르지는 않았던 것이다.

만력 연간에 모든 가정이 필요한 것을 모두 갖추고 있었던 것은 아니
다. 그러나 앞서 비교한 것에서 나타난 미미한 인플레이션 비율을 고려할
때, 천치더가 만력 연간을 대부분의 사람들이 일상적인 필요를 감당할 수

---

8 海瑞, 『海瑞集』, p.42.

있었던 시기로 기억하는 것은 합리적이었다. 1580년대 후반에 폭우가 내리고, 그 후 땅이 메마르고, 쌀이 1두당 은 16푼이라는 견딜 수 없는 가격으로 치솟는 등의 위기가 발생했을 때도 그 효과는 단기적이었고, 일단 위기가 지나가면 사람들은 이전에 지불하던 가격으로 돌아갔다. 천치더처럼 만력 연간을 살아낸 사람들은 그러한 행운이 영원히 지속될 수 없음을 곧 깨달아야 했다.

만력 연간의 단기 물가 변동

앞서 언급한 비교는 몇 세기에 걸쳐 이루어졌다. 그런데 만력 연간 중반의 10년 동안의 물가 변동을 집중적으로 살펴볼 수 있는 한 가지 물가 기록이 남아 있다. 『정씨염점사산장부程氏染店查算帳簿』는 매년 작성된 회계장부로서 여러 면에서 주목할 만한데, 그중에서도 가장 주목할 만한 점은 이것이 내가 추적할 수 있었던 유일한 명대 사업장의 장부라는 것이다. 이 장부는 후이저우徽州부의 자료군에 수록되어 있던 덕분에 찾을 수 있었다.[9] 염색 작업장의 공동 소유주들이 후이저우 출신이었기에 장부가 그곳에서 발견되었지만, 작업장 자체는 상하이 주변의 직물 생산 중심지인 쑹장부松江府에 위치해 있었다.[10] 42개의 책장을 접어 84쪽짜리 책으로 제본

---

9   『程氏染店查算帳簿, 1594 - 1604』,『徽州千年契約文書』, 王鈺欣 · 周紹泉 편, 石家莊 : 花山文藝出版社, 1991 - 1993에 수록됨.

10 李貴民,「明淸時期藍靛業硏究」, 國立成功大學歷史硏究所 碩士論文, 2004, p.150. 리구이민(李貴民)의 논의는 pp.144 - 150에서 자본 형성에 초점을 맞추고 있으며, 가격에 대한 논의는 아니다.

된 이 장부는 사업장의 자산과 이익에 대한 연간 결산을 담고 있다.

장부의 첫 번째 문서는 만력 19년 5월 1일(양력 1591년 6월 21일)에 작성되었다. 이 문서에는 정벤슈程本修와 우위안지吳元吉라는 두 사람이 사업에 납입한 초기 금액이 은 2,417.412냥이라고 기록되어 있다. 두 번째 문서는 2년 후 7월 1일(양력 1593년 7월 28일)에 작성된 것으로, 연간 결산으로는 첫 번째 문서이다. 1593년의 목록은 결산 문서 중 가장 상세하지 않으며, 1595년과 1596년의 결산 문서는 누락되었다. 1597년에는 회계상 결산일이 5월 1일에서 3월 16일로 변경되었으나, 후에 다시 5월로 돌아간다. 해마다 형식이 약간씩 달라지고, 1601년과 1602년 사이에 필체가 변한다. 그 외에는 해마다 발표되는 내용과 정보가 비교적 일관성을 유지한다. 장부의 마지막 문서는 1604년 결산에 첨부된 합의서로, 우위안지의 동생 우샤장吳霞江과 정관루程觀如가 전년도 가을에 사망한 우위안지의 사업 지분을 어떻게 처리할 것인지에 대한 내용이다.

장부는 사업장의 자산을 매년 기록하기 위해 유지되었다. 각 연도의 결산 보고는 재고 상품과 그 수량을 한 행에, 총 가치를 그 아래 행에 나열한다. 항목의 순서는 매년 다소 변하지만, 가공된 재료가 일반적으로 원재료보다 앞서 나열된다. 이는 시장 가격이 아니라 평가 가격이지만, 공동 소유주들이 그 가격에 동의하려면, 평가 가격이 시장 가격에 가까워야 했다고 가정할 수 있다. 눈에 띄는 점이자 이 가정을 뒷받침할 수 있는 것은 거의 모든 항목의 단위당 가격이 매년 변한다는 사실이다. 〈표 5.4〉(부록 C 참조)에는 1594년부터 1604년 사이에 세 번 이상 평가된 상품의 가격이 표시되어 있다. 인디고, 직물, 술 양조의 부산물(천을 표백하고 염료의 품질을 향상시키는 데 필요한 칼륨의 원천으로서 구입됨), 석회(염료를 고정시키는 데 사용되는 수산화칼슘), 장작, 쌀, 그리고 염색된 직물의 묶음을 포장하는 데 사용된 부들 꾸러미蒲包, 그리고 번역할 수는 있으나 해석할 수 없는 두 항목인 '직물 머리 布頭'*와 '깎은 가죽希皮'이다.

각 범주의 가격 변동을 살펴보자. 첫 번째는 인디고靛이다. 장부에 기록된 여덟 종류의 인디고 중 세 가지는 적어도 연간 결산에 최소 세 번 이상 등장하므로 〈표 5.4〉에 기록되어 있다. 현지에서 생산되는 인디고는 1594년과 1597년에 1근당 은 1푼, 1598년에 0.72푼으로 두 차례 등장한다. 리장日張(아마도 회사 이름) 인디고는 1597년에 은 1.53푼으로 책정되었다. 안뜰 인디고園靛는 1600년에 최고가인 은 1.3푼을 기록한 후, 1601년과 1603년에 1.1푼으로 떨어졌다. 이 몇 가지 자료에서 얻을 수 있는 유일한 관찰 결과는 인디고 가격이 1600년에서 1601년 사이에 약간 하락했다는 것이다.

직물에 대한 자료는 더 풍부하다. 청색으로 염색된 직물의 가격은 1597년과 1604년에 가장 높았다. 그러나 1597년 기록에 염색된 직물이 두 가지로 나뉘어 기록되었고, 하나는 사상 최고가인 1필당 은 22.9푼인 반면, 다른 하나는 사상 최저가인 19.6푼이다. 같은 해에 두 가지 유형이 보고된 이유가 명시되어 있지 않다는 점이 이 자료에 대한 검토를 어렵게 만든다. 염색되지 않은 백색 직물의 가격은 같은 해인 1597년에 1필당 은 14.4푼으로 최저를 기록하고 1602년에는 18푼으로 최고를 기록하여 다른 연도의

---

* 『教育部臺灣台語常用詞辭典』에 따르면, '직물 머리(布頭)'는 재단 후 남은 천 조각을 가리킨다.

가격과는 상당히 차이가 난다. 강상缸上(아마도 사업장의 거래처 이름일 것이다)에서 나온 염색되지 않은 직물은 1599년에 은 14.7푼으로 최저를, 1604년에 16푼으로 최고를 기록한다. 콩 섬유 직물은 그다지 변동이 없어, 1603년에 은 14.9푼으로 최저를 기록하고 다음 해에 16.4푼으로 최고를 기록한다. 다른 작업장에서 염색된 직물은 다른 유형의 직물보다 훨씬 저렴하여 1600년에 은 6.5푼으로 최고를, 1603년에 4.9푼으로 최저를 기록한다. 이 범주에는 일부 가격이 움직이지 않을 수 있음을 보여 주기 위해 책 표지용 염색 직물에 대한 두 차례 평가 가격도 포함했다. 해당 직물이 기록된 유일한 두 해인 1600년과 1601년 동안 은 20푼을 유지했다. 한 발짝 물러나 직물 가격 변동에 대해 전반적인 관찰을 해 보면, 이들만으로는 어떠한 것도 포착되지 않는다. 각 항목의 가격은 다른 항목의 가격과 독립적으로 움직였다.

원자재로 넘어가 보면, 양조 부산물의 가격은 1594년에 항아리 1개당 은 12.5푼에 달했으며 1601년에는 9.5푼까지 떨어졌다. 장작은 1600년에 1근당 은 1.1푼의 최저가에서 다음 해에 1.5푼으로 상승했고, 이후 2년 뒤에 다시 1.1푼으로 하락했다. 석회는 두 가지 가격이 기록되었는데, 방(말 그대로 '방'. 측정 단위이다) 1칸당 은 3냥인 1598년, 1601년, 1603년과 은 3.3냥인 1599년, 1600년, 1602년의 기록이다. 다른 출처에서 발견한 내용에 비추어 보면, 쌀 가격은 통상적으로 높은 편으로, 1593년부터 1599년 사이에 1석당 은 0.6냥에서 0.7냥 사이로 상승했으며, 1601년에는 0.55냥으로 하락한 후 1602년부터 1603년까지 다시 0.75냥으로 상승했다. 갈대로 짠 포장 재료는 1600년에 은 0.25푼에서 1604년에 0.23푼으로 하락했다. '직물 머리'는 1600년에 1근당 은 9.7푼에서 약간 하락했다가 1604년에는 11.9푼으로 상승했다. '깎은 가죽'은 1601년에 개당 은 0.143푼으로 최저가를 기록했으며 1603년에는 0.17푼의 최고가를 기록했다. 이러한 가격의 움직임을 통합된 전반적인 가격 추세로 결합시킬 수는 없으며, 유사한 유형의 상품 간에 일관성이 있다고 보기도 어렵다. 1604년의 가격은 지난 10년 중 어느 해보다도 약간 높았지만, 그 차이는 미미하여 중요하지 않다.

만력 연간 중반의 단기적 가격 변동은 우리에게 무엇을 알려 주는가? 첫 번째로, 가격은 해마다 움직였으며, 대체로 매우 작은 폭으로 움직였다. 두 번째는 가격이 일제히 움직이지 않았다는 점이다. 이는 가격 변동이 그 경제 내에서 각 상품들이 처한 조건에 따랐으며, 전반적인 경제적 힘에 의해 가격이 움직인 것은 아니었음을 나타낸다. 이 두 가지 관찰 결과는 만력 연간 중반을 통해 전반적인 가격 움직임을 감지할 수 없다는 것을 시사한다. 시범적으로, 〈표 5.4〉의 각 범주에서 첫 번째와 마지막 가격을 살펴보자(다시 부록 C, '참고 표' 참조). 인디고의 가격은 하락하고, 양조 부산물, 장작, 갈대 포장지의 가격도 하락한다. 석회의 가격은 그대로이며, 책표지 직물의 가격도 동일하다. 다른 모든 종류의 직물 가격은 대략 6퍼센트 상승한다. 눈에 띄는 가격 변동 사례는 쌀로, 쌀 가격이 25퍼센트 상승했으나, 이미 언급한 바와 같이 특히 1603년과 1604년이 따뜻하고 물이 잘 공급된 해였기 때문에 이 쌀 가격을 어떻게 해석해야 할지 확신이 서지 않는다.

염색 사업장 회계장부의 가격을 전체적으로 살펴본 결과, 어떤 요인이 특정 변동의 원인으로 식별될 수 있다고 생각하든지 간에, 단기적인 변화의 증거가 전혀 없다는 결론을 내릴 수밖에 없다. 이러한 발견은 가격이 장기간 서서히 상승한 후, 3단계 상승 이전의 준비 단계에서 가격이 급격히 상승한다는 피셔의 파동 모델 2단계를 뒷받침할 증거를 식별하려는 노력을 무색하게 만든다. 만력 연간 중반에는 어떠한 파동도 감지되지 않았으며, 숭정 연간에 이어질 거대한 급등에 대한 준비도 없었다. 따라서, '숭정 위기'가 명대 경제가 왕조 시작 이래로 또는 직전 수십 년 동안 향해 오던 목적지가 아니었다는 결론을 내려야 한다. 그러므로 나는 숭정 연간의 가격 혼란에 내부 경제의 인플레이션 압력이 작용했다는 주장을 펼칠 이유를 찾을 수 없다. 숭정 연간의 급등은 독립적으로 발생했다. 다른 무엇인가가 진행 중이었다.

숭정 연간 이후의 가격 안정화

청대 물가사는 그 자체로 하나의 주제이며, 나의 연구 범위를 넘어선다. 그럼에도 양쯔강 삼각주의 '숭정 위기'를 관찰했던 또 다른 인물을 통해 새 왕조의 첫 반세기 동안의 물가 변동 증거를 간단히 살펴볼 것이다.

예밍주는 상하이 남서쪽의 소지주 가문에서 태어났다. 이 가문은 쑹장부의 도시 거주지를 유지했지만, 그들의 시골 집은 쑹장과 상하이 사이의 농촌에 위치했다. 그의 회고록인 『열세편閱世編』(세간에 대한 조사)에서 예명주는 1690년대에 그의 어린 시절인 숭정 연간부터 1693년까지의 지역 역사를 재구성했다.[11] 세심하게 구성되고 정확하게 쓰인 이 책은 만주족 통치의 첫 50년 동안을 대상으로 양쯔강 삼각주의 민족지와도 같은 내용을 담고 있다.

동시대 사람들처럼 예명주도 가격 변동에 매료되었으며, 그는 이 주제에 대해 제7권 전체를 할애했다. 이 7권의 '식화食貨(음식과 물품)'라는 제목은 인구, 생산, 세금 등 재정적 사항을 기록한 왕조 정사의 해당 부분 제목을 모방한 것이다. 예명주의 관심사는 인구나 세금이 아닌 상품의 가격에만 있다. 그는 주제에 대한 일반적인 서술로 시작한다. "상품 가격은 안정적이지 않으며, 이는 고대부터 그러하다. 지난 30여 년 동안 어떤 물건의 가격이 그 이전의 수십 배, 심지어 수백 배까지 오를 수 있다고 누가 상상이나 했겠는가? 뿐만 아니라 비싼 것이 저렴하게, 저렴한 것이 비싸게 변하는 등, 헤아릴 수 없는 변화가 일어났다."[12] 예명주는 천치더가 했듯이 조부의 무릎에 앉아서 보고 들은 어린 시절의 가격에 대한 회고부터 시작하며, 그 당시를 이후 겪을 가격 혼란의 파도를 이해하기 위한 참조점으로 사용한다. 우리가 곧 보게 되겠지만, 천치더가 만력 연간에서 회상하려고 했던 목가적인 단순함은 숭정 연간 예명주의 삶에는 없었다.

예명주는 "곡물이 비쌌던 흉년에" 구호소가 열려 굶주린 사람들에게 식

---

11 葉夢珠, 『閱世編』, p.159. 이 책은 상하이의 한 출판사가 쑹장(松江) 도서관에서 사본을 입수하여 1934년에 출판할 때까지 원고 상태로 남아 있었다. 1970년대 이후 『閱世編』은 물가사 연구자들의 애서로 자리 잡았다.

12 葉夢珠, 『閱世編』, p.153.

사를 제공했다는 1630년의 괴로웠던 이야기로 서두를 연다. "당시에 나는 아직 어렸고 상품 가격에 대해 아무것도 몰랐다." 그는 1632년의 가격을 처음 언급한다. "그때 백미는 1두당 동전 120문, 혹은 은 10푼이었다. 사람들은 이 가격으로 인해 고통을 받았으므로, 1630년의 쌀 가격이 어땠을지 상상할 수 있을 것이다. 그리고 가을이 왔고, 초기 쌀 가격은 단지 동전 65문 또는 66문이었다. 이후 쌀 가격은 대략 100문을 유지했다." 앞 장에서 보았듯이, 16세기 대부분의 기간 동안 표준 기근 가격이 바로 1두당 동전 100문이었다. 1632년에는 기근 시의 쌀 가격이 일상적인 정상 가격이 되었다. 예멍주는 쌀 가격이 변덕스러운 원인 중 하나가 은전비가(은과 동전의 교환 비율)의 변동이라고 설명한다. 이는 위조꾼들이 동전을 녹여 더 저질의 것으로 재주조하여 발생했다.[13] 일부 연구자들은 은전비가 상승이 동전의 가치 하락 때문이 아니라 1640년대 아메리카로부터 은 유입이 감소하여 중국 내 은가가 상승했기 때문이라고 주장한다. 그러나 예멍주는 이 논쟁에 대해 아무런 의견을 제시하지 않았다.[14] 역사적으로 더 타당한 접근은, 은을 가진 사람들이 불확실한 미래에 대비해 은을 유통 시장에서 거두어 축장할 경우, 지역 경제에서 유동성이 부족한 시기에 더 많은 동전을 유통시키고자 동전 위조가 발생한다는 것이다.

---

13 『上海縣志』에서는 1642년 동전 가격 폭락을 저질의 사주전 유통에 의한 것으로 보고 있다(『上海縣志』(1882), 권30, p.9b). 1599년 쑤저우에서 동전과 은의 환율이 폭락했을 때는 은 1냥을 얻기 위해 동전 3,000문이 필요했다(『吳縣志』(1642), 권2, pp.30b‒31a).

14 Atwell, William., "International Bullion Flows and the Chinese Economy circa 1530‒630," *Past and Present* 95, 1982, p.88. 이 해석에 대한 강력한 도전은 von Glahn, Richard., "The Changing Significance of Latin American Silver in the Chinese Economy, 16th‒9th Centuries," *Journal of Iberian and Latin American Economic History* 38, no.3, 2020.12, pp.558‒561에서 찾아볼 수 있다.

천치더와 마찬가지로 예명주도 자신이 겪은 어려운 시기로부터 교훈을 찾으려 했다. 예명주는 조금 덜 도덕주의적인 방식을 취했다. 그의 서문 첫머리는 "재난과 길조의 징조는 세대를 가리지 않는다"로 시작한다. 또한 그는 "역사 기록에 나타난 재난은 너무 많아 셀 수 없다. 내가 본 것 중 최악은 1641년의 가뭄이었다."라고 했다. 이해는 예명주와 천치더에게 공통적으로 최악의 해였다. 여름 가뭄으로 시작해 메뚜기 떼의 피해를 겪은 후 대기근으로 끝났다. 관리들은 지역의 신사와 부호 들에게 죽을 제공하도록 요청했지만, 기아에 허덕이는 많은 사람들이 그곳에 도착하기도 전에 길가에서 쓰러져 죽었다. 예명주는 그때의 가격에 대해서도 언급했다. "이때는 탈곡한 쌀이 1석당 은 5냥이었고, 콩과 밀은 약간 저렴한 정도였다. 심지어 왕겨와 쭉정이까지 갑자기 비싸졌다. 간단한 식사를 제공받은 손님은 그것을 호사스러운 잔치로 여겼다. 노동자들은 배를 채울 음식만으로도 고용될 수 있었다. 그것이 보리밥에 없었다 하더라도 말이다." 쑹장의 인구 절반은 직물 제조에 생계를 의존했기 때문에, 구매자가 나타나지 않자 "그들은 끼니를 위해 자식을 팔고 시체를 잡아 구웠다." 만주족에 맞서는 북쪽 국경을 지키는 군대를 유지하기 위해 조정이 쑹장에 부가세로 밀을 징수하자, 쑹장의 곡물 가격이 1석당 은 5냥 이상으로 올랐다. 지역의 한 신사가 징수하는 밀의 법정 환산 가격을 1석당 1.5냥으로 낮추도록 명 조정을 설득했다. 봄밀이 중간에 베이는 일 없이 수확될 때까지 오래 생존해서, 일부 사람들이 세금으로 충당할 수 있게 되었다. "그런 다음 전염병이 발생해 한 집에서 다음 집으로 퍼지며 죽음이 잇따랐다. 내가 태어난 이후로 본 모든 시기 중 이해가 가장 끔찍했다."[15]

예명주의 기록은 1644년 여름으로 이어진다. 6개월간의 가뭄은 두 개의 새로운 지역 속담을 탄생시켰다. 하나는 "쌀값은 비싸지만, 물값은 그두 배"이고 다른 하나는 "굶주린 자는 죽기를 원하지만, 목마른 자는 더 죽기를 원한다"라는 것이다. 1644년의 가뭄은 쑹장의 경제 전체를 붕괴시켰다. 예명주는 "어떤 상인도 길을 나서지 않았고, 상품 가격은 치솟았다"라고 기록했다. 위기는 그해 말에야 완화되기 시작했지만, 회복은 더디게 이루어졌다. "12월(양력 1645년 1월)에 이르러서야 비가 며칠 연속으로 내렸다. 비가 토양을 급속히 적셨지만, 사람들은 완전히 지쳐 있었다."[16]

예명주는 명조 멸망 이후 1690년대까지의 가격 변동에 관한 이야기를 계속한다. 가격 움직임이 통일되지 않아 그는 상품별로 이 움직임을 설명해야 했고, 이야기는 매우 혼란스럽다. 그의 기록들을 간소화하기 위해, 여기에는 그가 추적한 36개 상품 중 쌀을 포함한 8개 상품에 한정하여 설명하고자 한다.

1642년에 쌀 가격은 1두당 은 0.5냥(50푼)으로 치솟았으나, 1650년대에는 0.25냥에서 0.4냥 범위로 하락했다. 이후 1670년대에는 0.2냥 이하로 떨어졌고, 1680년대에는 은 8~9푼으로 마감되었다. 밀 가격은 1642년에 1두당 0.25냥이었지만, 1670년대에는 12~13푼 범위에 머물렀고, 1680년대에는 쌀 가격과 동일한 8~9푼으로 조정되었다. 대두는 1640년에 은 5푼에서 1661년에는 35푼으로 상승했으나, 1682년에는 6~7푼으로 하락했다.

---

15 葉夢珠, 『閱世編』, pp.14-15.

16 葉夢珠, 『閱世編』, p.15.

「관음(觀音)」
자비의 신 관세음보살을 중국식으로 표현한 것. 역귀가 아이를 죽음으로 데리고 갈 때, 관음이 개입하여 아이를 구하는 장면이다. 1640년대 초의 전염병 이후의 작품이다. 캐나다 토론토 로열 온타리아 박물관 소장.

돼지고기는 중국 시장에서 일종의 척도가 되는 상품으로, 1620년대 송장에서 은 2푼이었고 이는 명대 초기부터의 가격이었다. 1645년에 12푼의 최고가를 기록한 후, 1680년에는 5푼으로 다시 안정되었다. 설탕은 1620년대에 은 3~4푼이었지만, 1640년대에 40푼으로 10배 상승했다. 이후 1681년에는 2~3푼으로 하락하고, 1690년에는 5~6푼으로 회복하여 가격이 안정되었다. 장작은 1620년에 은 6~10푼이었지만, 1646년에는 50~60푼으로 가격이 치솟았으며, 최종적으로 1688년에 12~14푼으로 다시 안정되었다. 유일하게 1620년 가격으로 회복한 상품은 직물이었으나, 면화는 그 과정이 독특했다. 1620년에는 100근당 은 1.6냥이었는데, 1628년에 4~5냥으로 치솟았고, 이후 다시 하락하여 1649년에는 3.5냥이 되었다. 1684년에는 최저 1.3냥까지 가격이 떨어졌다. 면포는 1628년에는 1필당 은 15~20푼이지만, 1654년에는 50푼으로 상승했고, 1690년에는 다시 20푼으로 회귀했다.[17]

예명주가 기록한 상품의 가격 움직임이 서로 일치하는 것은 아니지만, 그의 기록은 1620년에 이미 쑹장 전역의 가격이 정상보다 높았고, 이후 25년 동안 급격히 상승하여 1620년대보다 2배에서 10배까지 상승했다는 전반적인 인상을 준다. 모든 경우에서 1640년대 중반 이후 가격은 하락했다. 몇몇 항목, 예를 들어 면포의 경우는 1620년의 가격으로 돌아왔다. 대부분의 다른 상품 가격은 그 수준으로 다시 안정되지 않았고 숭정 연간 이전보다 두 배 정도 가격인 새로운 수준에 안착했다. 따라서 예명주가 제시한 증거는 1690년대의 가격 체제가 1620년대에 지배적이었던 가격 체제로 돌

---

17 葉夢珠, 『閱世編』, pp. 153-161.

아가지 않았음을 나타낸다. 이 가격들이 균형 상태를 설명하는 데 사용될 수는 없다. 대부분의 가격이 두 배가 되었고, 추가적인 변동으로부터 자유롭지도 않았다.

숭 정 연 간 의 가 격 급 등

예명주의 증언이 '숭정 위기' 동안의 가격 변화를 분석하는 데 어떻게 도움이 될 수 있을까? 이 질문을 고려하기 위해, 잠시 명나라 기근 시기의 곡물 가격 기록으로 돌아가 보자. 이미 다룬 내용을 다시 다루는 이유는 우리가 '숭정 연간의 가격 급등'이라고 부를 수 있는 것을 파악하는 데 도움이 될 것이기 때문이다.

14세기부터 17세기에 이르기까지 가격이 점진적으로 상승한 것처럼, 기근 시기의 곡물 가격 또한 상승했다. 기근 때 동전 100문은 명대 초기 2세기 동안 표준적인 가격으로 여겨졌다. 간헐적인 심각한 위기의 순간에는 기근 가격이 이 상한선을 초과하기도 했지만, 모든 경우에 곡물 가격은 원래 수준으로 돌아와 전반적인 가격 체제는 변하지 않았다. 〈그래프 5.1〉은 1630년대에 동전 100문의 기본선에서 1,000문으로 기근 곡물 가격이 상승한 양상을 보여 준다. 은 기준의 가격도 상승했지만, 그다지 명확한 패턴은 아니었다. 1428년에는 은 10푼이 표준적인 기근 가격으로 간주되었다. 1480년대에는 기근 가격이 약 15푼 수준으로 올랐고, 16세기를 거치

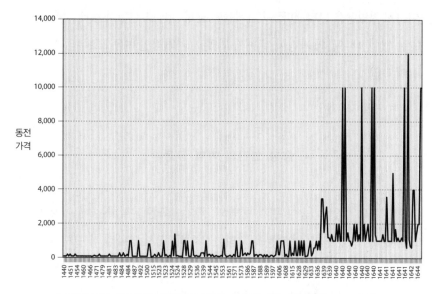

| 그래프 5.1 | 기근 곡물 가격이 보고된 연도의 동전 기준 기근 가격(1440~1647)

며 더욱 상승했다. 일반적인 가격과 비교했을 때 기근 가격은 느슨한 인플레이션 속도를 반영한 상한선을 찾았으며, 이는 1500년대 중반까지 연간 0.2퍼센트 정도였다.

만력 연간에 들어서면서, 그 이전의 기근기와 비교하여 훨씬 더 큰 규모와 강도로 발생한 만력 첫 번째와 두 번째 위기('만력 I'과 '만력 II' 위기)는 기근 곡물 가격에 큰 동요를 일으켰다. 1610년대까지도 일부 지역에서는 기근 시기의 곡물 가격으로 동전 100문이라는 가격이 계속 보고되었지만, 두 번째 만력 기근 시기 동안 이 한계는 깨지고 대부분 폐기되었다. 그럼에도 이러한 가격은 명대 가격 체제를 크게 교란시키지 않았다. 곡물 가격에 대한 압력이 증가함에도, 위기가 지나간 후에는 대체로 정상으로 돌아왔다. 1630년대와 1640년대로 접어들면서 농민들이 충분한 식량을 재배해 모두에게 공급하는 데 어려움을 겪을 만큼 상황이 악화되었을 때 재난 시 물가는 완전히 새로운 단계로 이동했다. 만력 연간까지 기근 구제 정책의 논리는 가격이 결국 정상으로 돌아갈 것이고, 정부의 역할은 기근 이전의 가격으로 변화하도록 유도하는 것이었다. 기근 구제는 농업이 회복되고 식량 생산을 복원하며 이전의 가격을 재정립할 때까지 사람들을 지원하는 것이었다. 그러나 숭정 연간 후기에는 이전의 가격 수준이 산산이 부서졌다. 눈에 띄는 높은 가격이 등장해도 다음 가격은 그보다 더 높았기 때문에, 이전 가격이 최악의 상황일 것이라던 자신감은 좌절되었다. 기근 가격은 천문학적으로 치솟아 곡물 가격에 아무런 상한선이 없는 것처럼 보였고, 그 어떤 해결책도 찾을 수 없었다.

명대 물가의 이야기는 왕조의 붕괴로 끝나지 않았다. 예명주의 『열세편』 기록을 검토한 바와 같이, 명대 말기의 가격 혼란은 중국이 마운더 극소기에 접어들면서 농업 생산에 압박이 가해졌던 1644년 이후에도 계속되었으며, 청나라 초기 수십 년 동안의 물가를 추동했다. 예명주의 젊은 시절에 곡물 가격이 부분적으로 안정되었을 때에도 가격은 1석당 은 2~3냥의 범위였으며, 이는 이전에는 상상할 수 없는 가격이었다. 가격이 최종적으로 떨어지기까지 수십 년이 걸렸지만, 안정된 가격 수준은 이미 만력 가격 체제의 곡물 가격 정상치를 훨씬 웃돌았던 숭정 연간 초기의 가격 수준

이었다.[18]

가격 변동의 출발점을 어디에 두느냐에 따라 그 움직임의 형태와 폭을 어떻게 해석할지가 달라진다. 일부 역사학자들은 예명주의 가격 변동 감소에 대한 기록을 이른바 '강희 불황'의 증거로 보고 있다. 이 시기가 어려운 시기였다는 많은 질적 증거를 여러 학자들이 보여 주었다.[19] 그러나 이러한 분석은 청대를 바라보는 관점에서 나온 것으로, 숭정 시대에 보고된 가격들이 17세기를 통틀어 가격 변동의 기준선으로 간주될 수 있다고 가정하고 있다. 명대의 관점에서 보면, 숭정 연간의 가격은 장기적인 변화를 재구성하는 데 있어 적절한 기준선이 아니다. 이는 장기적인 파동의 가속 단계(피셔의 4단계)가 아니라, 숭정 연간 말까지 중국 경제를 혼란에 빠뜨린 단기적인 기후 조건을 반영한 것이다. 적어도 그것이 나의 해석이다. 청대의 물가사 연구자들이 했던 것처럼 예명주가 기록한 숭정 연간 초기의 곡물 가격(1632년에 1두당 은 10푼)을 정상으로 여기는 것은, 기근이 아닌 조건에서 곡물 가격이 대부분 1두당 은 5푼 이하로 유지되었다는 사실을 간과하는 것이다. 시계를 더 이른 시기부터 돌리지 않고 숭정 연간부터 돌리는 것은 그 시대의 가격 특수성을 가리고 실제로 어떠한 일이 일어났는지를 놓치게 만든다.[20]

18 葉夢珠, 『閲世編』, pp.153-154.

19 von Glahn, Richard., *Fountain of Fortune : Money and Monetary Policy in China, 1000–1700*, Berkeley :University of California Press, 1996, pp.215-216.

20 후대의 물가를 기준으로 삼아 17세기의 가격 곡선을 구축하는 것은 여러 연구에서 지배적인 분석 방법으로 자리잡았다. 예를 들어, 全漢昇, 『明淸經濟史硏究』, 臺北 : 聯經, 1987, p.165; Wang, Yeh-chien., "Secular Trends of Rice Prices in the Yangzi Delta, 1638-935," In *Chinese History in Economic Perspective*, ed. Thomas Rawsi and Lillian Li, Berkeley : University of California Press, 1992, pp.39-40; 岸本美緒, 『淸代中國の物價と經濟變動』, 東京 : 硏文出版, 1997, pp.112-

청대의 관점이 아닌 명대의 관점을 채택한다면, 예멍주의 물가 자료가 보여 주는 것은 17세기 말에 가격이 재안정화되었다는 것이다. 이는 1640년대의 가격을 기준으로 삼으면 반 토막이 난 것처럼 보이지만, 실제로는 정상 물가보다 두 배 수준이다. 모든 상품 가격이 같은 방식으로 움직이는 것은 아니었다. 특히 운송과 장거리 상업 네트워크에 의존해 경제성을 유지해야 했던 면화와 같은 원자재는 인건비에 의해 가격이 저하되었다.[21] 예멍주의 물가 자료가 17세기 내내 긴 파동을 그리며 움직였다고 본다면, 그 파동은 시작 지점보다 훨씬 높은 가격 수준에서 진정되었다. 그러나 예멍주의 회고록이 보여 주는 것은 파동이 아니라, 숭정 연간의 기근이 가격 급등을 일으켰고 이것이 진정되거나 익숙한 균형으로 돌아가지 않았다는 것이다. 17세기 말의 가격은 정상이 아니라 '새로운 정상new normal'이었다. 이 새로운 정상 가격은 비용을 변화시켜 생활 수준을 저하시키고 가계 경제에 심각한 부담을 주었다. 강희 연간에 불황을 겪는 사람들은 새로운 가격이 요구하는 것을 겨우 충족시킬 수 있었다. 이러한 의미에서, 강희 연간 초기에 사람들은 불황을 겪었지만, 그것은 '숭정 위기'의 가격 충격에 의해 발생한 것이었다. 더 나아가, 새로운 정상은 균형 상태라기보다는 일시적 정체였으며, 18세기를 거치면서 인구 증가와 함께 물가는 계속 상승했다.

116; von Glahn, Richard., "Money Use in China and Changing Patterns of Global Trade in Monetary Metals, 1500‒1800," In *Global Connections and Monetary History, 1470–1800*, ed. Dennis Flynn, Arturo Giraldez, and Richard von Glahn, Burlington : Ashgate, 2003, pp.191‒192 등이 있다.

21 쑹장의 직물 가격 붕괴에 대해서는 葉夢珠, 『閱世編』, pp.157‒158 참조.

명의 몰락과 기근 가격, 그리고 기후의 역할

'숭정 위기' 시기와 그 이후의 기근 가격을 묘사한다면, 그것은 차차 높아졌다가 가라앉는 파도보다는 쓰나미처럼 거대한 파동이 일어나는 형태일 것이다. 이처럼 단기간에 가격이 급등하기 위해서는 내재적 인플레이션이나 화폐 공급의 변화라는 느린 작용이 아니라 극심한 기후 변화의 충격과 같은 강력한 외부 요인이 필요했다.

이제 우리는 명 말의 위기가 전 세계적 위기의 일부였음을 알게 되었다.[22] 그러나 유라시아 양 끝에서는 차이가 있었다. 단순히 기후대로 비교하는 것이 아니라 인간 사회를 비교함으로써 중국 농업에 미치는 소빙하기의 부담이 특별한 이유를 명확히 할 수 있다. 엠마누엘 르 루아 라뒤리 Emmanuel Le Roy Ladurie는 유럽 기후사에 대한 방대한 조사를 마무리하면서 "전체적으로 보면, 지중해 북쪽의 서유럽 중부와 같은 온대 기후에서는 실제로 과도한 강수가 가장 큰 위협"이라고 관찰한다. 그는 습기와 건조함을 기후 변동의 주요 기준으로 보고 있으며, 습기를 더 위협적인 극단으로 여긴다. 심지어 그는 "적어도 무작위로 열기를 동반하거나 과도해지지 않는 한, 건조함은 괜찮은 일이다. 겨울에는 특히 추위의 영향이 완화된다. 그것이 좋은 것인지 나쁜 것인지는 모두 그 작용 방식(예를 들어 눈이 동반되는지 여부 등)에 달려 있다."[23]

---

22 Parker, Geoffrey., *Global Crisis : War, Climate Change and Catastrophe in the Seventeenth Century*, New Haven, CT : Yale University Press, 2013의 제5장.

23 Le Roy Ladurie, Emmanuel., *Histoire humaine et comparée du climat, Vol.1, Canicules et glaciers (XIIIe–VIIIe siècle)*, Paris : Fayard, 2004, p.100.

명대 중국은 다소 다른 경우를 제시한다. 예명주와 천치더 같은 참여 관찰자들은 가뭄을 식량 생산에 대한 가장 큰 위협으로 지목했다. 그들을 비롯하여 모든 사람들은 가뭄이 가격을 참을 수 없는 수준으로 끌어올렸다고 믿었다. 그들은 곡물 가격을 낮출 수 있는 유일한 요인이 비가 오는 것이라고 확신했다. 그러나 이 시기 기후 변화의 물리적 지표는 가뭄보다 소빙하기의 기후 특징인 한파가 숭정 연간의 위기를 유발한 더욱 심각한 요인이었음을 시사한다.[24] 이러한 점은 내가 이 연구를 위해 의존했던 물가 기록들로부터 쉽게 감지될 수 있는 것이 아니다. 지방지 편찬자들은 때때로 가격이 급등한 이유를 설명하기 위해 간단한 주석을 포함시켰지만, 운하가 얼거나 갑작스런 서리가 내리는 등 물리적 증거를 볼 수 있을 때를 제외하고는 결코 기근 시기의 곡물 가격을 기온 하락과 연관 지어 기록하지 않았다. 이러한 생략은 따뜻함에 대한 표준 측정 기준이 없고, 한파가 식물 성장에 미치는 영향을 초기에 감지하기 어렵기 때문이기도 하다. 반면, 가뭄의 잔혹한 증거는 모든 사람들이 필요로 하는 설명을 제공했다.

유럽의 춥고 습한 기후와 중국의 춥고 건조한 기후 사이의 차이 또한 면밀한 주의를 요한다. 이는 유럽과 중국의 농업 체계가 강수에 대응하는 능력이 서로 다르게 진화했기 때문에 중요하다. 르 루아 라뒤리가 지적한 바와 같이, 유럽의 식량 생산은 과도한 강우가 동반되지 않는 한 한파에 대응하기에 더 좋은 상황에 있었다. 이러한 회복력은 부분적으로 유럽 식단

---

24 예를 들면 Liu Jian et al., "Simulated and Reconstructed Winter Temperatures in the Eastern China during the Last Millennium," *Chinese Science Bulletin* 50, no.24, 2005, 12, p.2875.

에서 사육한 가축이 차지하는 비중이 더 크고, 비교적 가뭄에 강한 곡물을 사용했기 때문이다. 반면 중국에서는 한파와 많은 강수량의 조합보다 한파와 가뭄의 조합이 더 위험했다. 밀과 쌀 모두 성장하는 데 많은 양의 물이 필요하지만, 특히 쌀은 더 많은 양의 물을 필요로 한다. 쌀 1킬로그램을 생산하는 데 약 2,500리터의 물이 필요하고, 밀은 약 1,500리터가 필요하다. 쌀이 보통 관개를 통해 재배될 때, 제공되는 물의 약 5분의 2를 흡수한다. 그 결과 쌀 농업은 물을 더 많이 사용할 뿐만 아니라 물 부족에 기여한다. 쌀은 강수량이 과도할 때 재배하기 좋은 작물이다. 건조한 땅보다 배수 시설이 구축되어 있는 논이 고인 물을 더 쉽게 배출할 수 있다. 그러나 가뭄이 갑자기 몇 달 동안 지속될 때는 쌀의 물 수요를 감당하기 어렵게 된다. 더욱 심각한 경우는 추운 기온이 재배 기간을 단축시켜 물 부족의 영향을 심화시킬 때이다. 봄이나 여름 동안 몇 달에 걸쳐 비 한 방울 내리지 않아 논밭이 건조해지고 운하가 텅 비는 극단적인 기후 이상의 단계에서 자연(우리의 언어로)과 하늘(그들의 언어로)이 농부들을 견딜 수 없는 지경까지 몰아넣었다.

명나라가 중국 역사 속으로 점점 묻혀 가면서 '숭정 위기'의 충격은 잊혔고, 재앙의 원인은 자연적 요인에서 인간적 요인으로 전환되었다. 18세기가 되자 많은 논평가들이 명대를 되돌아보며 더 나은 시절로 여기기 시작했다. 양쯔강 삼각주 북쪽에 있는 양저우부揚州府의 1733년 지방지의 편찬자는 17세기를 지나 16세기로 시선을 돌려, 가격이 급격히 상승하는 그의 시대와 달리 "가격이 적당하고 풍속이 소박했던 순진한 시기"로 상상했다.[25] 만약 명대가 이상적인 아르카디아*였다면, 곡물 가격은 자신의 시대에 만연한 노골적 상업화와 옛 방식을 버린 것에 대한 교훈적인 이야기의 소재가 되어야 했다. 이 18세기 저자에게도, 우리가 다루었던 당시의 관찰자들에게도, 설명은 도덕적인 것이어야 했다. 경제를 체계적으로, 즉 직면한 물가 충격을 더 높은 차원에서 상상할 수 있는 유일한 근거는 도덕이었다. 기후는 하늘과 마찬가지로 본질적으로 분석의 대상이 될 수 없는 체계였다.

우리가 16세기와 17세기의 전 지구적 은 무역에 주목하게 된 것은 약 30년 전의 일로, 이는 중국의 세계사적 위치에 관한 역사적 인식을 확장하는 데 기여하고 도덕적 쇠퇴라는 정치적 서사로부터 우리를 해방시켰다. 그러나 기후를 고려하지 않은 채 명나라의 위기와 붕괴를 재해석하며 세계사적 발견을 활용하는 것은 보이는 것에 숨겨진 사실을 놓치는 것이다. 그것은 바로 소빙하기의 가장 극단적인 단계에서 중국이 얼마나 취약했는가 하는 점이다. 만력에서 숭정 연간에 이르기까지 중국으로 유입된 은은 특정 부문에 영향을 미쳤을 수 있다. 그러나 농업 생산은 명나라 경제의 기초를 이루었고, 확장하는 인구에게 식량을 공급하는 수단이었기에 그 생산에 충격이 가해질 경우 치명적일 수 있었다. 곡물이 가뭄으로 시들거나 한파로 망가질 때, 그 영향은 인간이 기근을 겪는 데 그치는 것이 아니라 곡물의 기근 가격을 형성했다. 이는 왜 곡물의 기근 가격이 우리가 가진 환경사적 증거 중 최고라고 할 수 있는지를 보여 준다. 중국의 소빙하

---

* 그리스 남부 펠로폰네소스 반도 중앙에 있는 지역. 목가적이고 고립적인 특징으로 인하여 그리스, 로마 시대의 전원시와 르네상스 시대의 문학에서 낙원으로 묘사되었던 곳이다.

25 『揚州府志』(1733).

기 중 최악의 시기 동안 한파와 가뭄이 곡물 생산에 미쳤던 부담은 1850년 대까지 재현되지 않았다.[26] 명나라의 가격 및 정치 체제는 식량 공급의 완전한 붕괴를 견디지 못했다. 만주족은 춥고 건조한 기후에 더 잘 적응했을 수 있으며, 기온이 하락함에 따라 남쪽으로 밀려난 그들은 중국 영토를 가장 혼란스러울 때 점령하고 오늘날까지 계속해서 영향을 끼치는 방식으로 재편했다. 청대 사람들은 숭정 이후의 가격에 적응하고 18세기에 새로운 가격 체제로 이행했지만, 19세기 중반 소빙하기가 끝날 무렵에 발생한 기후 변화는 기근, 내란 및 그에 따른 왕조의 붕괴로 이어졌다.

---

26 Wang, Yeh-chien., "The Secular Trend of Prices during the Ch'ing Period (1644 - 1911)," 「中國文化硏究所學報」 5, no.2, 1972, p.362. 이 위기는 Davis, Mike., *Late Victorian Holocausts : El Niño Famines and the Making of the Third World,* London : Verso, 2002에서 전 지구적 차원으로 다루어졌다.

기후와 역사

　명대 문서에서 가격 자료들을 수집하기 시작했을 때, 자료들이 저를 어디로 이끌지 전혀 알지 못했습니다. 명대 동안 평범한 사람들이 살아가는 데 드는 비용에 대해 어떤 경험적 확실성을 제공하길 바라며 이 작업을 시작했습니다. 사람들이 실제 물건을 구입하는 데 지불한 많은 가격을 밝혀냈지만, 그 희망은 쉽게 실현되지 않았습니다. 비록 참조적인 증거에만 의존하긴 했지만, 제가 이와 관련된 역사적 지식에 기여했다고 할 수 있을 만한 점은 다음 두 가지일 것입니다. 첫째, 가장 가난한 명대 가정이 한 해를 버티기 위해 은 14냥이 조금 넘는 금액이 필요했고, 품위 있는 가정의 생활비는 23냥 이상이었다는 점을 제안한 것, 둘째, 가난한 사람들의 연간 임금은 은 5냥에서 12냥 사이였으며, 품위 있는 사람의 임금은 14냥에서 22냥 사이였다는 것을 제안한 점입니다.

　이 프로젝트의 결과를 요약하는 것은 이러한 일반화로는 부족합니다. 더욱 놀랍고 지적으로 흥미로운 것은, 가격 자료들을 찾는 과정이 저를 환경사로 이끌었다는 점입니다. 명나라의 몰락 원인은 전통적으로 정치적 파벌주의, 행정 실패, 세수 감소, 농촌 반란 등으로 서술되어 왔으며, 이 모든 것은 도덕적 실패라는 더 큰 판단에 의해 가려졌습니다. 청 제국이 명나라 영토를 침략하고 점령할 수 있었던 원인이 명나라가 실패했기 때문이라는 이 서사는 단순히 청조로의 왕조 전환을 정당화하기 위해 만들어진 이야기입니다. 이 서사를 작성하고 승인한 사람들은 다름 아닌 정복자들이었습니다. 침략한 만주군의 사령관인 도르곤은 사건을 요약하며 "숭정제는 훌륭했다"고 하고, 탓해야 할 사람들은 "허위로 공을 세우고 승리를 조작한" 군사 장교들과 "탐욕스럽고 법을 어긴" 문관들이라고 주장했습니다. 도덕적으로 결함이 있는 이러한 인물들 덕분에 도르곤은 자신 있게 "그래서 그는 천하를 잃었다"고 결론지을 수 있었습니다. 같은 판단이 베이징 외곽의 숭정제의 능에 있는 묘비에 새겨져 있습니다. 거기에는 황제가 "사직을 위해 목숨을 바쳤다"고 하는 반면, 그 주변의 사람들은 "덕을 잃고 그들의 나라를 멸망시켰다"고 적혀 있습니다.[1] 도덕적 실패는 실패한 이들을 밀어내는 사람들에게나, 혹은 자신들이 그 실패에 대해 어떤 것도 할 수 없다고 여기는 이들에게 위안을 주는 이야기일 수 있습니다. 청 초 수십 년 동안 몇몇 명나라 충신들은 이러한 판단을 받아들이며 "내 탓이오"를 외치고, 자신들이 충성을 선언했던 왕조보다 더 오래 살아남은 이유를 설명할 수 있게 해 주는 도덕적 잔해들을 필사적으로 붙잡았습니다. 그리고 그렇게 함으로써 그들의 새로운 주인의 관용을 얻었습니다.

천계와 숭정 연간 동안의 정치적 실패가 미친 영향을 부정할 수는 없을

---

1 『多爾袞攝政日記』, p.3a, 순치 2년 6월 29일(Brook, Timothy., *The Troubled Empire : China in the Yuan and Ming Dynasties,* Cambridge, MA : Harvard University Press, 2010, p.240에서 재인용).

것입니다. 이 기간에 조정이 자기 파벌과 개인의 이익을 추구하는 데 전념하는 무능한 관리들의 손에 있지 않았다면, 일부 재정 및 군사 위기를 피할 수 있었을 것입니다. 그러나 왕조 말기에 지방의 자료들이 밝혀 주는 백성들의 고통을 고려하면, 비참했던 현실에 대한 설명을 다른 방향으로 접근하는 것이 바람직합니다. 즉, 개인의 행동을 절대적인 도덕적 기준으로 측정하는 것이 아니라, 숭정 연간의 절박했던 상황과 관련하여 그들의 행동을 파악하는 것입니다. 과거 '위기' 시기의 관리들도 수확이 실패하고, 시장과 국가 곡물창고에서 식량이 사라지고, 가격이 상승하는 비슷한 어려움에 직면했습니다. 그러나 마지막 '위기'의 규모는 그 이전 시기의 누구도 상상할 수 없었던 수준이었습니다. 일부 '위기'는 1456년 겨울 경태제에 대한 궁정 쿠데타와 같은 정치적 재앙으로 끝났지만, 대부분은 이전에 있었던 상태로 되돌아갔습니다. '숭정 위기'를 특징짓는 것은 곡물 가격이 충격적으로 상승한 시기에 북쪽 국경 너머의 잘 조직된 무장 세력이 식량 부족에 시달리며 공격의 시기를 가늠하고 있었다는 점입니다. 이러한 조건에서 숭정 연간 관리들의 도덕적 실패를 왕조의 붕괴 원인으로 지목하는 것은 거의 의미가 없는 것처럼 보입니다. 위로부터 아래까지 많은 관리들이 공공의 이익을 희생하며 개인의 부와 안전을 우선시했던 것은 사실입니다. 그러나 그들 역시 당대인들이 상상조차 할 수 없었던 조건에 직면하면서 그렇게 행동했던 것입니다.

이 책에서 다루는 사건들을 소빙기라는 맥락 속에 배치하면 15세기에서 17세기까지 명나라와 그 정권이 직면했던 기후적 맥락이 전면에 드러납니다. 곡물 가격은 태양 에너지와 인간의 수요 사이의 관계를 매개하는 장치였습니다. 경태부터 숭정 연간에 이르는 다섯 차례의 환경적 '위기' 동안 곡물 가격이 급등했던 것을 보고 저는 이 광범위한 프레임을 채택하게 되었습니다. 이 세기 동안 중국인의 경험을 가장 근본적인 수준에서 결정한 것은 자연과의 관계였다는 사실을 무시할 수 없었기 때문입니다. 경제가 에너지원으로 태양 복사에 의존할 때, 자연은 사회나 국가의 생존 가능성을 결정하는 요소로 인식되어야 합니다. 페르낭 브로델의 말을 마지막으로 인용하자면, 가능성의 한계를 설정하는 것은 자연입니다. 그 한계가 반드시 절대적이지는 않습니다. 역사적으로 사람들은 유리한 환경 조건을 만들기 위해 개입해 왔습니다. 이러한 대응에는 관개 및 배수로와 같은 인프라 구축, 벼의 조기 숙성 같은 작물 변이, 곡물 창고 및 곡물 시장과 같은 제도 개발, 양수 펌프와 같은 기술 고안, 식량 공급의 압박을 완화하기 위한 인구 증가율 조절 등이 포함되었습니다.[2]

그렇다면 이러한 잠재적인 인위적 전략과 관련하여 명대의 물가 기록은 무엇을 알려 줄까요? 더 가혹하게 질문하자면, 명나라는 기후 변화에 대응하기에는 현저하게 형편없었던 것일까요? 저는 인간의 회복력이 그 회복력을 유발하는 조건과 독립적으로 작동한다는 숨겨진 가정에 도전함으로써 이 질문에 답하고자 합니다. 여기서 장기적인 기후 혼란과 단기적인 기후 혼란, 즉 기후 변화와 날씨를 구분하는 것이 필요합니다. 비록 두 가지 사이의 밀접한 연관성을 묻어 버릴 위험을 감수하더라도 말입니다.

---

2 예를 들어, 20세기 관개 기술의 변화는 농업을 더욱 안정적으로 변화시켰다(Kueh, Y. Y., *Agricultural Instability in China, 1931–991 : Weather, Technology, and Institutions*, Oxford : Clarendon, 1995, pp.257 – 258.).

기후사 연구자들은 인류 역사의 장기적 추세를 포착하기 위해 소빙하기 개념을 도입했고, 처음에는 유럽 기록에 기반을 두었지만 이제는 아시아의 기후 지표에서 밝혀진 내용을 통해서도 개념을 확립하고 있습니다. 역사적 연구에 따르면, 명대 사람들은 소빙하기 동안 꾸준히 환경 상황을 개선하기 위해 개입했습니다. 위에서 언급한 다섯 가지 방식(인프라, 유전학, 기관, 기술, 인구) 모두에서 중국인은 환경 압박에 대해 두드러진 회복력을 보였습니다. 이러한 혁신들은 하루아침에 이루어진 것이 아니며, 혼란의 진자가 이전보다 더 크게 흔들렸을 때 항상 대응할 수 있었던 것은 아니었지만, 적응은 발전했습니다.

그러나 단기적인 혼란은 인간에게 미치는 영향이 다릅니다. 장기적인 혼란은 인간이 새로운 상황에 적응하도록 강요하는 반면, 단기적인 재앙은 특히 갑작스럽고 심각할 경우 적응을 촉진하기보다는 압도하는 경향이 더 큽니다. 이것이 제가 경태부터 숭정 연간까지 발견한 곡물 가격 급등을 해석하는 방식입니다. 이 시기에 곡물 가격은 사람들이 이전에 경험한 어떤 시기보다 훨씬 높이 올랐습니다. 제가 기근 가격을 조사했던 자료들에서는 적응에 관해 거의 언급하지 않습니다. 그저 단순히 대규모 기근이 발생했으며 아무도 할 수 있는 일이 없었다고 간단히 언급합니다.

회복력이 있었다면, 그것은 더 긴 시간대에 걸쳐 일어났습니다. 기근이 대규모 기아로 치닫지 않은 경우, 이러한 적응 능력의 증거를 볼 수 있었습니다. 만력제와 황비가 직접 개입했던 1594년의 허난 기근 사례를 예로 들어 보겠습니다. 곡물 1석의 가격이 은 5냥에 이르자, 구호를 담당한 관리는 이 가격을 이용하여 민간 곡물 상인들이 곡물을 실어 황하를 따라 피해 지역으로 보내도록 장려했습니다. 과거에 정부의 곡물 창고에서 곡물을 공급할 수 있었던 시기도 있었을 것입니다. 그래서 왕조의 창시자는 전국에 곡물 창고를 건설하도록 명령했습니다. 그러나 창고를 관리하고 곡물을 적재하는 비용은 결코 적지 않았으며, 이는 곡물 창고의 유지 관리를 저해하는 요인이 되었습니다. 곡물 창고의 쇠퇴를 막는 데 필요한 조치를 취하지 않았던 중앙 정부는 15세기 동안 점차적으로 곡창의 기능 상실을 인정했고, 1527년에는 심각한 생계 위기에 대처하기에는 부족한 수준으로 곡물 비축량을 줄였습니다.[3] 현지 관리들은 자신들이 직면한 상황을 이해하고 있었습니다. 1594년의 기근을 피할 수 있었던 것은 시장이 어떤 추상적 의미에서 개입했기 때문이 아니라, 현지의 담당 관리가 곡물 창고에 비상사태에 대응하기에 충분한 비축량이 없다는 것과 더불어 곡물 수요를 충족할 수 있는 곳이 시장임을 알고 있었기 때문입니다.

만력과 숭정 연간 '위기'의 차이점은 국가와 민간 상업을 결합하는 방법에 대한 지식이 상실되었거나 관리들이 혁신에서 후퇴했다는 것이 아니었습니다. 근본적인 차이는 규모에 있었습니다. 1630년대 후반의 춥고 건조한 기후는 곡물 생산에 이전보다 훨씬 더 큰 영향을 미쳤습니다. 그 시점에는 식량 공급 부족을 해결하기 위해 정부나 시장이 이용할 수 있는 별다른 곡물 공급원이 없었습니다. 숭정 연간 말기의 군사적 혼란이 치안과 교통의 붕괴를 초래하여 식량 부족이 심화되었다는 것은 부인할 수 없지만,

---

3 Brook, Timothy., *The Confusions of Pleasure : Commerce and Culture in Ming China,* Berkeley : University of California Press, 1998, pp.103–104.

충분한 수확이 있었다면 그러한 영향은 발생하지 않았을 것입니다. 마지막 두 장을 통해 숭정 연간의 사건을 강조하면서, 저는 명나라 마지막 2세기 동안 발생했던 소빙하기의 장기적 영향에서 벗어나 명조의 생존력이 약화되었던 1630년대 후반과 1640년대의 전 지구적 위기가 끼친 단기적 영향에 집중했습니다. 이 영향을 심화시킨 인간의 실패를 계산하기보다는 기후를 먼저 살펴보는 편이 붕괴의 현실에 더 가까이 다가갈 수 있습니다.

분석의 규모를 장기에서 단기로 전환한다고 해서 명대 사람들이 처한 장기적인 한파와 이에 적응한 사람들의 역할을 부인하거나 무시하는 것은 아닙니다. 또한 인간의 능력이 그 영향을 완화할 수 있음을 경시하는 것도 아닙니다. 소빙하기로 인해 연간 농업 주기의 온도 기준이 낮아졌을 때 명대 사람들이 발휘했던 회복력이, 1638년과 1644년 사이에 기준이 두드러지게 무너졌을 때는 충분하지 않았음을 말하는 것입니다. 다른 정권하의 중국이 그 당시의 환경 재앙을 견뎌 냈을지 여부는 교훈적인 반증이 될 수 있겠지만, 그것이 실제로 일어난 일은 아닙니다. 환경 결정론의 유령이 제 분석의 문 밖에서 맴돌고 있다면, 그것을 제가 부인할 준비가 되어 있지 않습니다. 숭정 '위기'가 닥쳤을 때 많은 사람들이 현장에 있었습니다. 그들 모두가 무능한 것은 아니었지만, 우리가 최근까지 환경 압박의 규모에 주목하지 않았던 것처럼 그들 역시 압도당했습니다.

이 책을 끝맺으며, 명대 산시성 남부 끝자락에 파견되어 현지 관리로 일했던 한 사람의 증언을 소개하려 합니다. 그의 신원은 알 수 없지만 그의 말은 돌에 새겨져 남아 있습니다. 이 비석은 고대 수도 시안의 동쪽에 위치한 웨이하渭河가 황하로 합류하기 직전에 위치해 있는 화저우華州시로부터 남쪽으로 3킬로미터 떨어진 사원의 외벽 모서리에 세워져 있습니다. 이 비석은 제2차 세계대전 당시 일본군 점령에 맞서 싸우는 무장 투쟁 중에 쓰러졌습니다. 전쟁이 끝난 후 비석을 다시 세우는 대신 누군가가 무너진 우물의 한쪽을 받치는 데 사용하자는 기발한 아이디어를 냈습니다. 우물을 수리하여 다시 사용할 수만 있다면 역사적 유물이라는 게 무슨 소용이 있을까요? 10년 후 고고학자들이 이 비석을 회수해 산시성 박물관에 안치했으며 오늘날에도 그곳에 있습니다.

비문의 제목은 「시절을 슬퍼하며 남긴 기록感時傷悲記」입니다.[4] 보통은 비문 마지막에 작자의 이름이 위치하지만, 전쟁 중에 그 부분이 떨어져 나간 것으로 추정됩니다. 다행히도 이 비문에서 가장 중요한 사실 하나는 여전히 읽을 수 있습니다. 그것은 1643년이라는 날짜로, 명나라가 붕괴되기 바로 직전 해입니다. 비문은 끔찍한 시기를 살아가는 경험을 묘사하는 것으로 시작됩니다. 작자는 천치더가 그랬던 것처럼 가격에 초점을 맞춤으로써 극한의 경험을 포착합니다. 독자들로 하여금 슬픔의 눈물을 자아내게 하는 4행의 시를 쓴 후, 그는 자신이 제시할 수 있는 가장 충격적인 자료인 가격 목록을 통해 1643년의 공포를 표현합니다.

쌀과 좁쌀 1두, 2냥 30푼
밀 1두, 2냥 10푼

---

4 李子春, 「明末一件有關物價的史料」 『考古』 10, 1960.

보리 1두, 1냥 4푼

메밀 1두, 90푼

완두콩 1두, 1냥 80푼; 밀기울 1두, 50푼; 겨 1두, 10푼

　작자는 과거에 기근이 발생할 경우 곡물 1두의 가격이 은 30푼(16세기 중반 이전에는 거의 발생하지 않았던 가격) 또는 70푼(1643년 당시로부터 15년 전까지는 규칙적으로 보이는 가격이 아니었다)까지 치솟기도 했다고 설명합니다. 1643년 당시 웨이하 계곡에 살던 사람들에게 이러한 가격은 이미 과거의 일이었습니다. 과거는 사라졌고, 현재는 상상할 수 없었으며, 미래는 이해할 수 없는 것이었습니다. 그들은 만주족의 침략, 마운더 극소기 및 중국 역사의 나머지 부분이 그들의 희생으로 곧 시작될 것임을 전혀 짐작하지 못했습니다.

기후는 인간 삶의 조건을 결정하는 환경 요소들 가운데 하나이다. 환경은 단순히 배경이 아니라, 때로는 역사 흐름의 주요 행위자로서 인간 사회의 운명을 좌우하기도 하며, 인간의 선택을 제한하거나, 새로운 가능성을 열어 주기도 한다. 최근 들어 급변하는 기후와 이로 인해 초래되는 자연재해가 인간과 환경의 상호작용에 대한 관심을 더욱 불러일으키고 있다. 그럼에도 역사 서술에서 환경을 다루는 일이 실제 환경과 인간이 상호작용하는 것만큼 당연시되지는 않았다. 정치사 중심의 낡은 역사 서술에서는 환경을 역사 흐름의 소품이나 배경처럼 등장시켰다. 20세기 초중반부터 환경에 대한 프랑스 아날학파의 시야 확장 이후, 1970년대 미국에서 비로소 환경사가 역사학의 하위 분과로서 자리 잡았다.

환경사는 인간과 환경의 상호작용을 다양한 관점에서 접근하고 있으며, 태양 활동과 기후, 홍수, 해수면의 변화, 화산 활동, 동식물의 분포 등 자연 환경의 변화에 따라 환경이 어떻게 인간의 '가능한 것의 한계'를 설정하는가에 주목하기도 한다. 특히 기후는 역사 서술에서 인간의 힘으로는 통제할 수 없는 압도적인 힘으로 자주 등장하며, 전근대 농업 생산량에 직접적인 영향을 주어 사회경제에 커다란 변화를 초래하는 힘이자, 때로는 전쟁이나 혁명의 원인으로 파악되기도 한다. 그러나 기후 변화와 역사 흐름의 인과관계를 증명하는 것은 매우 어려운 과제이다. 혹자는 "장기적인 관점에서 보면, 기후가 인간에게 미치는 결과는 경미하여 아마 무시해도 좋고, 감지해 내기가 확실히 어려운 것 같다"고 평하기도 했다(에마뉘엘 르루아 라뒤리Emmanuel Le Roy Ladurie). 분명, 전근대의 제한된 기록과 흔적들 속에서 기후 변화의 강도를 가늠하고 인간 사회의 변화를 추론하는 것이 손쉬운 작업은 아니다. 그러나 작업의 고됨이 그것을 회피해야 할 이유는 되지 않는다. 많은 학문 분야의 연구들에 의해 기후 변화는 점차 인간 사회를 이해하는 중요한 요소로 자리매김하고 있으며, 어떠한 기후 변화는 단기적으로 인간 사회에 커다란 변화를 초래한다는 점들이 주목되고 있다.

이 책 역시 전 지구적 기후 변화를 추적한 기후사의 연구 결과와 중국 지역의 그것에 힘입은 바가 크다. 저자는 과거에도 원대의 세 차례 '위기'와 명대 여섯 차례 '위기' 등 수차례 반복적으로 전개되었던 극심한 기후 변화의 영향에 대해 논한 바 있고, 이는 한국의 독자들에게도 소개되었다(『하버드 중국사 – 원·명 곤경에 빠진 제국』, 너머북스, 2014). 이번 책은 특히 명 말의 기후 변화가 당대에 어떠한 영향을 끼쳤는가에 주목한 연구 성과이다. 그런데 저자는 스스로 말하듯이 기후 연구자가 아니다. 저자가 스스로의 한계를 인식하면서도 기후사적 접근을 선택할 수 있게 해 준 소재는 물가였다. 저자는 기후 변화의 결과로서만 물가를 바라보지 않고, 그 관계를 역전하여 명 말의 물가를 기후 변화를 감지하는 대리지표로서 활용하는 전략을 취함으로써 물가 변동과 기후 변동의 상관관계를 추적하고자 했다. 물가가 기후 변화의 대리지표로서 기능하려면, 기후 변화의 충격이 없는 상황에서는 물가에 눈에 띄는 변동이 없어야 한다. 저자는 전근대 중국의 물가는 외부 충격이 없는 한 일정 한 가격 범위 속에서 평준화 압력이 작동하는 '가격 체제' 속에 자리 잡고 있으며 '공정 가격'이라는 관념이 작동하고 있었음을 증명해야 했고(2장), 명 말 물가의 변동이 당시의 화폐 수량의 변화 때문이 아니라는 점을 설득해야 했다(3장). 또한 숭정 위기 동안의 물가 상승은 장기적인 경제 호불황의 순환으로 파악되는 것이 아니라, 기후 변화라는 외부 충격에 의한 급작스러운 것이었다는 전제가 필요했다(4, 5장).

저자가 기후 전문가가 아니듯 나 역시 기후를 전공한 연구자는 아니다. 그럼에도 나는 화폐경제에 관심을 가진 연구자로서, 가격 형성에 대해 논하는 저자의 서술이 특히 흥미로워 이 책의 번역을 하게 되었다. 중국사가 세계사의 일부가 되는 데 큰 역할을 한 것이 은의 전 지구적 유통이었고, 논란의 여지는 있으나, 화폐 수량의 변화가 명 말 물가 상승을 초래했을 수 있다. 그러나 저자는 이러한 시각의 불분명함을 지적하며, 사치품 물가와 곡물 물가의 변동을 구분하고 전근대 중국의 시장 가격이 어떻게 형성되고 변동하는가를 재조명했다. 명대에 기후 변화는 수차례 있었지만, 숭정 연간 이전의 위기 때 물가는 일정 수준의 변동 폭을 뛰어넘지 않았고, 이때 '회복력'이 발휘되어 다시 안정화의 길로 나아갔다. 반면, 숭정 연간의 기후 변화는 가격 체제를 붕괴시킬 만큼 강력한 위기였기에 회복력이 발휘되기 힘든 상황이었다.

저자는 기후 변화가 초래한 위기 상황에 주목했다. 그러나 기후 변화가 역사 속에서 인간 사회에 수많은 위기를 가져왔음에도 동시대에 어떤 사회는 위기를 극복하고 발전을 이루었다. 예를 들어, 소위 17세기의 전반적인 위기 속에서 네덜란드는 번영의 기회를 맞았고, 명조의 붕괴는 곧 만주족 부흥의 배경이기도 했다. 여기서 중요한 것은 기후 자체가 아니라 그 변화에 대한 특정 사회의 문화에 바탕을 둔 대응 방식인 것처럼 보인다. 또한 조선 왕조나 에도 막부는 같은 시기에 나름의 고난이 있었을지언정, 건재했다. 이는 정치체의 붕괴가 기후 위기의 심각성을 대변하지 않음을 보여 주며, 기후 위기가 왕조 멸망의 결정적 요인이었는지에 대한 의문을 제기하도록 만든다. 게다가 숭정 연간은 산시성 대기근과 함께 시작했고 농민 반란 세력이 꾸준히 성장해 나가는 시기이기도 했다. 반란 세력은 땅의 균등 분배, 세금 감면 등을 내세워 사회 회복력을 북돋우는 방식을 취해서 지지를 얻었다. 혹은 내부 반란이 물가를 안정시키는 시장 네트워크가 원활하게 작동하는 데 방해를 하는 방식으로 물가에 영향을 끼쳤을지도 모른다. 따라서 특정 시기의 기후 변화가 어떤 사회의 회복력을 압도할 만큼 강력했는가는 문화 배경이나 시장 네트워크의 형태를 달리하는 지역 간 비교를 통해 더욱 잘 드러날 수 있을 것이고, 회복력의 정도를 파악하는 데는 정치체의 정치 형태 또한 중요하게 다루어질 필요가 있어 보인다.

물론, 이 책이 명조의 멸망 원인을 파악하는 것에만 초점이 있는 것은 아니다. 저자는 일렁이는 파도와 같은 인간 사회의 사건 이면에 심해와 같은 기후가 도사리고 있으며, 기후 변화가 명 말 고난의 중요한 배경임을 보여 주었다. 저자는 이 책의 서술이 환경결정론으로 비칠 수 있음을 충분히 인식했고, 그렇게 평가받는 것에 대해 아직은 변명할 준비가 되어 있지 않다고 했다. 그러나 한 권의 책에서 변명해야 할 모든 것을 나열할 수 있는 것은 아니다. 이 책은 비교 연구를 포함한 후속 세대의 연구를 위해 거대한 그림의 한 조각을 마련해 준 것이라고 할 수 있다. 또한 모든 연구자는 제도권 학술 체계, 특정 학문 분야에서 전문성을 갖추는 데 필요한 절대적 시간, 개인이 직면하고 있는 연구 환경 등에 의해 각자 발휘할 수 있는 역량이 '가능한 것의 한계' 속에 처해 있다. 따라서 기후와 인간 사회의 관계를 밝히는 작업은 여러 연구자들이 학제적으로 협력할 수밖에 없다. 저자는 자신이 발휘할 수 있는 역량을 활용하여 선택과 집중을 했고, 그 결과를 내놓았다.

마지막으로 이 책의 제목에 대해 첨언하고자 한다. 이 책에서 묘사한 명 말 상황은 광범위한 사회경제와 환경의 변화였다. 당시 사람들은 왕조의 붕괴를 넘어 가격 체계의 붕괴, 기후 변화에 따른 생계 조건의 파탄 등 전반적인 몰락을 경험했고, 사람들은 극심한 고난과 죽음이라는 대가를 치러야 했다. 이 책이 담고 있는 다층적인 내용을 잘 담아낸 제목이 '몰락의 대가'라고 할 수 있다.

한국의 독자들을 위해, 저자는 특별히 원서 곳곳의 수정 사항을 제공하는 수고를 마다하지 않았다. 덕분에 한국어 번역본에는 원서 1쇄보다 더욱 정교하게 저자의 의도를 담게 되었다. 또한 이 번역서를 완성하기까지 너머북스의 이재민, 정진라 선생님의 전문적인 도움이 필요했다. 내가 역자로서 역할을 할 수 있도록 도와준 모든 분들께 감사드린다.

측정 단위

| 표 1.1 | 측정 단위

단위		미터법 환산	영국식 환산
화폐			
냥(兩)		은 37.3그램(g)	1.3온스(oz.)
전(錢)		은 3.73그램	
푼(分)		은 0.373그램	
문(文)			
부피			
석(石)		107.4리터(liters)	23.6갤런(gal.)
두(斗)		10.74리터	2.36갤런
승(升)		1.07리터	0.94쿼트(quart)
무게			
담(擔)		59.68킬로그램(kg)	133.3파운드(lb.)
근(斤)		596.8그램	1.33파운드
냥(兩)		37.3그램	1.3온스
길이			
촌(寸)		3.2센티미터(cm)	1.2인치(in.)
척(尺)		32센티미터	1.26피트(ft.)
장(丈)		3.2미터(m)	3.5야드(yd.)
필(疋/匹)	32척 (홍무 연간)	10.24미터	11.200야드
	37척 (가정 연간)	11.84미터	12.950야드
	42척 (만력 연간)	13.44미터	14.700야드
면적			
무(畝)		0.066헥타르(hectare)	0.165에이커(acre)

출처: Boxer, C. R., *The Great Ship from Amacon*, Lisbon: Centro de Estudoes Historicos Ultramarinos, 1960, p.181; ;『松江府志』(1630), 권15, p.3a-b; Schafer, Dagmar, and Dieter Kuhn., *Weaving and Economic Pattern in Ming Times (1368-.1644)*: The Production of Silk Weaves in the State-Owned Silk Workshops, Heidelberg: Edition Forum, 2002, p.29, p.38; 吳承洛,『中國度量衡史』, p.54, p.58, p.60.

명대 연호, 1368~1644

| 표 1.2 | 명대의 연호, 1368~1644

황제 성명	연호	시기
주위안장(朱元璋)	홍무(洪武)	1368~1398
주윈원(朱允炆)	건문(建文)	1399~1402
주디(朱棣)	영락(永樂)	1403~1424
주가오츠(朱高熾)	홍희(洪熙)	1425
주잔지(朱瞻基)	선덕(宣德)	1426~1435
주치전(朱祁鎭)	정통(正統)	1436~1449
주치위(朱祁鈺)	경태(景泰)	1450~1456
주치전(朱祁鎭)	천순(天順)	1457~1464
주젠천(朱見深)	성화(成化)	1465~1487
주유청(朱祐樘)	홍치(弘治)	1488~1505
주허우자오(朱厚照)	정덕(正德)	1506~1521
주허우충(朱厚熜)	가정(嘉靖)	1522~1566
주짜이허우(朱載垕)	융경(隆慶)	1567~1572
주이쥔(朱翊鈞)	만력(萬曆)	1573~1620
주창뤄(朱常洛)	태창(泰昌)	1620
주유자오(朱由校)	천계(天啓)	1621~1627
주유젠(朱由檢)	숭정(崇禎)	1628~1644

참고 표

표에서 사용된 약어

CRB : Boxer, C. R., *The Great Ship from Amacon*, Lisbon : Centro de Estudoes Historicos Ultramarinos, 1960.

CSC : Boxer, C. R., *South China in the Sixteenth Century*, London : Hakluyt Society, 1953.

DP : Pantoja, Diego., *Advis du Reverend Père Iaques Pantoie de la Compagnie de Jésus envoyé de Paquin Cité de la Chine*, Translation of Relacion de la Entrada de Algunos Padres de la Compañia de Iesus en la China, Arras : Guillaume de la Rivière, 1607.

HB : 吳鋼, 『華山碑石』.

HR : 海瑞, 「興革條例」, 『海瑞集』, 上冊, pp.38-145.

IS : 井上進, 『中國出版文化史』.

JFZ : 葛寅亮, 『金陵梵刹志』.

LHL : 范淶, 『兩浙海防類考續編』.

LW : 張岱, 『瑯嬛文集』.

PHP : Purchas, Samuel., *Purchas His Pilgrimes : Contayning a History of the World in Sea Voyages and Lande Travells by Englishmen and Others*, vol.3, London : Henrie Featherstone, 1625; Glasgow : James MacLehose and Sons, 1905.

PYD : 潘允端, 『玉華堂日記』(張安奇, 「明稿本『玉華堂日記』中的經濟史資料」, 『明史研究論叢』5, 南京 : 江蘇古籍出版社, 1991에서 인용).

SB : 沈榜, 『宛署雜記』.

SC : 沈津, 「明代坊刻圖書之流通與價格」, 『國家圖書館館刊』1, 臺北 : 1996.

SF : 『松江府志』(1630)

TS : 『天水冰山錄』(『明武宗外紀』에서 인용).

WSQ : 王士翹, 『西關志』

WSX : 『吳尚賢分家簿』(巫仁恕, 『優游坊廂 : 明清江南城市的休閒消費與空間變遷』, 臺北 : 中央研究院近代史研究所, 2013, p.333에서 인용).

WX : 『吳江縣志』(1561)

YMZ : 葉夢珠, 『閱世編』

| 표 2.1 | 저장성 관리 관저 가구의 공시가, 1562

물품	단가	거주지마다 배정된 품목 수		
		첫 번째 계층	두 번째 계층	세 번째 계층
가구				
牀笆(침대 가로널)	0.01	4	8	2
轎凳(가마 의자)	0.02	2	1	0
小牀(소형 침대)	0.04	2	2	2
床板(침대 판)	0.06	3	2	2
四柱牀(4기둥 침대)	0.08	2	2	0
日傘(양산)	0.1	1	1	1
雨傘(우산)	0.13	1	1	1
案桌(문서 탁자)	0.15	1	1	1
官桌(책상)	0.25	6	4	4
交椅(팔걸이 의자)	0.25	0	0	4
交椅(팔걸이 의자)	0.275	0	4	0
交椅(팔걸이 의자)	0.3	6	0	0
涼牀(여름용 침대)	0.5	1	1	1
中牀(간절기 침대)	0.8	1	0	1
小桌幃(작은 탁자보)	0.8	1	1	1
涼傘(차양)	1.5	1	1	1
暖牀(겨울용 침대)	1.8	1	1	0
소계(냥)		9.58	7.54	6.2
일용품				
脚火凳(발난로 의자)	0.01	2	1	1
摺尺(접이식 자)	0.015	2	0	0
粗凳(소박한 벤치)	0.02	2	1	0
粗面架(소박한 세면대 받침)	0.02	1	1	1
粗衣架(소박한 옷걸이)	0.03	1	1	1
桶盤(물통)	0.04	2	0	0
靴架(신발장)	0.05	1	1	1
木魚並架(목어와 받침대)	0.06	1	1	0
硯匣(벼루함)	0.07	0	1	1
硯匣(벼루함)	0.08	1	0	0

茶架(차 테이블)	0.08	2	1	1
花面架(장식된 세면대 받침)	0.08	1	1	0
淨桶(변기)	0.1	1	1	1
脚桶(족욕통)	0.1	1	1	1
坐桶(좌욕통)	0.12	1	1	1
浴桶(욕조)	0.15	1	1	1
方爐(작은 난로)	0.16	1	1	0
花衣架(장식된 옷걸이)	0.16	1	1	0
執事架(관원복 걸이)	0.5	1	0	0
소계(냥)		1.93	1.21	0.73
주방용품				
刷箒(솔)	0.0025	4	1	0
茗箒(비)	0.005	2	1	1
掃箒(빗자루)	0.005	2	1	0
鉢頭(토기 그릇)	0.005	2	1	0
糞箕(분뇨통)	0.005	2	1	0
筅籠(여과기)	0.005	1	1	0
火筯(화로용 집게)	0.01	1	1	0
鍋撈(주걱)	0.01	1	1	0
挽桶(대야)	0.01	1	1	0
木燭臺(나무 촛대)	0.015	2	1	0
鍋蓋(솥 뚜껑)	0.015	3	1	2
木筯(나무 젓가락)	0.015	2	1	0
茶匙(티스푼)	0.02	2	1	1
斧頭(손도끼)	0.03	1	1	1
廚刀(주방용 칼)	0.03	2	1	1
插盆(냄비)	0.03	1	1	0
飯甑(밥솥)	0.04	0	0	0
淘米桶(쌀 씻는 통)	0.04	1	1	0
水缸(물 항아리)	0.04	2	1	1
廚桌(주방 테이블)	0.05	1	1	1
銅勺(구리 국자)	0.05	1	1	1
火鍬(화로용 삽)	0.05	1	1	0

蒸籠(찜기)	0.06	1	1	0
焙籠(건조용 바구니)	0.06	1	1	0
竹椅(대나무 의자)	0.06	6	4	0
水桶(물통)	0.08	1	1	1
鍋(솥)	0.1	3	1	2
火盆(화로)	0.1	1	1	0
소계(냥)		1.58	1.085	0.535
석기(錫器)				
盆(대야)		1	1	1
酒壺(술 주전자)		1	1	1
燭臺(촛대)		2	1	1
酒鏇(술 데우는 용기)		1	1	1
茶壺(찻주전자)		1	1	1
硯匣(벼루함)		1	1	1
夜壺(요강)		1	1	1
무게(斤)		26.375	18.675	14.375
물품의 가치(냥)		1.85	1.3	1
자기(磁器)				
茶鐘(찻잔)		12	12	12
大白盤(대형 접시)		10	10	10
湯碗(국그릇)		10	10	10
酒盞(술잔)		10	10	10
白碟器(받침 접시)		60	60	60
물품의 가치(냥)		0.5	0.5	0.5
석기와 자기 소계(냥)		2.35	1.8	1.5
총계(냥)		15.44	11.635	8.965

출처: 海瑞, 『海瑞集』, p.129-135.

| 표 3.1 | 영국 동인도회사가 아시아에서 유럽으로 수입한 상품 목록, 1620

상품	유럽 소비량	알레포 무역의 구매 비용		아시아 무역의 구매 비용		아시아 무역 이전 런던의 가격		아시아 무역·이후 런던의 가격	
		단가	총계(£)	단가	총계(£)	단가	총계(£)	단가	총계(£)
후추	6,000,000	2	600,000	0/2½	62,500	3/6	70,000	1/8	33,333
정향	450,000	4/9	160,875/10	0/9	16,875	8	16,000	0/6	12,000
메이스	150,000	4/9	335,626	0/8	5,000	9	9,000	6	6,000
육두구	400,000	2/4	6,666/13/4	0/4	6,666/13/4	4/6	36,000	2/6	20,000
인디고	350,000	4/4	75,833/6/8	1/2	20,416/12/4	7	52,500	5	37,000
페르시안 비단	1,000,000	12	600,000	0/8	400,000				
총계			1,465,001/10		511,458/5/8		183,500		108,333/6/8
은(kg)			175,800		61,375		22,020		13,000
은(兩)으로 계산한 가치			4,713,142		1,645,442		590,349		348,525

주: 12 pence = 1 shilling (s); 20 shillings = 1 pound (£).

출처 : Mun, Thomas., A Discourse of Trade, from England unto the East-Indies :Answering to Diverse Objections Which Are Usually Made against the Same, 1621. 2nd ed. (1621), reprinted in Purchas His Pilgrimes, ed. Samuel Purchas, 5, pp.262－301. Reprinted in A Select Collection of Early English Tracts on Commerce, ed. J. R. McCulloch, pp.1－47, London : Political Economy Club, 1856, pp.268-269, pp.291-292.

| 표 3.2 | 일부 상품의 마닐라와 중국 내 가격 비교, 1575

상품	마닐라 내 가격		중국 내 가격			
	단위	가격	가격	장소	시기	출처
음식						
白麵(밀)	두(斗)	0.01	0.012	베이징(北京)	1590	SB 151
胡椒(후추)	근(斤)	0.05	0.065	장저우(漳州)	1608	PHP 516
糖(설탕)	두	0.014	0.03	베이징	1590	SB 122
동물						
小牛(새끼 소)	척(隻)	1.46	2	상하이(上海)	1596	PYD 299
正牛(소)	척	2	8	베이징	1590	SB 132
신발						
鞋(신발)	켤레	0.05	0.045	광저우(廣州)	1556	CSC 124
藍緞鞋(남색 수자직 신발)	켤레	0.3	0.36	광저우	1556	CSC 124
비단						
撚絲(연사)	냥(兩)	0.115	0.08	광저우	1600	CRB 179
絲(비단)	냥	0.64	0.32	우장(吳江)	1561	WX 1561
도자기						
磁湯碗(그릇)	(낱개)	0.01	0.01	베이징	1577	SB 141
磁飯碗(작은 그릇)	(낱개)	0.008	0.005	베이징	1577	SB 141
磁湯碗(그릇)	(낱개)	0.0163	0.01	베이징	1577	SB 141
醜磁(거친 도자기)	(낱개)	0.011	0.005	상하이	1628	YMZ 164
花碟(작은 접시)	(낱개)	0.0167	0.007	베이징	1577	SB 141
磁器(자기)	(낱개)	0.0167	0.005	춘안(淳安)	1562	HR 131
가구						
春櫃(큰 궤짝)	(낱개)	1.3	1.2	베이징	1590	SB 135
櫃(궤짝)	(낱개)	0.7	0.6	베이징	1590	SB 135
紅油卓(색칠한 탁자)	(낱개)	0.4	0.3	베이징	1590	SB 143
卓(탁자)	(낱개)	0.4	0.25	장시	1562	TS 162
官卓(검은 탁자)	(낱개)	0.4	0.25	춘안	1562	HR 129
案卓(책상)	(낱개)	0.8	0.4	베이징	1590	SB 148
椅(의자)	(낱개)	0.4	0.2	장시	1562	TS 162
中牀(나무침대)	(낱개)	1.6	0.8	춘안	1562	HR 129
묵(墨)						
寫榜墨(마른 먹)	홀(笏)	0.015	0.01	춘안	1562	HR 83
사람						
黑奴('흑인 노예')	명(名)	0.2	1	상하이	1593	PYD 290

주: 마닐라 내 가격은 Archivo General de Indias(ES.41091.AGI/16/Contaduria 1195)에서 인용.

| 표 3.3 | 존 새리스가 기록한 일부 상품의 해외 가격과 중국 내 가격 비교

단위	해외 가격			중국 내 가격			
	반탐	보르네오	일본	가격	장소	시기	출처
직물							
緞(비단) 척(尺)	0.168		0.34	0.035	난징(南京)	1606	JFZ 49.74a
黃綾(황릉) 척	0.126	0.056		0.04	베이징(北京)	1572	SB 136
素綾紗(거친 명주) 척			0.224	0.121	쑹장(松江)	1630	SF 15.5a
絨(가는 베) 척	0.232	0.14	0.442				
生絲(생사) 담(擔)	0.593	0.593	0.433				
음식							
菝(청미래덩굴) 근(斤)			0.04	0.012	광저우(廣州)	1600	CRB 180
沙糖(사탕) 근	0.03		0.05	0.032	베이징	1590	SB 122
蜂蜜(벌꿀) 근			0.6	0.032	베이징	1590	SB 122
胡椒(후추) 근	0.038		0.1	0.065	장저우(漳州)	1608	PHP 516
염료 및 향료							
蘇木(소목) 근			0.26	0.1	베이징	1590	SB 133
麝香(사향) 근	16.3	5.19	15	8	광저우	1600	CRB 180
금속							
鉛(납) 근	0.044		0.088	0.033	항저우(杭州)	1604	LHL 6.66b
鐵(철) 근	0.044		0.04	0.048	베이징	1590	SB 122
銅(구리) 근			0.1	0.07	광저우	1600	CRB 184
汞(수은) 근			0.4	0.4	광저우	1600	CRB 180
錫(주석) 담		0.111	0.35				
기타 재료							
燭(초) 근		0.111	0.25	0.15	베이징	1590	SB 129
檀香(단향) 근		0.296	0.1	0.4	쑹장	1620	YMZ 161
銀硃(은주) 근			0.6	0.4	베이징	1590	SB 127
牛黃(우황) 냥		3.7		6	베이징	1590	SB 151

출처 : Purchas, Samuel., *Purchas His Pilgrimes : Contayning a History of the World in Sea Voyages and Lande Travells by Englishmen and Others*, London : Henrie Featherstone, 1625., Glasgow : James MacLehose and Sons, 1905, 3, pp.506 – 518; Saris, John., *The Voyage of Captain John Saris to Japan, 1613*, ed. Ernest Satow, London : Hakluyt Society, 1900, pp.204–206.

| 표 5.1 | 1368년과 1451년 가격 목록 중 일부 가격의 변동률

상품	단위	1368년 가격 (鈔價) (문)	1451년 관세 가격(鈔價) (문)	1451년 관세× 16.7	가격 변동률 (1368-1451)
黑鉛(흑연)	근(斤)	3,000	100	1,670	-44%
中夾紙(중간 길이 협지)	100장(張)	10,000	340	5,678	-43
綾(능직 비단)	필(疋)	120,000	6,700	111,900	-7
氈帽(전모)	(낱개)	4,000	170	2,839	-29
大碌(대록)	근	30,000	670	22,378	-25
白蠟(백랍)	근	10,000	670	11,190	11
胡椒(후추)	근	8,000	670	11,190	39
紗(깁)	필	80,000	6,700	111,900	39
錫(주석)	근	4,000	340	5,678	42
鐵(철)	근	1,000	100	1,670	67
蘆席(갈대자리)	(낱개)	1,000	100	1,670	67
三梭布(삼실로 짠 천)	필	40,000	4,000	66,800	67
楊梅(양매)	근	1,000	100	1,670	67
鐵鍋(철솥)	(낱개)	8,000	1,000	16,700	109
牛皮(소가죽)	(낱개)	24,000	4,000	66,800	178
生錢(구리)	근	4,000	670	11,190	180
鹿皮(사슴가죽)	(낱개)	20,000	3,400	56,780	184

출처: 『大明會典』 권35, pp.40a-43a; 권179, pp.2a-13b.

| 표 5.2 | 1368년과 1562년의 일부 상품의 가격 변동률

상품	단위	『대명회전』 가격(1368년)	몰수한 옌숭(嚴嵩) 가산(家産)의 감정가 (1562년)	하이루이 (海瑞)의 기록 (1562년)	가격 변동률 (1368-1562)
交椅(팔걸이의자)	(낱개)	0.3	0.2		-33%
綾(능직 비단)	필	1.5	1.2		-20
白蠟(백랍)	근	0.125	0.11		-12
交椅(팔걸이의자)	(낱개)	0.3		0.3	0
鐵鍋(철솥)	(낱개)	0.1		0.1	0
小刀(작은 칼)	(낱개)	0.025		0.03	0
桌(탁자)	(낱개)	0.125		0.15	20
錫(주석)	근	0.05	0.06		20
熟銅(정련된 구리)	근	0.05	0.076		52
杌(걸상)	(낱개)	0.025	0.05		100
桌(탁자)	(낱개)	0.125	0.25		100
女轎(여성용 가마)	(낱개)	1	2		100
紗(깁)	필	1	2		100
包頭(두건)	(낱개)	0.0125	0.03		140

출처 : 『大明會典』 권179, pp.2a-13b; 『天水冰山錄』, p.157-164; 『海瑞集』, p.129-130.

| 표 5.3 | 1368~1590년 사이의 실제 가격 변화

상품	단위	1368년 가격		1590년 가격		지수 변동률
		은냥(銀兩) 환산가	쌀 1두 가격 기준의 지수	은냥(銀兩) 환산가	쌀 1두 가격 기준의 지수	
胡椒(후추)	근	0.1	320	0.007	14	−96%
小絹(작은 명주)	필	0.25	800	0.026	52	−94
粗苧布(거친 모시천)	필	0.275	880	0.1	200	−77
鵝(거위)	(낱개)	0.1	320	0.05	100	−69
楼草帽(둥근 모자)	(낱개)	0.1	320	0.05	100	−69
斗(1두 측정 도구)	(낱개)	0.025	80	0.015	30	−63
鴨(오리)	(낱개)	0.05	160	0.03	60	−63
黑鉛(흑연)	근	0.0375	120	0.025	50	−58
葛布(칡 섬유 천)	필	0.25	800	0.18	360	−55
凳(걸상)	(낱개)	0.05	160	0.04	80	−50
烏木筋(흑단 젓가락)	쌍	0.005	16	0.004	8	−50
核桃榛子(호두와 개암)	근	0.0125	40	0.01	20	−50
棗栗(대추와 밤)	근	0.0125	40	0.01	20	−50
雞野雞(닭과 꿩)	(낱개)	0.0375	120	0.0034	68	−43
犬(개)	(낱개)	0.125	400	0.12	240	−40
毯段(담요)	(조각)	0.6	2,000	0.6	1,200	−40
交椅(안락의자)	(낱개)	0.3	960	0.3	600	−38
銀(은)	냥	1	3,200	1	2,000	−38
麻布(아마포)	필	0.1	320	0.105	210	−34
金(금)	냥	5	16,000	5.4	10,800	−33
紗(능직 비단)	필	1	3,200	1.1	2,200	−31
肉(고기)	근	0.0125	40	0.015	30	−25
魚鰲蝦蟹(해산물)	근	0.0125	40	0.015	30	−25
菱茨(마름과 남가새)	근	0.0125	40	0.015	30	−25
鐵鋤(쇠 괭이)	(낱개)	0.025	80	0.03	60	−25
麵(밀가루)	근	0.0062	20	0.008	16	−20
銅(구리)	근	0.05	160	0.07	140	−13
粗綿布(거친 천)	필	0.125	400	0.18	360	−10
米(쌀)	두	0.0312	100	0.05	100	0
小麥(밀)	두	0.025	80	0.04	80	0

품목	단위					
大鐵鍋(큰 철솥)	(낱개)	0.1	320	0.17	340	6
大麥(보리)	두	0.013	40	0.025	50	25
桃梨(복숭아와 배)	100개	0.025	80	0.05	100	25
筆(붓)	(낱개)	0.0025	8	0.005	10	25
小刀(작은 칼)	(낱개)	0.025	80	0.05	100	25
榜紙(방지)	100장(張)	0.5	1,600	1	2,000	25
錫(주석)	근	0.05	160	0.1	200	25
鹽(소금)	근	0.0031	10	0.0067	13	30
黃黑綠豌豆(콩류)	두	0.0225	72	0.05	100	39
竹筋(대나무 젓가락)	쌍	0.0062	20	0.015	30	50
杏(살구)	100개	0.0125	40	0.03	60	50
香油(참기름)	근	0.0125	40	0.03	60	50
蜂蜜沙糖(꿀과 설탕)	근	0.0125	40	0.032	64	60
黃牛(소)	(낱개)	3.125	10,000	8	16,000	60
大屛風(큰 병풍)	(낱개)	0.3	960	0.8	1,600	67
硃砂(주사)	냥	0.05	160	0.15	300	88
茶(차)	근	0.0125	40	0.04	80	100
酒醋(술과 식초)	병	0.0125	40	0.04	80	100
葡萄(포도)	근	0.0125	40	0.04	80	100
蘆席(갈대 깔개)	령(領)	0.0125	40	0.04	80	100
硫黃(유황)	근	0.0125	40	0.04	80	100
大木桶(큰 나무통)	(낱개)	0.0625	200	0.2	400	100
卓(탁자)	(낱개)	0.125	400	0.4	800	100
鼓(북)	(낱개)	0.0625	200	0.2	400	100
灰炭(숯)	근	0.0012	4	0.004	8	100
奏本紙(상소용 종이)	100장(張)	0.2	640	0.7	1,400	119
花椒(화초)	근	0.0125	40	0.048	96	140
鐵(철)	근	0.0125	40	0.048	96	140
木板(나무판)	5척(尺)	0.05	160	0.2	400	150
笠(대나무 모자)	(낱개)	0.0125	40	0.05	100	150
墨(먹)	근	0.1	320	0.3	600	188
鐵索(쇠사슬)	(낱개)	0.0125	40	0.06	120	200
磚(벽돌)	100개	0.2	640	1.055	2,110	230
蘇木(소목)	근	0.0375	120	0.24	480	300

手本紙(수기용 종이)	100장(張)	0.0875	280	0.6	1,200	329
木柴(장작)	근	0.001	3	0.007	14	367
兔(토끼)	척(隻)	0.05	160	0.375	750	369
木(나무)	장(丈)	0.075	240	0.6	1,200	400
各色大箋紙(큰 색지)	100장(張)	0.25	800	2	4,000	400
錦(비단)	근	0.1	320	0.8	1,600	400
中夾紙 (중간 길이의 안감 종이)	100장(張)	0.125	400	1.5	3,000	650

출처 : 『大明會典』, 권179, pp.2a-13b ; 沈榜, 『宛署雜記』, p.121, pp.129-141, pp145-148, p.151, p.170.

| 표 5.4 | 『정씨염점사산장부』에 기록된 일부 상품의 가격, 1593~1604

분류	상품	수량	단위	가격(은량)	단가	연도
인디고	土靛 (토정)	10,000	근(斤)	100	0.01	1594
		16,300		160	0.01	1597
		2,000		14.4	0.0072	1598
	日張靛 (일장전)	39,900	근	610.4	0.0153	1597
		38,200		687.6	0.018	1598
		30,750		399.7	0.013	1600
		34,100		405.7	0.0119	1601
	園靛 (원전)	7,200	근	93.6	0.013	1600
		12,000		131	0.0109	1601
		5,000		55	0.011	1603
직물	靑布 (청포)	13,800	필(疋)	3,030	0.22	1593
		12,500		2,680	0.215	1594
		2,928		670.7	0.229	1597
		164		32.1	0.196	1597
		8,057		1,798	0.223	1598
		14,219		3,185.50	0.224	1599
		10,138		2,228	0.222	1600
		4,002		875.9	0.219	1601
		8,214		1,800	0.219	1602
		6,770		1,538	0.227	1603
		7,833		1,793.70	0.229	1604
	白布 (백포)	4,168	필	625	0.15	1594
		5,073		811.7	0.16	1597
		680		98.2	0.144	1597
		12,172		1,862.30	0.153	1598
		7,296		1,079.80	0.148	1599
		5,100		790	0.155	1600
		8,209		1,238	0.151	1601
		9,464		1,701	0.18	1602
		10,016		1,596.70	0.159	1603
		10,885		1,720	0.158	1604

직물	缸上白布 (항상백포)	387	필	58	0.15	1594
		625		95.6	0.153	1598
		678		99.5	0.147	1599
		583		90	0.154	1600
		682		102.84	0.151	1601
		585		86.6	0.148	1602
		452		72	0.159	1603
		592		94.7	0.16	1604
	葛布 (갈포)	450	필	67.5	0.15	1593
		181		28	0.155	1597
		339		51	0.15	1598
		238		35.7	0.15	1599
		130		19.5	0.15	1600
		200		32	0.16	1601
		37		5.7	0.154	1602
		71		10.6	0.149	1603
		110		18	0.164	1604
	客染布 (객염포)	91	필	5	0.055	1598
		60		3.5	0.058	1599
		57		3.7	0.065	1600
		50		3	0.06	1601
		71		3.5	0.049	1603
		121		6.5	0.054	1604
	私染書布 (사염서포)	11	필	2.2	0.2	1600
		7		1.4	0.2	1601
糟(조)		200	정(埕)	25	0.125	1594
		220		22	0.1	1598
		214		21	0.098	1599
		230		23	0.1	1600
		190		18	0.095	1601
		155		15.5	0.1	1602
		153		15.3	0.1	1603
柴(시)		700	근	10	0.014	1598
		750		10	0.013	1599
		1,000		11	0.011	1600
		700		10.4	0.015	1601
		1,700		19	0.011	1603

灰(회)	방(房)	4	12	3	1598
		4	15	3.33	1599
		4	15	3.33	1600
		4	12	3	1601
		3	10	3.33	1602
		2	6	3	1603
米(미)	석(石)	60	36	0.6	1593
		16	11	0.687	1598
		71	50	0.704	1599
		10	6	0.6	1600
		14	7.7	0.55	1601
		20	15	0.75	1602
		2	1.5	0.75	1604
蒲包(포포)	개(個)	1,220	3	0.0025	1600
		1,800	4.5	0.0025	1603
		2,200	5	0.0023	1604
布頭(포두)	근	175	17.5	0.1	1597
		500	50	0.1	1598
		190	19	0.1	1599
		514	50	0.097	1600
		530	52	0.098	1601
		19	2.2	0.116	1603
		32	3.8	0.119	1604
希皮(희피)	개	2,400	4	0.00167	1598
		2,800	4.7	0.00168	1600
		1,400	2	0.00143	1601
		1,700	2.7	0.00159	1602
		1,550	2.63	0.0017	1603

출처 : 『程氏染店查算帳簿』, p.8, p.9, p.11, p.19, p.20, p.28, p.29, p.36, p.44, p.54, p.55, p.65, p.71, p.77, p.78.

참고문헌

1. 사료 및 자료집(*지방지는 제외)

구범진, 『吏文譯註』, 서울 : 세창출판사, 2012.

賈貴榮·駢宇騫編, 『地方志災異資料叢刊』, 北京 : 國家圖書館出版社, 2010.

葛寅亮, 『金陵梵刹志』, 南京 : 禮部, 1607.

顧起元, 『客座贅語』, 南京, 1618.

顧炎武, 『天下郡國利病書』, 京都 : 中文出版社, 1975.

談遷, 『棗林雜俎』, 北京 : 中華書局, 2007.

唐甄, 『潛書』, 1618, 北京 : 中華書局, 1963.

唐順之, 『唐荊川先生文集』, 1573.

『大明會典』, 北京, 1587.

『大元聖政國朝典章』, 1322, 臺北 : 國立故宮博物院, 1976.

屠隆, 「荒政考」, 李文海·夏明方編, 『中國荒政全書』1, 北京 : 北京古籍出版社, 2003.

呂坤, 『時政錄』, 1598, 臺北 : 文史哲出版社, 1971.

龍文彬, 『明會要』, 1887, 北京 : 中華書局, 1956.

劉若愚, 『酌中志』, 北京 : 北京出版社, 2000.

陸文衡, 『嗇菴隨筆』, 臺北 : 廣文書局, 1969.

陸曾禹, 『康濟錄』, 1739, 蘇州, 1784.

李樂, 『見聞雜記』, 1610(續二卷(1612) 포함), 上海 : 上海古籍出版社, 1986.

李日華, 『味水軒日記』, 上海 : 遠東出版社, 1996.

萬士和, 『萬文恭公摘集』, 1592.

『明武宗實錄』, 臺北 : 中央研究院歷史語言研究所, 1962.

『明宣宗實錄』, 臺北 : 中央研究院歷史語言研究所, 1962.

『明世宗實錄』, 臺北 : 中央研究院歷史語言研究所, 1962.

『明崇禎長編』, 臺北：臺灣銀行, 1969.

『明神宗實錄』, 臺北：中央研究院歷史語言研究所, 1962.

『明太祖實錄』, 臺北：中央研究院歷史語言研究所, 1962.

『明太宗實錄』, 臺北：中央研究院歷史語言研究所, 1962.

『明孝宗實錄』, 臺北：中央研究院歷史語言研究所, 1962.

毛奇齡, 『明武宗外紀』, 1947, 北京：神州國光社, 1951；上海：上海書店, 1982.

范淶, 『兩浙海防類考續編』, 1602.

謝彬, 『南京戶部志』, 1550.

謝肇淛, 『五雜組(俎)』, 上海：上海書店出版社, 2001.

上海博物館圖書資料室, 『上海碑刻資料選輯』, 上海：上海人民出版社, 1980.

徐光啓, 『農政全書校注』, 3冊, 石聲漢 校注, 上海：上海古籍出版社, 1979.

徐光啓, 『徐光啓集』, 上海：上海古籍出版社, 1963.

『船政』, 南京：兵部, 1546.

宋濂, 『元史』, 北京：中華書局, 1976.

宋應星, 『天工開物』, 董文校勘, 1962, 臺北：世界書局, 2002.

顏俊彥, 『盟水齋存讀』, 1632.

楊東明, 『饑民圖說』, 1748.

葉夢珠, 『閱世編』, 上海：上海古籍出版社, 1981.

葉春及, 『惠安政書』, 1573, 『石洞集』 수록, 1672.

吳鋼, 『華山碑石』, 西安：三秦出版社, 1995.

吳宏, 『紙上經綸』, 徽州, 1721, 東京大學東洋文化研究所大木文庫.

吳應箕, 『留都見聞錄』, 1644, 1730, 貴池先哲遺書 재발행, 1920.

王士翹, 『西關志』, 1548, 北京：北京古籍出版社, 1990.

袁忠道, 『遊居柿錄』, 上海：遠東出版社, 1996.

俞森, 『荒政叢書』, 1690.

張肯堂, 『㢷辭』, 1634, 臺北：學生書局, 1970.

張岱, 『陶庵夢憶』, 上海：商務印書館, 1939.

張岱, 『琅嬛文集』, 上海：廣益書局, 1936.

張履祥, 『補農書校釋』, 陳恆力 校釋, 北京：農業出版社, 1983.

張履祥, 『楊園先生全集』, 1782.

張燮, 『東西洋考』, 北京, 中華書局, 1981.

張怡, 『玉光劍氣集』, 北京, 中華書局, 2006.

張廷玉 編, 『明史』, 北京：中華書局, 1974.

張瀚, 『松窗夢語』, 1593, 『治世餘聞』과 함께 간행, 北京：中華書局, 1985.

『程氏染店查算帳簿, 1594‐1604』(王鈺欣‧周紹泉編,『徽州千年契約文書』, 石家莊：花山
　　文藝出版社, 1991‐1993. 8:74‐58).
丁荷生‧鄭振滿,『福建宗教碑銘彙編：泉州府分册』, 3册, 福州：福州人民出版社, 2003.
丁荷生‧鄭振滿,『福建宗教碑銘彙編：興化府分册』, 福州：福建人民出版社, 1995.
趙用賢,『松石齋集』, 1618.
朱逢吉,『牧民心鑑』, 1404, 日本寬政版, 1852.
朱元璋,『明太祖集』, 胡士萼點校, 合肥：黃山書社, 1991.
陳其德,『垂訓樸語』, 陳梓編, 桐鄉, 1813.
陳子龍,『皇明經世文編』, 1638, 北京：中華書局, 1987.
沈德符,『萬曆野獲編』, 1606, 北京：中華書局, 1997.
沈榜,『宛署雜記』, 1593, 北京：北京古籍出版社, 1980.
沈氏,『補農書』, 崇禎 연간. 張履祥,『楊園先生全集』, 1782.
沈津,「明代坊刻圖書之流通與價格」,『國家圖書館館刊』1, 臺北, 1996.
『天水冰山錄』, 1565, 毛奇齡,『明武宗外記』, 1951.
馮夢禎,『快雪堂日記』, 南京：鳳凰出版社, 2010.
海瑞,『海瑞集』, 北京：中華書局, 1981.

Abru, Hafiz, ed., *A Persian Embassy to China*. trans. K. M. Maitra. ed. L. Carrington
　　Goodrich, New York：Paragon, 1970.
Blair, Helen, and James Robertson, eds., *The Philippine Islands, 1493–1803*, 55vols,
　　Cleveland：Arthur H. Clark, 1903‐1909.
Ch'oe Pu., *A Record of Drifting across the Sea*, trans. John Meskill, Tucson：University of
　　Arizona Press, 1965.
Feng Menglong(馮夢龍)., *Stories Old and New：A Ming Dynasty Collection*, trans. Shuhui
　　Yang and Yinqin Yang, Seattle：University of Washington Press, 2000.
Girard, Pascal, trans., *Le voyage en Chine d'Adriano de las Cortes S.J. (1625)*. Paris：
　　Chandeigne, 2001.
Mill, James., *The History of British India*, London：Baldwin, Cradock, and Joy, 1817.
Mun, Thomas., *A Discourse of Trade, from England unto the East-Indies：Answering to
　　Diverse Objections Which Are Usually Made against the Same*, 1621 2nd ed., reprinted
　　in *Purchas His Pilgrimes*, ed. Samuel Purchas 5, pp.262‐301., Reprinted in *A Select
　　Collection of Early English Tracts on Commerce*, ed. J. R. McCulloch, pp.1‐47.
　　London：Political Economy Club, 1856.
Pantoja, Diego., *Advis du Reverend Pere Iaques Pantoie de la Compagnie de Jesus envoye de*

Paquin Cite de la Chine. Translation of Relacion de la Entrada de Algunos Padres de la Compania de Iesus en la China. Arras：Guillaume de la Riviere, 1607.

Purchas, Samuel., Purchas His Pilgrimes：Contayning a History of the World in Sea Voyages and Lande Travells by Englishmen and Others, London：Henrie Featherstone, 1625., Glasgow：James MacLehose and Sons, 1905.

Saris, John., The Voyage of Captain John Saris to Japan, 1613, ed. Ernest Satow, London：Hakluyt Society, 1900.

Scott, Edmund., An Exact Discourse of the Subtleties, Fashions, Policies, Religion, and Ceremonies of the East Indians, London：Walter Burre, 1606.

Sun, E-tu Zen, and Shiou-chuan Sun, trans. Chinese Technology in the Seventeenth Century：T'ien-kung k'ai-wu, University Park：Pennsylvania State University Press, 1966.

Velho, Alvaro (attrib.)., Le premier voyage de Vasco de Gama aux Indes (1497–1499), Paris：Chandeigne, 1998.

Wang Yangming., Instructions for Practical Living, and Other Neo-Confucian Writing, trans. Wing-tsit Chan, New York：Columbia University Press, 1963.

2.논저

江西省輕工業廳陶瓷研究所 編,『景德鎮陶瓷史稿』, 北京：三聯書店, 1959.
廣州市文物管理處,「廣州東山明太監韋眷墓淸理簡報」,『考古』4, 1977.
梁家勉 編,『徐光啟年譜』, 上海：上海古籍出版社, 1981.
梁方仲 編,『中國歷代戶口·田地·田賦統計』, 上海：上海人民出版社, 1980.
李劍農,「明代的一個官定物價表與不換紙幣」, 明史論叢 第8冊『明代經濟』, 臺北：學生書局, 1968.
李貴民,『明淸時期藍靛業硏究』, 國立成功大學歷史研究所 碩士論文, 2004.
李德甫,『明代人口與經濟發展』, 北京：中國社會科學出版社, 2008.
李子春,「明末一件有關物價的史料」,『考古』10, 1960.
馬泰來(Heijdra, Martin),「明代文物大賈吳廷事略」,『故宮學術季刊』23:1, 2005.
巫仁恕,『優游坊廂：明淸江南城市的休閒消費與空間變遷』, 臺北：中央研究院近代史研究所, 2013.
巫仁恕,『品味奢華：晩明的消費社會與士大夫』, 臺北：中央研究院·聯經出版公司, 2007.

傅衣凌,「論明淸時代福建土地買賣契約中的'銀主'」,『抖擻』52:1 1983.

濱島敦俊,「明末江南鄕紳の具體像」, 岩見宏·谷口規矩雄 編,『明末淸初期の硏究』, 京都：京都大學人文科學硏究所, 1989.

徐泓,「介紹幾則萬曆四十三·四年山東饑荒導致人相食的史料」,『明代硏究通訊』6, 2003.

徐泓,「明末社會風氣的變遷——以江浙地區爲例」,『東亞文化』24, 1986.

薛龍春,『王鐸年譜長編』3冊, 北京：中華書局, 2019.

蘇更生,「明初的商政與商稅」,『明史硏究論叢』2, 臺北：大立出版社, 1985.

宋正海,『中國古代自然災異相關性年表總匯』, 合肥：安徽敎育出版社, 2002.

岸本美緖,「明末田土の市場關一考察」,『山根幸夫敎授退休紀念明代史論叢』下卷, 東京：汲古書院, 1990.

岸本美緖,『淸代中國の物價と經濟變動』, 東京：硏文出版, 1997.

葉康寧,『風雅之好：明代嘉萬年間的書畫消費』, 北京：商務印書館, 2017.

吳承洛,『中國度量衡史』, 1937, 上海：商務印書館, 1957.

王家範,「明淸江南消費經濟探測」,『華東師範大學學報』2, 1988.

王光堯,『明代宮廷陶瓷史』, 北京：紫禁城出版社, 2010.

王德毅,『中華民國臺灣地區公藏方志目錄』, 臺北：漢學硏究資料及服務中心, 1985.

仁井田陞,『中國法制史硏究——奴隷農奴法. 家族村落法』, 東京：東京大學出版會, 1981.

張安奇,「明稿本『玉華堂日記』的經濟史資料硏究」,『明史硏究論叢』5, 南京：江蘇古籍出版社, 1991.

全漢昇,「宋明間白銀購買力的變動及其原因」,『新亞學報』8:1, 1967.

全漢昇,『明淸經濟史硏究』, 臺北：聯經, 1987.

程民生,『宋代物價硏究』, 北京：人民出版社, 2008.

井上進,『中國出版文化史：書物世界と知の風景』, 名古屋：名古屋大學出版會, 2002.

佐藤武敏,『中國災害史年表』, 東京：國書刊行會, 1993.

中山美緖(곧한 岸本美緖),「淸代前期江南の物價動向」,『東洋史硏究』37:4, 1979. 이후에 岸本美緖,『淸代中國の物價と經濟變動』, 東京：硏文出版, 1997에 수록.

中央氣象局氣象科學硏究院 編,『中國近五百年旱澇分布圖』, 北京：地圖出版社, 1981.

陳高傭,『中國歷代天災人禍表』, 上海：上海暨南大學, 1939；上海：上海書店, 1986.

秦佩珩,「明代米價考」,『明淸社會經濟史論稿』, 鄭州：中州古籍出版社, 1984.

陳學文 編,『湖州府城鎭經濟史料類纂』, 杭州, 1989.

川勝守,『明淸江南農業經濟史硏究』, 東京：東京大學出版會, 1992.

泉州市文物管理委員會·泉州市海外交通史博物館,「福建泉州地區出土的五批外國銀幣」,『考古』6, 1975.

彭信威, 『中國貨幣史』, 上海：羣聯出版社, 1954.

黃冕堂, 『明史管見』, 濟南：齊魯學社, 1985.

黃煜, 「碧血錄」, 「知不足齋叢書」 수록, 上海：古書流通處, 1921.

黃彰健, 「明洪武永樂朝的榜文峻令」, 黃彰健, 『明清史研究叢稿』, 臺北：商務印書館, 1977.

Agøy, Erling., "Weather Prognostication in Late Imperial China as Presented in Local Gazetteers(1644‒722)," Unpublished.

Alexandre, Pierre., *Le climat en Europe au Moyen Age : Contribution a l'histoire des variations climatiques de 1000 a 1425, d'apres les sources narratives de l'Europe occidentale*, Paris : Ecole des Hautes Etudes en Sciences Sociales, 1987.

Allen, Robert., *The British Industrial Revolution in Global Perspective*, New York : Cambridge University Press, 2009.

Atwell, William., "Another Look at Silver Imports into China, ca. 1635‒644," *Journal of World History* 16, no.4, 2005.

Atwell, William., "International Bullion Flows and the Chinese Economy circa 1530‒630," *Past and Present* 95, 1982.

Atwell, William., "Notes on Silver, Foreign Trade, and the Late Ming Economy," *Ch'ing-shih wen-t'i* 3, no.8, 1977.

Atwell, William., "Time, Money, and the Weather : Ming China and the 'Great Depression' of the Mid‒Fifteenth Century," *Journal of Asian Studies* 61, no.1, February 2002.

Atwell, William., "Volcanism and Short‒Term Climate Change in East Asian and World History, c.1200‒1699," *Journal of World History* 12, no.1, 2001.

Bauernfeind, Walter, and Ulrich Woitek., "The Influence of Climatic Change on Price Fluctuations in Germany during the 16th Century Price Revolution," *Climatic Change* 43, no.1, 1999.

Beveridge, William., *Wages and Prices in England from the Twelfth to the Nineteenth Century* (1939), London : Cass, 1965.

Bian, He., *Know Your Remedies: Pharmacy and Culture in Early Modern China*, Princeton, NJ : Princeton University Press, 2020.

Bol, Peter., *Localizing Learning: The Literati Enterprise in Wuzhou, 1100–1600*, Cambridge, MA : Harvard University Asia Center, 2022.

Boxer, C. R., *The Great Ship from Amacon*, Lisbon : Centro de Estudoes Historicos

Ultramarinos, 1960.

Boyd−Bowman, Peter., "Two Country Stores in XVIIth Century Mexico," *Americas* 28, no.3, January 1972.

Braudel, Fernand., *The Structures of Everyday Life : The Limits of the Possible*, Translated by Sian Reynolds, *Civilization and Capitalism, 15th–8th Century 1*, London : Collins, 1981.

Britnell, Richard., "Price−Setting in English Borough Markets," *Canadian Journal of History* 31, no. 1, April 1996.

Brook, Timothy., "Differential Effects of Global and Local Climate Data in Assessing Environmental Drivers of Epidemic Outbreaks," Proceedings of the National Academy of Sciences 114, no.49, 5 December 2017.

Brook, Timothy., "Native Identity under Alien Rule: Local Gazetteers of the Yuan Dynasty." In *Pragmatic Literacy, East and West, 1200–330*, ed. Richard Britnell, 235 − 45, Woodbridge : Boydell and Brewer, 1997.

Brook, Timothy., "Nine Sloughs : Profiling the Climate History of the Yuan and Ming Dynasties, 1260 − 1644," *Journal of Chinese History* 1, 2017.

Brook, Timothy., "Something New." In *Early Modern Things : Objects and Their Histories, 1500–800*, ed. Paula Findlen, pp.369 − 374, Abingdon : Routledge, 2013.

Brook, Timothy., "Telling Famine Stories : The Wanli Emperor and the 'Henan Famine' of 1594," *Etudes chinoises* 34, no. 2, 2015.

Brook, Timothy., "The Merchant Network in 16th Century China : A Discussion and Translation of Zhang Han's 'On Merchants.'" *Journal of the Economic and Social History of the Orient* 24, no.2, 1981.

Brook, Timothy., "The Spread of Rice Cultivation and Rice Technology into the Hebei Region in the Ming and Qing," In *Explorations in the History of Science and Technology in China*, ed. Li Guohao et al., Shanghai : Chinese Classics, 1982.

Brook, Timothy., "Trade and Conflict in the South China Sea: China and Portugal, 1514 − 1523," In *A Global History of Trade and Conflict since 1500*, ed. Lucia Coppolaro and Francine McKenzie, Basingstoke : Palgrave Macmillan, 2013.

Brook, Timothy., "Trading Places," *Apollo*, November 2015.

Brook, Timothy., *Great State : China and the World*, New York : HarperCollins, 2020.

Brook, Timothy., "Great State" *Journal of the Economic and Social History of the Orient* 24, no.2, 1981.

Brook, Timothy., *The Confusions of Pleasure : Commerce and Culture in Ming China*,

Berkeley : University of California Press, 1998.

Brook, Timothy., *The Troubled Empire : China in the Yuan and Ming Dynasties*, Cambridge, MA : Harvard University Press, 2010.

Brook, Timothy., *Vermeer's Hat : The Seventeenth Century and the Dawn of the Global World*, New York : Bloomsbury, 2008.

Campbell, Bruce., *The Great Transition: Climate, Disease and Society in the Late Medieval World*, Cambridge: Cambridge University Press, 2016.

Cartier, Michel., "Les importations de métaux monétaires en Chine: Essai sur la conjoncture chinoise." *Annales* 35, no.3, 1981.

Cartier, Michel., "Note sur l'histoire des prix en Chine du XIVe au XVIIe siecle," *Annales* 24, no.4, 1969.

Cartier, Michel., *Une reforme locale en Chine au XVIe siecle : Hai Rui a Chun'an, 1558–562*, Paris : Mouton, 1973.

Chang, Pin–tsun., "The Sea as Arable Fields: A Mercantile Outlook on the Maritime Frontier of Late Ming China." In *The Perception of Maritime Space in Traditional Chinese Sources*, ed. Angela Schottenhammer and Roderich Ptak, Wiesbaden : Harrassowitz, 2006.

Chaudhuri, K. N., *The Trading World of Asia and the East India Company, 1660–1760*, Cambridge : Cambridge University Press, 1978.

Cheng, Hai, Lawrence Edwards, and Gerald Haug., "Comment on 'On Linking Climate to Chinese Dynastic Change : Spatial and Temporal Variations of Monsoonal Rain,'" *Chinese Science* 55, no.32, November 2010.

Chow, Kai–wing(周啟榮)., *Publishing, Culture, and Power in Early Modern China*, Stanford, CA : StanfordUniversity Press, 2004.

Chuan, Han–sheng, and Richard A. Kraus., *Mid-Ch'ing Rice Markets and Trade : An Essay in Price History*, Cambridge, MA : East Asian Research Center, Harvard University, 1975.

Clunas, Craig., *Elegant Debts : The Social Art of Wen Zhengming*, London : Reaktion Books, 2004.

Clunas, Craig., "The Art Market in 17th Century China : The Evidence of the Li Rihua Diary,"『美術史與觀念史』1冊, 南京 : 南京師範大學出版社, 2003.

Clunas, Craig., *Superfluous Things : Material Culture and Social Status in Early Modern China*, Cambridge : Polity, 1991.

Clunas, Craig., *Fruitful Sites : Garden Culture in Ming Dynasty China*, London : Reaktion

Books, 1996.

Clunas, Craig., *Screen of Kings : Royal Art and Power in Ming China*, Honolulu : University of Hawai'i Press, 2013.

Coatsworth, John H., "Economic History and the History of Prices in Colonial Latin America." In *Essays on the Price History of Eighteenth-Century Latin America*, ed. Lyman Johnson and Enrique Tandeter, Albuquerque: University of New Mexico Press, 1990.

Cook, Harold., *Matters of Exchange : Commerce, Medicine, and Science in the Dutch Golden Age*, New Haven, CT : Yale University Press, 2007.

Crosby, Alfred., *The Columbian Exchange : Biological and Cultural Consequences of 1492*, Westport, CT : Greenwood, 1972.

Dai, Lianbin., "The Economics of the Jiaxing Edition of the Buddhist Tripitaka." *T'oung pao* 24, no.4/5, 2008.

Dardess, John., *Four Seasons : A Ming Emperor and His Grand Secretaries in Sixteenth-Century China*, Lanham, MD : Rowman and Littlefield, 2016.

David, Percival, trans., *Chinese Connoisseurship : The Ko Ku Yao Lun, the Essential Criteria of Antiquities*, London : Faber and Faber, 1971.

Davis, Mike., *Late Victorian Holocausts : El Niño Famines and the Making of the Third World*, London : Verso, 2002.

Degroot, Dagomar., *The Frigid Golden Age: Climate Change, the Little Ice Age, and the Dutch Republic, 1560–1720*, Cambridge: Cambridge University Press, 2018.

Deng, Kent., "Miracle or Mirage? Foreign Silver, China's Economy and Globalization from the Sixteenth to the Nineteenth Centuries." *Pacific Economic Review* 13, no. 3, 2008.

De Vries, Jan., *The Price of Bread: Regulating the Market in the Dutch Republic*, New York : Cambridge University Press, 2019.

Dudink, Adrian., "Christianity in Late Ming China: Five Studies." PhD diss., University of Leiden, 1995.

Dunstan, Helen., "The Late Ming Epidemics: A Preliminary Survey," *Ch'ing-shih wen-t'i* 3, no.3, November 1975.

Dyer, Christopher., *Standards of Living in the Later Middle Ages : Social Change in England c.1200–1520*, Cambridge : Cambridge University Press, 1989.

Dyer, Svetlana Rimsky−Korsakoff., *A Grammatical Analysis of the "Lao Ch'i-ta" with an English Translation of the Chinese Text*, Canberra : Faculty of Asian Studies, Australian National University, 1983.

Ebrey, Patricia., *Chinese Civilization and Society: A Sourcebook*. New York : Free Press,

1981.

Edvinsson, Rodney, and Johan Soderberg., "The Evolution of Swedish Consumer Prices, 1290 – 2008." In *Exchange Rates, Prices, and Wages, 1277–2008*, ed. Rodney Edvinsson et al., Stockholm : Ekerlids Forlag, 2010.

Farmer, Edward., *Zhu Yuanzhang and Early Ming Legislation : The Reordering of Chinese Society following the Era of Mongol Rule*, Leiden : Brill, 1995.

Filipiniana Book Guild, *The Colonization and Conquest of the Philippines by Spain : Some Contemporary Source Documents, 1559–577*, Manila : Filipiniana Book Guild, 1965.

Finlay, Robert., T*he Pilgrim Art: Cultures of Porcelain in World History*, Berkeley : University of California Press, 2010.

Fischer, David Hackett., *The Great Wave : Price Revolutions and the Rhythm of History*, New York : Oxford University Press, 1996.

Flynn, Dennis, and Arturo Giraldez., "Born with a 'Silver Spoon' : The Origin of World Trade in 1571," *Journal of World History* 6, no.2, Fall 1995.

Frank, Andre Gunder., *ReOrient : Global Economy in the Asian Age*, Berkeley : University of California Press, 1998.

Gallagher, Louis, ed., *China in the Sixteenth Century : The Journals of Matthew Ricci, 1583–.1610*, New York : Random House, 1953.

Ge Quansheng, Jingyun Zheng, Yanyu Tian, Wenxiang Wu, Xiuqi Fang, and Wei–Chyung Wang., "Coherence of Climatic Reconstruction from Historical Documents in China by Different Studies," *International Journal of Climatology* 28, no.8, 2008.

Gerritsen, Anne., *City of Blue and White : Chinese Porcelain and the Early Modern World*, Cambridge : Cambridge University Press, 2020.

Gibson, A.J.S., and T. C. Smout., *Prices, Food and Wages in Scotland, 1550–1780*, Cambridge : Cambridge University Press, 1995.

Gil, Juan., *Los Chinos en Manila (siglos XVI y XVII)*, Lisboa : Centro Cientifico e Cultural de Macau, 2011.

Grass, Noa., "Revenue as a Measure for Expenditure : Ming State Finance before the Age of Silver." PhD diss., University of British Columbia, 2015.

Grove, Jean. "The Onset of the Little Ice Age." In *History and Climate : Memories of the Future*, ed. P. D. Jones et al., New York : Kluwer, 2001.

Guo, Yanlong., "Affordable Luxury : The Entanglements of the Metal Mirrors in Han China (202 BCE – 220 CE)," PhD diss., University of British Columbia, 2016.

Hamilton, Earl., "American Treasure and the Rise of Capitalism." *Economica* 27, 1929.

Hamilton, Earl., "Use and Misuse of Price History," *Journal of Economic History* 4, Supplement, December 1944.

Harris, Jonathan Gil., *Sick Economies : Drama, Mercantilism, and Disease in Shakespeare's England*, Philadelphia : University of Pennsylvania Press, 2011.

Hegel, Robert., "Niche Marketing for Late Imperial Fiction." In *Printing and Book Culture in Late Imperial China*, ed. Cynthia J. Brokaw and Kai-wing Chow, 236 - 237. Berkeley : University of California Press, 2005.

Ho, Chui-mei., "The Ceramic Trade in Asia, 1602 - 82." In *Japanese Industrialization and the Asian Economy*, ed. A.J.H. Latham and Heita Kawakatsu, 35 - 70. London : Routledge, 1994.

Ho, Pingti., *The Ladder of Success in Traditional China : Aspects of Social Mobility, 1368– 1911*, New York : Columbia University Press, 1962.

Horesh, Niv. "Chinese Money in Global Context: Historic Junctures between 600 BCE and 2012." Stanford Scholarship Online, doi:10.11126/stanfo rd/9780804787192.003.0004. Translated from "The Great Money Divergence: European and Chinese Coinage before the Age of Steam," 『中國文化研究所學報』 [Journal of Chinese studies] 55, July 2012.

Huang, Ray., *1587, a Year of No Significance*, New Haven, CT : Yale University Press, 1981.

Huang, Ray., *Taxation and Governmental Finance in Sixteenth-Century Ming China*, Cambridge : Cambridge University Press, 1974.

Jiang, Yonglin(姜永琳), "Defending the Dynastic Order at the Local Level : Central-Local Relations Seen in a Late-Ming Magistrate's Enforcement of the Law." *Ming Studies* 1, 2000.

Jiang, Yonglin, trans., *The Great Ming Code / Da Ming lü*, Seattle : University of Washington Press, 2005.

Kaplan, Edward, trans., *A Monetary History of China. 2 vols.* Bellingham: Center for East Asian Studies, Western Washington University, 1994.

Kindleberger, Charles., *Historical Economics: Art or Science?* Berkeley: University of California Press, 1990.

King, Gail, trans., "The Family Letters of Xu Guangqi," *Ming Studies* 21, Spring 1991.

Klein, Herbert S., and Stanley J. Engerman., "Methods and Meanings in Price History." In *Essays on the Price History of Eighteenth-Century Latin America*, ed. Lyman L. Johnson and Enrique Tandeter, 9 - 20, Albuquerque : University of New Mexico Press, 1990.

Kueh, Y. Y., *Agricultural Instability in China, 1931–991* : *Weather, Technology, and Institutions*, Oxford : Clarendon, 1995.

Kuo, Jason C., "Huizhou Merchants as Art Patrons in the Late Sixteenth and Early Seventeenth Centuries." In *Artists and Patrons: Some Economic and Economic Aspects of Chinese Painting*, ed. Li Chu–tsing, Seattle : University of Washington Press, 1989.

Kuroda Akinobu(黑田明伸), 「What Can Prices Tell Us about 16th – 18th Century China?」『中國史學』13, 2003.

Lavin, Mary., *Mission to China* : *Matteo Ricci and the Jesuit Encounter with the East*, London : Faber, 2011.

Lee, Fabio Yu–ching, and Jose Luis Cano Ostigosa. *Studies on the Map "Ku Chin Hsing Sheng Chih Tu*," Taipei : Research Center for Humanities and Social Sciences, National Tsing Hua University, 2017.

Le Goff, Jacques., *Money and the Middle Ages: An Essay in Historical Anthropology*, trans. Jean Birrell, Cambridge : Polity, 2012.

Le Roy Ladurie, Emmanuel., "The Birth of Climate History." In *Climate Change and Cultural Transformation in Europe*, ed. Claus Leggewie and Franz Mauelshagen, Leiden : Brill, 2018.

Le Roy Ladurie, *Histoire humaine et comparée du climat. Vol. 1, Canicules et glaciers (XIIIe–XVIIIe siècle)*, Paris: Fayard, 2004

Libbrecht, Ulrich., *Chinese Mathematics in the Thirteenth Century* : *The Shu-shu chiu-chang of Ch'in Chiu-sha*, Cambridge, MA : MIT Press, 1973.

Liu Jian et al., "Simulated and Reconstructed Winter Temperatures in the Eastern China during the Last Millennium." *Chinese Science Bulletin* 50, no.24, December 2005.

Lu, Tina., "The Politics of Li Yu's Xianqing ouji," *Journal of Asian Studies* 81, no.3, August 2022.

Mann, Michael, et al., "Global Signatures and Dynamical Origins of the Little Ice Age and Medieval Climate Anomaly." *Science* 326, November 2009.

Marks, Robert. "Rice Prices, Food Supply, and Market Structures in Eighteenth– Century South China." *Late Imperial China* 12, no.2, December 1991.

Marks, Robert. "'It Never Used to Snow' : Climate Variability and Harvest Yields in Late– Imperial South China, 1650 – 1850." In *Sediments of Time* : *Environment and Society in Chinese History*, ed. Mark Elvin and Liu Ts'ui–jung, Cambridge : Cambridge University Press, 1998.

Marks, Robert., *China* : *Its Environment and History*, Lanham, MD : Rowman and

Littlefield, 2012.

Martzloff, Jean-Claude., *A History of Chinese Mathematics*, Translation of Histoire des mathematiques chinoises (1987), New York : Springer, 2006.

Morse, Hosea Ballou., *The Chronicles of the East India Company, Trading to China 1635–1834*, Vol.1, Oxford : Clarendon, 1926.

Muldrew, Craig., *The Economy of Obligation : The Culture of Credit and Social Relations in Early Modern England*, London : Macmillan, 1998.

Muldrew, Craig., Food, Energy and the Creation of Industriousness : Work and Material Culture in Agrarian England, 1550–780, Cambridge: Cambridge University Press, 2011.

Munro, John., "Money, Prices, Wages, and 'Profit Inflation' in Spain, the Southern Netherlands, and England during the Price Revolution Era, ca. 1520–a. 1650," *Historia e Economia* 4, no.1, 2008.

Munro, John., "Review of David Hackett Fischer, *The Great Wave: Price Revolutions and the Rhythm of History,*" *EH.Net Review*, 24 February 1999, ehreview@eh.net, accessed 10 June 2022.

Nakayama Mio(中山美緒, 王한 Kishimoto Mio 岸本美緒), "On the Fluctuation of the Price of Rice in the Chiang-nan Region during the First Half of the Ch'ing Period (1644–1795)." *Memoirs of the Research Department of the Toyo Bunko* 37, 1979.

Oertling, Sewall., *Painting and Calligraphy in the "Wu-tsa-tsu" : Conservative Aesthetics in Seventeenth-Century China*, Ann Arbor : Center for Chinese Studies, University of Michigan, 1997.

Paethe, Cathleen, and Dagmar Schafer., "Books for Sustenance and Life: Bibliophile Practices and Skills in the Late Ming and Qi Chenghan's Library Dasheng Tang." In *Transforming Book Culture in China, 1600–2016* (Kodex 6), ed. Daria Berg and Giorgio Strafella, pp.19–48. Wiesbaden : Harrassowitz Verlag, 2016.

Parker, Geoffrey., *Global Crisis : War, Climate Change and Catastrophe in the Seventeenth Century*, New Haven, CT : Yale University Press, 2013.

Parker, Geoffrey., "History and Climate: The Crisis of the 1590s Reconsidered," In *Climate Change and Cultural Transformation in Europe*, ed. Claus Leggewie and Franz Mauelshagen, Leiden : Brill, 2018.

Parsons, James., *Peasant Rebellions of the Late Ming*, Tucson : University of Arizona Press, 1970.

Pomeranz, Kenneth., *The Great Divergence : China, Europe, and the Making of the Modern*

World Economy, Princeton, NJ : Princeton University Press, 2000.

Prange, Sebastian. "'Measuring by the Bushel': Reweighing the Indian Ocean Pepper Trade." *Historical Research* 84, no.224, May 2011.

Reddy, William., *Money and Liberty in Modern Europe* : *A Critique of Historical Understanding*, Cambridge : Cambridge University Press, 1987.

Rusk, Bruce., "Value and Validity: Seeing through Silver in Late Imperial China," In *Powerful Arguments* : *Standards of Validity in Late Imperial China*, ed. Martin Hofmann et al., Leiden : Brill, 2020.

Schafer, Dagmar., The Crafting of the Ten Thousand Things : Knowledge and Technology in Seventeenth–Century China, Chicago : University of Chicago Press, 2011.

Schäfer, Dagmar, and Dieter Kuhn., *Weaving and Economic Pattern in Ming Times (1368– 1644)* : *The Production of Silk Weaves in the State-Owned Silk Workshops*, Heidelberg : Edition Forum, 2002.

Shan Kunqing., "Copper Cash in Chinese Short Stories Compiled by Feng Menglong (1574 – 1646)," In *Money in Asia (1200–900): Small Currencies in Social and Political Contexts*, ed. Jane Kate Leonard and Ulrich Theobald, 224 – 6, Leiden : Brill, 2015.

Siebert, Lee, Tom Simkin, and Paul Kimberley., *Volcanoes of the World*, 3rd ed., Berkeley : University of California Press, 2011.

Struve, Lynn A., *Voices from the Ming-Qing Cataclysm* : *China in Tigers' Jaws*, New Haven, CT: Yale University Press, 1993.

Torres, Jose Antonio Martinez., "'There Is But One World': Globalization and Connections in the Overseas Territories of the Spanish Hapsburgs (1581 – 640)." *Culture and History Digital Journal* 3, no.1, June 2014(https://brasilhis.usal.es/en/node/7660).

Tsien, Tsuen–Hsuin., *Science and Civilisation in China*, Vol. 5:1, Paper and Printing. Cambridge : Cambridge University Press, 1985.

Volker, T., *Porcelain and the Dutch East India Company, as Recorded in the Dagh-Registers of Batavia Castle, Those of Hirado and Deshima and Other Contemporary Papers, 1602– 1682*, Leiden : Brill, 1954.

von Glahn, Richard., *Fountain of Fortune* : *Money and Monetary Policy in China, 1000– 1700*, Berkeley : University of California Press, 1996.

von Glahn, Richard., "Money Use in China and Changing Patterns of Global Trade in Monetary Metals, 1500 – 1800," In *Global Connections and Monetary History, 1470– 1800*, ed. Dennis Flynn, Arturo Giraldez, and Richard von Glahn, Burlington : Ashgate, 2003.

von Glahn, Richard., "The Changing Significance of Latin American Silver in the Chinese Economy, 16th‑9th Centuries," *Journal of Iberian and Latin American Economic History* 38, no.3, December 2020.

Wakeman, Frederic., *The Great Enterprise: The Manchu Reconstruction of Imperial Order in SeventeenthCentury China*, Berkeley: University of California Press, 1985.

Wang, Yeh‑chien(王業鍵)., "Secular Trends of Rice Prices in the Yangzi Delta, 1638‑935," In *Chinese History in Economic Perspective*, ed. Thomas Rawsi and Lillian Li, Berkeley : University of California Press, 1992.

Wang, Yeh‑chien., "The Secular Trend of Prices during the Ch'ing Period (1644‑1911)." 『中國文化研究所學報』5, no.2, 1972.

Ward, Peter., "Stature, Migration and Human Welfare in South China, 1850‑1930." *Economics and Human Biology* 11, no.4, December 2013.

Wilkinson, Endymion., *Studies in Chinese Price History*, New York : Garland, 1980.

Will, Pierre‑Etienne., "Discussions about the Market‑Place and the Market Principle in Eighteenth‑Century Guangdong," 『中國海洋發展史論文集』7, 1999.

Will, Pierre‑Etienne., *Handbooks and Anthologies for Officials in Imperial China* : A *Descriptive and Critical Bibliography*, Leiden : Brill, 2020.

Will, Pierre‑Étienne, and R. Bin Wong, eds., *Nourish the People* : *The State Civilian Granary System in China, 1650–1850*. Ann Arbor : Center for Chinese Studies, University of Michigan, 1991.

Wilson, Rob, et al., "Last Millennium Northern Hemisphere Summer Temperatures from Tree Rings : Part I. The Long Term Context." *Quaternary Science Reviews*, 9 January 2016(http://dx.doi.org/10.1016/j.quascirev.2015.12.005.).

Wong, R. Bin., *China Transformed* : *Historical Change and the Limits of European Experience*, Ithaca, NY : Cornell University Press, 1997.

Xiao, Lingbo, Xiuqi Fang, Jingyun Zheng, and Wanyi Zhao., "Famine, Migration and War: Comparison of Climate Change Impacts and Social Responses in North China in the Late Ming and Late Qing Dynasties," *Holocene* 25, no.6, 2015.

Yang Lien‑sheng, *Money and Credit in China: A Short History*, Cambridge, MA: Harvard University Press, 1952.

Yim, Shui‑yuen., "Famine Relief Statistics as a Guide to the Population of Sixteenth‑Century China : A Case Study of Honan Province." *Ch'ing-shih wen-t'i* 3, no.9, 1978.

Zhang Jiacheng(張家誠), *The Reconstruction of Climate in China for Historical Times*, Beijing : Science Press, 1988.

Zhang Jiacheng and Thomas Crowley., "Historical Climate Records in China and Reconstruction of Past Climates," *Journal of Climate* 2, August 1989.

Zheng, Jingyun, Lingbo Xiao, Xiuqi Fang, Zhixin Hao, Quansheng Ge, and Beibei Li., "How Climate Change Impacted the Collapse of the Ming Dynasty," *Climatic Change* 127, no.2, 2014.

찾아보기